新譯佛國記

楊維中 注譯

三民書局 印行

國家圖書館出版品預行編目資料

新譯佛國記／楊維中注譯.——二版三刷.——臺北市：三民，2021
面；　公分.——(古籍今注新譯叢書)

ISBN 978-957-14-6053-6（平裝）
1. 遊記 2. 南亞

737.191　　104015218

古籍今注新譯叢書
新譯佛國記
注譯者　楊維中
發行人　劉振強
出版者　三民書局股份有限公司
地　址　臺北市復興北路386號(復北門市)
臺北市重慶南路一段61號(重南門市)
電　話　(02)25006600
網　址　三民網路書店 https://www.sanmin.com.tw

出版日期　初版一刷 2004年11月
二版一刷 2016年1月
二版三刷 2021年6月
書籍編號　S032170
ISBN　978-957-14-6053-6

刊印古籍今注新譯叢書緣起

劉振強

人類歷史發展，每至偏執一端，往而不返的關頭，總有一股新興的反本運動繼起，要求回顧過往的源頭，從中汲取新生的創造力量。孔子所謂的述而不作，溫故知新，以及西方文藝復興所強調的再生精神，都體現了創造源頭這股日新不竭的力量。古典之所以重要，古籍之所以不可不讀，正在這層尋本與啟示的意義上。處於現代世界而倡言讀古書，並不是迷信傳統，更不是故步自封；而是當我們愈懂得聆聽來自根源的聲音，我們就愈懂得如何向歷史追問，也就愈能夠清醒正對當世的苦厄。要擴大心量，冥契古今心靈，會通宇宙精神，不能不由學會讀古書這一層根本的工夫做起。

基於這樣的想法，本局自草創以來，即懷著注譯傳統重要典籍的理想，由第一部的四書做起，希望藉由文字障礙的掃除，幫助有心的讀者，打開禁錮於古老話語中的豐沛寶藏。我們工作的原則是「兼取諸家，直注明解」。一方面熔鑄眾說，擇善而從；一方面也力求明白可喻，達到學術普及化的要求。叢書自陸續出刊以來，頗受各界的喜愛，使我們得到很大的鼓勵，也有信心繼續推廣這項工作。隨著海峽兩岸的交流，我們注譯的成員，也由臺灣各大學的教授，擴及大陸各有專長的學者。陣容的充實，使我們有更多的資源，整理更多樣化的古籍。兼採經、史、子、集四部的要典，重拾對通才器識的重視，將是我們進一步工作的目標。

古籍的注譯，固然是一件繁難的工作，但其實也只是整個工作的開端而已，最後的完成與意義的賦予，全賴讀者的閱讀與自得自證。我們期望這項工作能有助於為世界文化的未來匯流，注入一股源頭活水；也希望各界博雅君子不吝指正，讓我們的步伐能夠更堅穩地走下去。

新譯佛國記 目次

第五部分　中天竺記遊（上）……六九

第六部分　中天竺記遊（下）……一二五

導讀

《佛國記》是東晉高僧法顯所撰寫的記述其西行至天竺求取佛教經律文本並且返歸中土的艱難歷程的一部名著。《佛國記》以自己西行的歷程為線索，以西域以及天竺佛教為記述主體，比較全面地記錄了五世紀初中亞、南亞以及東南亞地區的政治、宗教、風俗習慣、經濟狀況以及地理情況。由於作者寫作態度嚴謹，言必依實，所以，極受中外史學界的重視，是研究古代南亞史、中亞史、佛教史、中外關係史以及歷史地理學的不可或缺的歷史文獻。《佛國記》不僅在中國文化史上具有崇高的地位，在世界文化史上它同樣具有重要的歷史地位。法顯不畏艱險、捨身求法的精神，不光鼓舞了歷代的佛教信徒，而且成為中華民族奮鬥精神的一種象徵。為便於讀者諸君閱讀欣賞這本名著，本文分法顯生平簡介、法顯的西行經過、《佛國記》的基本內容、《佛國記》的歷史文化價值以及法顯對中國佛教的貢獻等五個方面，對法顯及其《佛國記》一書作些介紹，然後再對這本《佛國記》釋譯的撰寫情況作些說明。

一、法顯大師生平簡介

關於法顯大師的生平，梁僧祐《出三藏記集》卷一五、梁慧皎《高僧傳》卷三、唐智昇《開元釋教錄》卷三、唐圓照《貞元新定釋教目錄》卷三等都載有法顯的傳記。其中以《出三藏記集》所載最為原始，史料價值自然最高，其他的數種傳記大多抄自《出三藏記集》而鮮有新的史料出現。特別是，慧皎《高僧傳》卷三所載〈釋法顯傳〉全據《出三藏記集》所成，但在某些關鍵問題上卻有改動。此正如湯用彤先生所評論的：「查《僧傳・法顯傳》全抄《祐錄》之文，而間加以改竄，但其改竄之處往往甚誤。」❶後起的諸種有關法顯生平的載記，或依《出三藏記集》之〈法顯法師傳〉，或依《高僧傳》之〈釋法顯傳〉，致使法顯生平的若干關鍵問題一直異說紛紜。在此，我們特別需要強調，有關法顯的生平事跡，最可信的仍然應是《出三藏記集》卷一五的〈法顯法師傳〉以及法顯自己所撰的《佛國記》。在此，我們依據有關原始材料以及今人的研究成果，對法顯的籍貫、生卒年代以及生平的基本情況作些考證與說明。

關於法顯的籍貫，《出三藏記集・法顯法師傳》及《高僧傳・釋法顯傳》均作「平陽武陽人」，日本學者足立喜六❷、長澤和俊❸等人將其注為現今山西省襄垣縣，我國學者賀昌羣

❶ 湯用彤《漢魏兩晉南北朝佛教史》，頁二七四，北京，中華書局，一九八三年三月版。

以及通行辭書也將「平陽武陽」注為「山西襄垣縣」❹。這一注解，基本上屬於以訛傳訛，沒有多少根據。正如章巽先生在〈法顯傳校注序〉中所說：「晉及十六國時平陽郡所屬唯有平陽縣而無武陽縣，當時平陽郡內亦未聞有武陽之地名，武陽當為平陽之誤。」楊曾文先生在《中國佛教史》第二卷相關章節中寫道：「據《晉書・地理志》，平陽郡屬司州，有十二縣，但其中無武陽縣；襄垣屬并州的上當郡，當時也不稱武陽。又查《歷代三寶記》卷七載為：『平陽沙門釋法顯』。故說法顯為『平陽郡人』更為妥當，或即生於平陽郡治所在地。」❺吳玉貴先生贊同章巽先生的看法❻。本人以為，將「平陽武陽」解釋為現今山西省襄垣縣肯

---

❷ 足立喜六《法顯傳考證》，頁一，何健民、張小柳譯，商務印書館，一九三七年版。

❸ 長澤和俊《絲綢之路史研究》，頁四四八，〈法顯之天竺求法行〉，鍾美珠譯，天津古籍出版社，一九九〇年版。

❹ 賀昌羣《古代西域交通與法顯印度巡禮》，頁三十三，湖北人民出版社，一九五六年版。另外，游俠先生在為斯里蘭卡英文版《佛教百科全書》撰寫的「法顯」辭條之中，將「平陽郡武陽」誤注為「今山西襄丘縣」（中國佛教協會編《中國佛教》第二輯，頁四十四，上海，知識出版社，一九八二年八月版），因為現在的山西省並無「襄丘縣」，而臺灣出版的《佛教百科全書》中的「法顯」辭條卻沿襲了這一錯誤。大概有鑑於此問題的複雜，臺灣出版的《佛光大辭典》「法顯」辭條則乾脆未注出縣名。

❺ 任繼愈主編《中國佛教史》第二卷，頁五八〇，中國社會科學出版社，一九八五年十一月版。此書引用了章巽於一九八一年發表的〈法顯與法顯傳〉一文的考證結果。章巽此文見於《中華學術論文集》，中華書局，一九八一年出版。

❻ 吳玉貴《〈佛國記〉釋譯》，頁七，佛光出版社，一九九六年八月初版。

定是錯誤的，但因此而認為「武陽」一詞為贅疣，也許並不很恰切。也存在著這樣一種可能：「平陽」並非郡名而是縣名，「武陽」則並非縣名而是村鎮之名。當然，這僅僅是一種合理的推測。是否真的如此，仍然有待於對古代平陽郡平陽縣（現今山西省臨汾市西南）之村鎮進行探察。從現有材料出發，籠統地說法顯出生於現今山西省臨汾市西南，是比較妥當的選擇。

法顯的生卒年，由於史籍未記載其卒年，更兼之關於其年齡有二說，所以一直難有定讞。梁僧祐《出三藏記集》卷一五〈法顯法師傳〉載，法顯「後到荊州，卒於辛寺，春秋八十有二。」而慧皎《高僧傳》卷三〈釋法顯傳〉則說：「後至荊州，卒於辛寺，春秋八十有六。」唐代智昇在《開元釋教錄》卷三中採用了慧皎的說法。除此之外，更有現代學者陳垣提出：

法顯年歲，《出三藏記集》十五作八十二，梁《僧傳》三作八十六，似皆不可據。《出三藏記集》云：「法顯二十受大戒，以晉隆安三年發長安。」是法顯出遊時不過二十餘，經十六年還都，不過四十，譯經數年卒，不過四十五六。梁《僧傳》於「受大戒」上刪「二十」兩字，出遊年歲不明。❼

其實，陳垣此說很難令人信服。《出三藏記集》卷一五的原文如下：法顯「二十受大戒，志

❼ 陳垣《釋氏疑年錄》，頁九，北京，中華書局，一九六四年三月第一版。

行明潔，儀軌整肅。常慨經律舛闕，誓志尋心。以晉隆安三年，與同學慧景、道整、慧應、慧嵬等發自長安，西度沙河。」顯然，問題的焦點在於「二十受大戒」與「晉隆安三年」是否有直接的關聯性。從《出三藏記集》以及《高僧傳》的有關記載推斷，二者絕對沒有直接的時間關聯，而是有著三十餘年的時間間隔。然而，究竟是什麼原因使得陳垣先生對於古代史籍的記載發生懷疑呢？其內在根由在於對於法顯高齡出行的疑惑態度。如果信從《出三藏記集》或《高僧傳》的記載，則法顯從長安西行的年齡為五十餘歲，甚至接近或超過六十歲。而以如此高齡出行，在當時的情形下確實是難於思議的。正是從這一疑惑出發，陳垣先生纔對《出三藏記集》的記載發生了懷疑與誤讀，以為法顯是二十餘歲西行的。但懷疑畢竟只是懷疑，古代史籍俱在，僅憑懷疑是不夠的❽。所以我們仍然相信古人的說法，而對於《出三

❽ 除《出三藏記集》及《高僧傳》本身的記述之外，我們也可以從法顯西行的同行者的年齒找到法顯高齡西行的證據。先後加入西行行列的有十人，現在可以考見的有四人。他們是：慧嵬、智嚴、寶雲、慧達。慧嵬是法顯從長安出發時就加入的夥伴。慧皎《高僧傳》卷一一〈釋慧嵬傳〉記載，「與法顯俱遊西域，不知所終。」這說明，慧嵬最後可能並未回到內地。因而其之所以被列入《高僧傳》完全是由於其在去西域前的名聲和影響。慧皎說，慧嵬「止長安大寺，戒行澄潔，多栖處山谷，修禪定之業。」文中所記事跡全為西行之前所發生，可見，慧嵬此時已經是一位很有影響的僧人了。寶雲、智嚴、慧達都是在路途中加入西行隊伍的，且都回到了內地。寶雲圓寂於西元四四九年，與法顯西行時，寶雲為二十四歲。智嚴圓寂的上限為西元四二七年，享年七十八歲，因而加入西行隊伍時至少已經五十歲。據《高僧傳》所載推算，慧達至遲應生於西元四三五年，其於西元四〇〇年在于闐加入西行行列時的年齒應該為五十五歲。果真如陳垣先生所說，法顯二十餘歲西行，其在西行隊伍中的感召力會大打折扣的。而從法顯所

藏記集》與《高僧傳》的歧異，我們本著先出者可能更為近真的原則，姑且以《出三藏記集》卷一五所記的「八十二歲」為法顯的年壽。至於法顯大師具體的圓寂時間，史籍未能明載，只能依據有關材料作些推斷。

關於法顯的圓寂時間，《出三藏記集》卷一五〈法顯法師傳〉僅說，法顯「後到荊州，卒於辛寺，春秋八十有二。」因而確定法顯離開京師建康的時間是確立其圓寂上限的唯一線索。據《出三藏記集》卷八〈六卷泥洹經記〉說，法顯等人於「義熙十三年十月一日，於謝司空石所立道場寺，出此《方等大般泥洹經》。至十四年正月一日校訂盡訖。」❾《摩訶僧祇律》所附〈後記〉載：「沙門釋法顯遊西域，於摩竭提巴連弗邑阿育王塔天王精舍寫得梵本，齎還京都。以晉義熙十二年歲在次壽星，十一月，共天竺禪師佛馱跋陀於道場寺譯出，至十四年二月末乃訖。」❿義熙十四年二月末相當於西元四一八年四月二十日。可見，至遲

寫的內容看，西行的倡議者無疑應該非法顯莫屬。儘管從長安出發的四位同伴中，僅有慧嵬一人的年齒能夠知曉，但基本上可以排除慧景、道整、慧應、慧嵬四人之一為最初發起組織者的可能。從《佛國記》所附時人的〈跋〉文中可以明顯看出法顯所言的可靠與真實性。更何況，一同西行的寶雲、智嚴，在《佛國記》寫成並流通時，都在京師建康參與譯經活動。這些人在看到法顯的記述後，並未表示異議，而《佛國記》所附〈跋〉文的作者並且稱讚法顯「其人恭順，言輒依實」。從這些完全可以肯定，法顯不會有意誇示己功而以首領自居的。

❾（梁）僧祐撰，蘇晉仁、蕭鍊子點校《出三藏記集》卷八，頁三一六，北京，中華書局，一九九五年十一月出版。

在西元四一八年四月二十日之前，法顯仍然在京師建康。另外，據《高僧傳》卷三〈釋佛馱什傳〉說：佛馱什「以宋景平元年七月居于揚州。先沙門法顯於師子國得《彌沙塞律》梵本，未被翻譯而法顯遷化。京邑諸僧聞什既善此學，於是請令出焉。以其年冬十一月集于龍光寺，譯為三十四卷，稱為《五分律》。」⑪佛馱什於景平元年（西元四二三年）七月到達建康，十一月開始翻譯，至第二年十二月方纔完成《彌沙塞律》的翻譯工作。可見，法顯至遲是在景平元年十一月之前圓寂的。

依據上述史料，可以斷定法顯圓寂時間的上限為東晉義熙十四年末，下限為劉宋景平元年。考慮到法顯圓寂於荊州江陵辛寺（一名新寺），所以，其上限應該再朝後推。這裡，確定上限的關鍵又在於法顯離開建康的時間。我們以為，法顯離開建康的時間不應該離《摩訶僧祇律》譯出的時間太近，因為法顯西行的目的就是弘傳律法，在自己帶回的律本未曾譯出的情況下，他不會輕易產生離開京師的想法。從這個角度考慮，我們以為將其定在東晉恭帝元熙元年（西元四一九年）是較為合適的。大概在江陵不久，法顯就圓寂了。綜合這些因素，我們得出法顯最可能的圓寂時間區間為西元四二〇至四二三年。本書後所附〈法顯大師年譜〉將其圓寂時間暫定於西元四二二年，以享年八十二歲計算，法顯大概生於西元三四〇年。

法顯，俗姓龔，兄弟四人，其中三位兄長都是童年喪亡，其父恐此禍殃及法顯，在法顯

---

⑩ 僧祐《出三藏記集》卷三，校注本，頁一一九。

⑪ 慧皎撰，湯用彤校注《高僧傳》，頁九十六，北京，中華書局，一九九二年十月版。

三歲時就將其送至寺院度為沙彌。後來，法顯曾經被接回家幾年，病篤欲死。但只要送還寺院，幾天後病便痊癒。法顯便不再願意回家而長住寺院，其母想見之而不能遂願，只得站立於屋外凝視法顯。法顯十歲時，其父親病逝。法顯的叔父以其母寡居，逼迫法顯還俗，法顯不從。法顯對其叔父說：「我本來就不是因為有父而出家，只是想遠塵離俗，纔入道耳。」叔父以為其說有理，遂聽任其出家為沙彌。不久，法顯之母喪亡。法顯回家辦理完喪事，仍然回到寺院。

法顯在做沙彌時就表現出了非同一般的勇敢和凜凜正氣。有一次，法顯與同學數十人於田中刈稻，當時有飢賊欲奪其穀。其他沙彌都跑開了，唯法顯紋絲不動。法顯對劫賊說：「如果你們需要稻穀，就隨便拿取吧！但是我要告訴你們，正是你們昔日不做布施，因此在現世纔會陷入飢餓貧困狀態。現在你們又實施搶劫，來世恐怕要遭受更多的苦難。我是因為替你們擔憂，纔告訴你們這些的。」法顯說完這一席話，就轉身離開了。劫賊被法顯的勸告所打動，竟然放棄搶劫，空手離開了。當時在場的幾百個僧人無不佩服法顯的氣概。

法顯年二十，受具足大戒，成為正式的僧人。

法顯的早期經歷，留存的文獻甚少，難於盡知。從《出三藏記集》等所載的本傳中，僅僅知道法顯早期大概住錫於自己的家鄉平陽郡的寺院中，後來又來到了長安。關於法顯到達長安的時間，現存史料未能明言。在此只能依據當時北方的歷史狀況以及佛教的發展情況，作些推斷。

法顯出生在後趙政權統治下的平陽郡，而在其十一、二歲時，後趙政權被前燕政權所代替，而後趙時徙居中原的氐族，乘後趙崩潰的時機，由苻健率領西歸關中。西元三五一年，苻健在長安建立政權，史稱「前秦」。此後的近二十年，中原與關中分別由鮮卑族、氐族政權統治，平陽郡與長安的交通並不太通暢。顯然，法顯在此前不大可能前往關中。在前燕建熙十一年，即西元三七〇年，前秦滅掉前燕政權。此後不久，北方大部分地區被前秦統一。前秦建元十五年，即西元三七九年二月，前秦攻陷襄陽，道安大師北上到達長安，被苻堅安置在長安五重寺。由於道安的特殊感召力，長安成為當時北方佛教的中心。隨侍道安的弟子竟達千人。法顯最有可能於此時前往長安，因為這一段，恰好也是北方地區比較穩定的時期。法顯所在的山西也在前秦的統治之下，正好成行。當然，法顯也有於後秦時期到達長安的可能。不過，與前一種可能相比較，後一種可能性要小一些。因為在前秦建元十九年，即西元三八三年，前秦苻堅發兵九十萬，企圖消滅東晉政權，但在淝水被東晉軍隊擊潰。此後，北方又陷於混亂局面。平陽郡由鮮卑族政權統治，而關中地區則由羌族人姚萇所建立的「大秦」（史稱「後秦」）統治。在兩大政權的對峙之下，法顯貿然起程前往長安的可能是比較小的。何況法顯在《佛國記》中明確說過：「法顯昔在長安，慨律藏殘缺」。也就是說，法顯是在長安發心西行求法的。因而不存在法顯為了西行求法而先到長安的可能。

綜合上述理由，我們可以作出這樣的推斷：法顯大致是在西元三七一至三八三年之間的某一年到達長安的。而綜合當時道安大師在佛教界的影響以及由於道安大師之北上而造成的長安佛教的興盛，我們可以再行將法顯到達長安的最可能時間限定在西元三八〇至三八三年之間，而在附錄二的〈法顯大師年譜〉中將法顯到達長安之事暫時繫於前秦建元十六年，即西元三八〇年。

法顯在長安十餘年，萌生了西行至天竺求取戒律文本的弘願，並且結交了四位志同道合的同伴。於是，在後秦弘始元年，即西元三九九年，法顯從長安出發西行求法，至東晉義熙八年（西元四一二年）七月十四日抵達長廣郡（即今山東省嶗山縣北），歷時十五個年頭。

從天竺、師子國歸來的當年七月末，法顯應兗、青州刺史劉道憐的邀請，到彭城居住，並且在彭城度過了義熙九年（西元四一三年）的夏坐。而此年春天，天竺僧人佛陀跋陀羅與寶雲一起，隨劉裕從江陵到達建康（今江蘇省南京市），住於道場寺。七月底或八月初，法顯南下至建康，在寶雲等人的協助下，開始翻譯經律。在建康，法顯並且將其西行經歷寫了下來，這就是後來所稱的《佛國記》。

法顯在京師建康數年，共譯出經律六部七十三卷。但是，這只是法顯從天竺、師子國帶回的經律文本的一部分。

如前所說，大概在東晉元熙元年，法顯離開京師建康，最後到達江陵，住錫於辛寺。法顯為何在高齡之年離開建康？這是考證法顯晚年生活的一大謎團。法顯之所以將自己所帶回的梵本經律文本置於建康而不顧，想必有其不得不如此的理由。推測言之，至少有兩大因素：第一，建康佛教當時的風尚是特別重視義理，相對而言，對於法顯最為關心的戒律問題並不是特別熱心。具體例證至少有二：其一，在《摩訶僧祇律》未曾譯成的情況下，佛陀跋陀羅等就已經開始翻譯《大般泥洹經》；其二，在京城僧眾的要求下，佛陀跋陀羅在義熙十四年三月開始翻譯大部頭的《華嚴經》，實際上已經沒有可能再翻譯法顯帶回的其他律本了。第二，東晉義熙十四年，以法顯從摩竭提國帶回的梵文本為底本譯出的《大般泥洹經》（六卷本），在建康產生了很大的影響，同時也引起了爭論。實際上，也有人懷疑其傳本的真實性。——此問題在下文另有論述。可以想見，作為此經譯出文本的攜入者，法顯不可避免地捲入到這場爭論之中，並且有可能成為一個焦點人物。上述兩種因素的疊加，使得法顯難於繼續住錫建康，以近八十高齡之軀，西上荊州實在也是無奈之舉。

在江陵辛寺住錫未久，法顯就圓寂了，終年八十二歲。

二、《佛國記》的基本內容及法顯大師西行的過程

東晉義熙十年（西元四一四年），法顯在京師建康完成了自敘其西行所見的文稿，並且很快在京師流通傳閱。過了兩年，在建康道場寺一位僧人的建議下，法顯對自己所寫書稿作了修改補充。這就是後來以數種書名流傳至今的《佛國記》一書。在此書中，法顯大師較為詳細地敘述了自己與同伴一起，西度流沙、跨越葱嶺，到達天竺的經過。同行者或者中途返回，或者亡故於天竺，或者留住天竺不歸，惟獨法顯以堅強的意志，拖著高齡之軀，經師子

國，從海路歸返中土。一部《佛國記》，不僅是法顯西行的艱難歷程的敘述，彌漫於其間的更多的是不惜身命、弘法利生的菩薩精神。依照法顯的行程，可以將《佛國記》分為「由長安西行至沙河」、「西域記遊」、「天竺記遊」、「師子國記遊」以及「海路歸國」五大單元，其中「天竺記遊」為全書主體內容，又可分為四部分。以下我們首先依照上述順序對《佛國記》的主要內容以及法顯西行的過程、法顯路途所見作些概括性介紹，然後對於法顯西行的十位同行者中可以考見的四人之生平略作提示。

第一部分　由長安西行至沙河

法顯在後秦的都城長安停留了若干年，感於當時中土佛教戒律的缺乏，發願西行至天竺求取戒律文本。經過多年籌劃，法顯於後秦姚興弘始元年（西元三九九年）三月間，與慧景、道整、慧應、慧嵬一起，從長安出發踏上了西行的艱難歷程。時年，法顯已經接近六十歲。四月，法顯一行翻越隴山，到達乾歸國夏坐。乾歸國是指十六國時期西秦的國都金城，其故址在今甘肅省蘭州市西。七月底或八月初，法顯一行從乾歸國出發，繼續西行，到達耨檀國。耨檀國是指十六國時期南涼的都城，法顯到達耨檀國時，其國都為西平，即現在青海省西寧市。在耨檀國停留不久，法顯一行翻越養樓山，到達張掖鎮。後秦姚興弘始二年（西元四〇〇年），因張掖一帶大亂，法顯等一直停留在張掖鎮，並且在張掖鎮度過了離開長安的第二次夏坐。在張掖鎮，法顯遇到智嚴、慧簡、僧紹、寶雲、僧景等同契，後結伴西行求法。西行隊伍已達十人。七月底或八月初，法顯等由張掖前進至敦煌，停留一月有餘。後來得到敦煌太守李暠的資助，並隨同使者一起前行度過沙河。

第二部分 西域記遊

度過沙河，法顯就抵達了中國古代史籍中所稱的「西域」地區，時為西元四〇〇年十月。此處所說是指狹義的「西域」概念，即《漢書》卷九六所說的，玉門關以西、巴爾喀什湖以東以及以南的廣大地區。

法顯在沙河之中行進十七日，路程一千五百里，到達鄯善國，在此國停留一月餘日。鄯善國即古樓蘭國，其地在今新疆省若羌縣。大約在十月初，法顯一行從鄯善國出發向西北行進十五日，到達焉夷國。焉夷國位於現今新疆省焉耆縣。法顯一行在此國停留兩個多月。後來，法顯等七人又從焉夷國出發，向西南方向行進。

後秦姚興弘始三年（西元四〇一年），經過一個月零五日的長途跋涉，法顯等人於此年一月下旬到達于闐國（今新疆省和田縣）。慧景、道整、慧達先行出發，前往竭叉國。法顯因為打算觀禮行像，便在于闐國停留了三個多月。四月十二日，行像結束後，法顯等人歷經二十五日路程到達子合國，並在子合國（位於今新疆省葉縣）停留十五日。五月中旬，法顯等人從子合國南行，進入葱嶺山，歷時四日，到達於麾國。法顯在此國度過了他離開長安的第三個夏坐。大約八月下旬，法顯等人行進二十五日，到達竭叉國，與慧景等人會合。竭叉國王城故址大致位於今新疆省塔什庫爾乾塔吉克自治縣。竭叉國供養有佛陀唾壺，建有佛齒塔。法顯在竭叉國停留了相當長的時間。

第三部分　天竺記遊

經過三年多的長途跋涉，法顯終於到達嚮往已久的天竺國境。時為西元四〇一年末。我國古代史籍傳統上將印度半島稱之為「五天竺」或「五印」，即北天竺、西天竺、東天竺、中天竺以及南天竺五部分。法顯翻越葱嶺後首先到達了北天竺，然後依次為西天竺、中天竺、東天竺。法顯是從海路到達師子國的，所以其足跡未曾到達南天竺。

法顯在北天竺遊歷了七個國家，依次是：陀歷國、烏萇國、宿呵多國、犍陀衛國、竺刹尸羅國、弗樓沙國、那竭國。

西元四〇一年末，法顯等從竭叉國出發，歷時一月，得以翻越葱嶺，到達北天竺境內。法顯抵達的第一個天竺國家是陀歷國，其故址在今克什米爾西北部印度河北岸達爾德斯坦的達麗爾。陀歷國有天竺最著名的彌勒菩薩造像。第二年，即西元四〇二年，法顯等順著葱嶺向西南方向行走十五日，渡過了印度河的支流，到達烏萇國。烏萇國有佛陀遺留的足跡。慧景、道整、慧達三人先行出發去那竭國，法顯等人則繼續留在烏萇國度過了夏坐。八月底，法顯由烏萇國南下，到達宿呵多國。宿呵多國有佛陀本生時「割肉貿鴿」之故址，其上並建有大塔。大約九月，法顯等由宿呵多國東下，經過五日跋涉，到達犍陀衛國。該國疆域迭有變更，其強盛時期為西元前一世紀左右。法顯到達之時，其國勢力已經逐漸衰落。犍陀衛國有佛陀本生時「以眼施人」的遺跡，其上並建有大塔。從犍陀衛國東下，經過七日的跋涉，法顯等到達了竺剎尸羅國。此地曾經是犍陀衛國之首都。佛陀為菩薩時，曾經在此地「以頭施人」，也曾在此地「投身餧餓虎」。此二處都建有大塔。從犍陀衛國南行四日，法顯等人到達了弗樓沙國。此國有迦膩色迦王修建的、人間最宏偉壯麗的大塔，此國所供養的佛缽也深得人們敬仰。慧景在那竭國生病，道整就留在那裡照看他，慧達一人又返回弗樓沙國。慧達、寶雲、僧景於是一起返回中土，慧應在此國的佛缽寺圓寂。由於這些情況，法顯一人獨自前往供養佛頂骨的那竭國。

法顯獨自由弗樓沙國西行十六由延的路程，到達那竭國。那竭國的故址在今阿富汗的賈拉拉巴德。法顯在此度過了「冬三月」。印度習慣以十月十六日至次年的正月十五日為「冬三月」。因此，可以推斷，法顯到達那竭國的時間為十月中旬，而離開那竭國的時間在第二年的正月下旬。法顯在那竭國瞻禮了佛頂骨、佛齒塔、佛錫杖精舍、佛影窟。

法顯在西天竺遊歷了三個國家，依次是：羅夷國、跋那國、毗荼國。

後秦姚興弘始五年（西元四〇三年）一月下旬，法顯、道整、慧景三人南度小雪山，向西天竺進發。慧景不幸在小雪山北麓圓寂，法顯、道整則翻越小雪山到達羅夷國。這是法顯到達的第一個西天竺國家。法顯在此國度過了他離開長安的第五次夏坐。八月下旬，法顯、道整從羅夷國南下，經十日的跋涉，到達跋那國。從跋那國東行三日，法顯、道整到達毗荼國。

從毗荼國東南行八十由延路程，法顯到達摩頭羅國。摩頭羅國為古代印度與西方通商之路上的重要地點。由此，法顯踏入中天竺，即佛教史籍所說的「中國」。中天竺是法顯西行的最終目的地，法顯在此停留達六年之久，不僅瞻禮了佛教聖跡，更重要的是得到了他所立志尋求的佛教經律文本。法顯在中天竺遊歷了十五個國家或城市，依次是：摩頭羅國、僧伽施國、罽饒夷城、沙祇大國、拘薩羅國舍衛城、迦維羅衛城、藍莫國、拘夷那竭城、毗舍離國、摩竭提國巴連弗邑、王舍城、伽耶城、迦尸國波羅㮈城、拘睒彌國、瞻波大國。在此部分中，法顯並且依據傳聞記述了達嚫國的基本情況。

後秦姚興弘始六年（西元四〇四年），法顯在此年由摩頭羅國繼續東南行十八由延的路程，到達僧伽施國。僧伽施國有多處佛陀昇入忉利天為其母摩耶夫人說法後又重歸人世間的遺跡。此國有一座龍精舍，法顯在此寺度過了他離開長安的第六次夏坐。大約八月下旬，法顯、道整從僧伽施國出發向東南方向行走七由延的路程，到達著名的罽饒夷城，此城之西六、七里的地方有佛陀當初為其弟子說法的故址，此故址之上建有大塔。從此城渡恆河，南行三由延的路程，有一座叫「呵梨」的村莊，佛陀曾經在此散步、說法，其故址之上也建有大塔。由呵梨村繼續東南行十由延的路程，法顯到達了沙祇大國。此國是佛陀所用過的齒木棄之又復生的遺址所在，此外還有過去四佛經行和坐處之遺址。從沙祇大國北行，法顯和道整到達了拘薩羅國的舍衛城。此城曾經是波斯匿王的治所，佛陀傳道的遺址甚多，重要的有：大愛道精舍、祇洹精舍、孫陀利殺身謗佛處、佛與外道辯論處精舍、影覆寺等。在佛陀活動的時代，拘薩羅國的國都在舍衛城。舍衛城的故址位於現今印度北方邦奧德境內的貢達與巴赫雷奇二縣交界處的沙赫特—馬赫特村。法顯還瞻禮了舍衛城周圍過去三佛的聖跡。

從拘那含牟尼佛出生處繼續東行一由延的路程，法顯、道整到達了佛陀的故土迦維羅衛城。迦維羅衛城是佛陀出生、作太子時生活的地方，聖跡自然很多。此外，釋迦成佛後返回故土，曾經為其故國人民講經說法，這些聖跡也都存在。法顯在迦維羅衛城對上述兩類聖跡都一一進行了瞻禮。由釋迦太子出生地「論民園」東行五由延路程，法顯、道整到達了藍莫國。此國有阿育王未曾開啟的佛舍利塔——「藍莫塔」，也有一座「炭塔」。法顯、道整從藍摩國東行十二由延路程，到達拘夷那竭國。此國為佛陀涅槃焚屍的地方，現今卻很荒蕪。此城大致位於廓拉克浦爾以東三十五英里的迦西亞村。法顯、道整從拘夷那竭城出發東南行十二由延路程，到達梨車族人追趕挽留佛陀的故址。從此地再東南行五由延路程，法顯、道整到達了毗舍離國。此城中有阿難半身塔以及菴婆羅女為佛陀奉獻的住所。佛陀最後一次離開此城回頭觀望之處也修建了大塔。此城西北有著名的「放弓仗塔」以及「七百長老結集大塔」。毗舍離國的故址在現今印度比哈爾邦北部木扎伐浦爾地區的巴沙爾。

從結集大塔繼續東行四由延路程，法顯、道整到達五河合口，這裡有阿難於河中涅槃分身的故址。此處為五大河流的匯聚之處，位於從毗舍離城至摩竭提國巴連弗邑的恆河渡口。五大河流是：甘達克、臘普提、哥格拉、恆河、宋河。五大河流匯聚之後成為恆河下游而繼續東流。

法顯、道整渡過恆河南下一由延路程，到達了摩竭提國的巴連弗邑。此城是孔雀王朝阿育王的治所，據傳說，城中宮殿以及城內的小山都是役使鬼神所造。摩竭提國是印度古代最為強大的國家之一，在印度歷史上佔據非常突出的地位，其領域大致相當於現今印度比哈爾邦的巴特那和加雅地方。巴連弗邑曾經長期為孔雀王朝的首都，因此，有關阿育王的遺跡非常多。法顯到達時，此城為笈多王朝的國都，相當富庶繁榮。

從巴連弗邑東南行九由延路程，法顯、道整到達小孤石山，此山中有一座石窟，當初天帝釋就是在此石窟之中，以天樂娛佛並且向佛陀請教的。從此地西南行一由延路程，法顯、道整到達那羅聚落，此村是舍利弗出生、涅槃的地方，在其故址之上建有大塔。從那羅聚落西行一由延路程，法顯、道整到達了佛陀時期阿闍世王所造的新國都——王舍新城，城西門外有阿闍世王建造的佛舍利塔。王舍新城位於距離舊城以北四里處。從王舍新城南行四里路程，就可到達環繞王舍舊城的五山裡。王舍城是佛陀當初傳播佛法的重要城市，周圍五座山峰之中，佛教的聖跡非常多。法顯與道整一一瞻禮了這些聖跡。位於王舍舊城城內的聖跡有：舍利弗、目連初見頞鞞處，尼犍子作火坑、毒飯請佛處，阿闍世王酒飲黑象欲害佛處，菴婆羅園精舍。位於王舍舊城東南方向的耆闍崛山上的聖跡有：佛陀坐禪石窟，阿難坐禪石窟(即鵰鷲窟山)，石室前有調達投擲石塊傷佛足指處，佛說法堂。王舍舊城外東北三里處有兩處遺址：一是調達石窟，二是一比丘自殺得羅漢果處。王舍舊城故址位於現今印度比哈爾邦巴村那以北的一個叫作「拉傑吉爾」的山村。法顯離開王舍舊城，到達摩竭提國的伽耶城。佛陀出家後，正是在這個城市以及周邊地區修習苦行、悟道、成道的。釋迦修苦行之地位於距離伽耶城南二十里的地方，而釋迦放棄苦行而洗浴、食糜的地方也在此地附近。伽耶城位於現在印度的比哈爾邦。從佛陀悟道處南行三里路程，法顯、道整到達了雞足山。此山為大迦葉圓寂之處。

法顯、道整瞻禮了雞足山之後，又重新北上回到巴連弗邑。

法顯、道整從巴連弗邑順恆河西下十由延路程，到達一個叫作「曠野」的精舍。佛陀曾經在此地住過。從「曠野」出發繼續順恆河西行十二由延路程，法顯、道整到達了迦尸國的波羅㮈城。法顯、道整在此城瞻禮了鹿野苑精舍以及佛陀初轉法輪處、佛陀為彌勒授記處等聖跡。法顯、道整又從鹿野苑精舍出發西北行十三由延，到達了拘睒彌國。這個國家也有佛陀當初住過的瞿師羅園精舍以及經行、坐過的地方，佛陀還曾經在此地化度過惡鬼。

法顯、道整又從拘睒彌國出發，中經波羅㮈城，重歸巴連弗邑，學習梵文、梵書，抄寫經律。法顯此次在巴連弗邑達三年之久，在摩訶衍僧伽藍得《摩訶僧祇眾律》一部，《薩婆多眾律抄》一部，《雜阿毗曇心》一部，《綖經》一部，《方等般泥洹經》一部，《摩訶僧祇阿毗曇》一部。道整來到天竺以後，欣羨此地僧眾戒律的嚴整而決心留在天竺。而法顯本來的目的就是為了將天竺的戒法流通到漢地，所以，他決心返回漢地。

後秦姚興弘始九年（西元四〇七年），法顯獨自順恆河東下十八由延路程，到達瞻波大國。此國也有佛陀當年活動過的故址。瞻波城是古代印度的六大城市之一。

在西元四〇七年，法顯由瞻波大國繼續東行近五十由延路程，到達面臨海口的多摩梨帝國。多摩梨帝國位於東天竺，此國佛法興盛。法顯在多摩梨帝國住了兩年，寫經、畫像。

第四部分　師子國記遊

後秦姚興弘始十一年（西元四〇九年）十月，法顯由多摩梨帝國海口搭乘商人的船舶，歷時十四晝夜，到達師子國。法顯在師子國瞻禮了都城之北的佛足跡大塔、無畏山寺、貝多樹、佛齒精舍、跋提精舍、大寺等。後秦姚興弘始十二年（西元四一〇年）三月，法顯在師子國瞻禮佛牙，觀看佛牙供養儀式。法顯在師子國求得了《彌沙塞律藏本》、《長阿含經》、《雜阿含經》以及《雜藏》一部。

第五部分　海路歸國

西元四一一年七月中旬，法顯帶著所得經卷搭乘商船踏上歸國的艱難歷程。法顯搭乘的商船東下兩日後，風大更兼船漏，危機之時，小船上的人砍斷與大船連接的纜繩。在海上隨風漂行十三晝夜，大約在八月中旬，這艘漏水的大船方纔到達一個小島上，修好了漏水處之後又繼續航行。在大海中漂流九十餘日，大約在十一月十六日前後，法顯等到達一個叫「耶婆提」的國家，並且在此國停留。東晉安帝義熙八年（西元四一二年）四月十六日，法顯在婆提國停留五個月後，又搭乘商船向東北方向航行，直驅廣州。

五月某日，在航行之中，商船遭遇暴風雨，同船信仰外道的商人提出將法顯逐出此船，幸賴同船的施主據理力爭，法顯纔得以免禍。在海上航行七十餘日，大約在七月初，法顯等人面臨絕水危險，後經商議改變航向，轉東北行為西北行。向西北方向航行十二日，大約在七月十四日，法顯等到達長廣郡界牢山南岸，即今山東省嶗山縣北。至此，法顯終於完成了由長安至天竺再重歸故土的求法活動，歷時十五個年頭。

法顯之同行者

從長安與法顯一起出發西行者為慧景、道整、慧應、慧嵬等四人，在張掖鎮加入西行隊伍者為智嚴、慧簡、僧紹、寶雲、僧景等五人，慧達具體在什麼地方加入，《佛國記》言之不詳，在敘述于闐見聞時首次出現。上述十人中，智嚴、慧簡、慧嵬三人在焉夷國返回高昌尋求川資，僧紹在于闐國觀禮完行像之後，隨同西域的一位僧人前往罽賓國，寶雲、僧景、慧達等三人從弗樓沙國返回中土；慧應不幸在弗樓沙國佛缽寺圓寂，慧景在翻越小雪山時圓寂；道整則留在了巴連弗邑。這樣，最終完成天竺巡禮並且回到中土的惟有法顯一人。

先於法顯返回的七人——智嚴、慧簡、慧嵬、僧紹、寶雲、僧景、慧達，現有傳記可考的共計四人。據慧皎《高僧傳》卷一一〈釋慧嵬傳〉記載，慧嵬「止長安大寺，戒行澄潔，多栖處山谷，修禪定之業。」⑫「後以晉隆安三年，與法顯俱遊西域，不知所終。」⑬看來，慧嵬是否最終回歸中土，還未可知。而智嚴、寶雲、慧達三人可以確知返回了中土，對中國佛教的傳播和發展分別作出了不同的貢獻。

釋智嚴與法顯分手後，到達罽賓，「入摩天陀羅精舍，從佛馱先比丘諮受禪法。」[14]罽賓有一位佛陀跋陀羅禪師「志欲傳法中國，乃竭誠要請。跋陀嘉其懇至，遂共東行。」[15]智嚴「常依隨跋陀，止於長安大寺。」[16]後來，跋陀因故被擯出長安，智嚴離開關中，至山東之佛寺坐禪誦經。東晉義熙十二年（西元四一六年），智嚴受東晉當權者劉裕、始興公王恢的邀請，到達建康，先住錫於始興寺，後移至王恢專門為其建造的枳園寺。智嚴從西域帶回的胡文經本未及譯寫，到宋元嘉四年（西元四二七年），智嚴與寶雲等一起譯出《普耀經》、《廣博嚴淨不退轉輪經》、《四天王經》等三部佛經。後來，智嚴又參加了佛陀跋陀羅在建康道場寺的譯場。智昇《開元釋教錄》所列智嚴譯出的經文十部三十卷。智嚴由於「積年禪觀而不能自了，遂更汎海，重到天竺，諮諸明達。值羅漢比丘，具以事問羅漢。羅漢不敢判決，乃為嚴入定。往兜率宮諮彌勒。彌勒答稱『得戒』。嚴大喜躍，於是步歸。行至罽賓，無疾

---

⑫ 梁慧皎《高僧傳》卷一一〈釋慧嵬傳〉，湯用彤校注本，頁四〇五，北京，中華書局，一九九二年十月版。

⑬ 梁慧皎《高僧傳》卷一一〈釋慧嵬傳〉，湯用彤校注本，頁四〇六。

⑭ 梁慧皎《高僧傳》卷三〈宋京師枳園寺釋智嚴〉，湯用彤校注本，頁九十八。

⑮ 梁僧祐《出三藏記集》卷一五〈智嚴法師傳〉，蘇晉仁、蕭鍊子點校本，頁五七六—五七七，北京，中華書局，一九九五年十一月版。

⑯ 梁僧祐《出三藏記集》卷一五〈智嚴法師傳〉，蘇晉仁、蕭鍊子點校本，頁五七七。

而卒。時年七十八。」[17]智嚴又從海路到達天竺，又從陸路返回，行至罽賓圓寂。智嚴弟子智羽、智達、智遠回國報告此事後，又返回了西域。

釋寶雲，涼州人。與法顯一起西行，在弗樓沙國與法顯分手。寶雲在西行期間，「天竺諸國音字詁訓悉皆貫練，後還長安，隨禪師佛馱跋陀受業，修道禪門。」[18]佛陀跋陀被擯，寶雲「亦奔散。會廬山釋慧遠解其擯事，共歸京師，安止道場寺。」[19]寶雲是佛陀跋陀羅譯場最重要的助譯者，法顯所帶回的經律也是在寶雲的輔助下翻譯出來的。《開元釋教錄》列出寶雲譯出佛經四部十七卷。寶雲於元嘉二十六年（西元四四九年）圓寂，春秋七十四歲[20]，並且撰寫了西行遊記，可惜未能流傳下來。

釋慧達[21]，俗名劉薩訶，「本咸陽東北三城定陽稽胡也」[22]，年三十一「出家學道，改名

---

[17] 梁僧祐《出三藏記集》卷一五〈智嚴法師傳〉，蘇晉仁、蕭錬子點校本，頁五七七。

[18] 梁僧祐《出三藏記集》卷一五〈寶雲法師傳〉，蘇晉仁、蕭錬子點校本，頁五七八。

[19] 梁僧祐《出三藏記集》卷一五〈寶雲法師傳〉，蘇晉仁、蕭錬子點校本，頁五七八。

[20] 此據慧皎《高僧傳》卷三〈宋六合山釋寶雲傳〉。僧祐《出三藏記集》卷一五〈寶雲法師傳〉記為「春秋七十餘」。

[21] 慧皎所撰《高僧傳》以及道宣所撰《續高僧傳》中都有〈慧達傳〉，而且兩部傳記所寫相互銜接、補充。近代於敦煌發現三件《劉薩訶和尚因緣記》，經整理知曉，兩種僧傳所寫慧達正是曾經與法顯一起西行天竺者。有關慧達的傳記資料可參見陳祚龍〈劉薩訶研究〉一文，載於《岫廬文庫》（臺灣商務印書館出版）。史葦湘撰〈劉薩訶與敦煌莫高窟〉一文，主要著力於慧達與莫高窟之關係的探討，也可參看。〈劉薩訶與敦煌莫高窟〉一文載於《文物》（北京）一九八三年第六期。

慧達，精勤福業，唯以禮懺為先。」㉓於東晉寧康年間（西元三七三～三七六年）到達京師建康。起初，慧達在東晉屬地尋找傳說中的阿育王在中國傳法建塔的故地，很得信眾崇信。後來，慧達展轉北上、西行，到達西域一帶。當法顯到達于闐時候，慧達得以與法顯相遇，後跟隨法顯前往天竺，至弗樓沙國而還。在弗樓沙國與法顯分手後，慧達可能又回到了內地。後於元魏太武帝太延元年（西元四三五年），慧達預感自己「流化將訖，便事西返。行及涼州」㉔而預言其地將有瑞像出現。在慧達預言之後的八十七年，即北魏正光元年（西元五二〇年），「忽大風雨，雷震山裂，逝出石像。舉身丈八，形相端嚴，惟無有首」，時人只得以另外打造的像首安置此像。至北周保定元年（西元五六一年），「涼州城東七里澗忽有光現，徹照幽顯。觀者異之，乃像首也。便奉至山巖安之，宛然符會。儀容彫缺四十餘年，身首異所二百餘里，相好還備。」㉕慧達由此而聲名大振，成為「繼沙門樂傳、法良之後，在莫高窟最有影響的一位僧人」㉖，與莫高窟的興建也有一定的關係。莫高窟從七世紀晚期就開始繪塑與慧達有關的題材。從慧皎《高僧傳》卷一三與唐道宣《續高僧傳》卷二五所載本傳推斷，慧達大致生於西元三四二年前後，圓寂於西元四三六年以後的若干年，年壽九十餘。

㉒ 唐道宣《續高僧傳》卷二五，《大正藏》卷五〇，頁六四四下。

㉓ 慧皎《高僧傳》卷一三〈釋慧達傳〉，校本，頁四七七。

㉔ 唐道宣《續高僧傳》卷二五，《大正藏》卷五〇，頁六四四下。

㉕ 唐道宣《續高僧傳》卷二五，《大正藏》卷五〇，頁六四五上。

㉖ 史葦湘〈劉薩訶與敦煌莫高窟〉，《文物》北京一九八三年第六期，頁六。

三、《佛國記》之歷史文化價值

《佛國記》是法顯以自敘傳的形式寫成的記述自己西行經歷的著作，並且比較全面地記錄了五世紀初中亞、南亞以及東南亞地區的政治、宗教、風俗習慣、經濟狀況以及地理情況，對佛教的發展情形以及佛教聖跡的記敘尤其詳細。千百年來，《佛國記》這部書不僅僅作為佛教史籍起了鼓舞後世人們生起佛教信仰的作用，更為可貴的是，它對歷史事件和自己所見所聞的忠實記錄，早已經成為人們研究這一段歷史的寶貴資料。可以說，《佛國記》的價值早已經超越了佛教史本身，而具有多方面的文化價值。這是一方面。另一方面，由於眾所周知的原因，印度本身的歷史資料的闕如，使得法顯的記述實際上成為研究五世紀之前印度歷史最為可信的材料。可以說，《佛國記》的價值早已經超越了國界，而具有世界性的價值和意義。本節我們分《佛國記》與中外交通史研究、《佛國記》與西域史、印度史研究、《佛國記》與佛教史研究、《佛國記》的文學價值等四方面對《佛國記》的文化價值作些綜合論述。

(一)《佛國記》與中外交通史研究

佛教傳入中土這一重大歷史事件的確切初始，儘管已經無法確定，但有一點卻是明確的，即其傳播的途徑的雙向性。第一個向度是「東來」，其傳法主體或者為天竺僧人，或者為很早就信奉佛教的西域國家之僧侶。作為外來文化的佛教之所以能夠在中國立足，並走向「中國化」的道路，這兩類人是立了首功的。可以說，佛教在中土的流傳是經歷了一個由外國僑民羣體再到中土人士的發展過程。伴隨著這一過程的是由民間到上層貴族的提升與拓展。而隨著佛教在中土的逐漸深入人心，被動地由外國僧人灌輸的方式已經不能滿足中土佛教信仰者的迫切需要了。在此情形下，中土人士西行求法運動便應運而生。這便是佛教東漸之中的「西取」向度。法顯就是這一西行求法運動中最傑出的一員，而《佛國記》便是西行求法活動中所遺留給人類的為數不多的奇葩。正因為如此，《佛國記》是中外文化交流史上具有里程碑意義的著作，對於中外文化交流史之研究具有非同尋常的意義和價值。正如近代學者方豪所言：「法顯之功績不僅在譯經及弘宣教旨，其所記歷程雖僅九千五百餘言[27]，然精確簡明，包括往返西域歷程及航海經驗，尤為今日研究中西交通史及中亞中古史地者必需之參考資料。」[28]

[27] 關於《佛國記》的字數，異說很多。如日本足立喜六曾說，《佛國記》「寥寥九千五百餘言」（《法顯傳考證》，頁四）。此後，賀昌羣（《古代西域交通與法顯印度巡禮》，頁一）、長澤和俊（《絲綢之路史研究》，頁四六六）都說《佛國記》九千五百餘字。方豪在此也持此說。其實，這一說法是不確切的。吳玉貴則據宋代思溪藏本測算出「全書應為一萬四千餘字。」（《〈佛國記〉釋譯》，頁三二〇）這一測算因字、行的誤差，未見精確。若依據支那內學院西元一九三二年的刻本，《佛國記》的字數應為：正文一萬三千八百零六字（不計標題），文後之跋文為一百七十四字。

[28] 方豪《中西交通史》，頁二一三，湖南長沙，岳麓書社，一九八二年十二月重排本。

古代文化的傳播與當時的交通情形密切相關。中國古代與印度之間的交通究竟始於何時，現在已經很難確定了。但可以肯定，古代印度與西域即我國新疆地區交通極早。西元前五世紀波斯阿赫曼尼德朝佔領粟特、巴克特里亞和旁遮普，曾經多次向葱嶺以東地區派出商隊，商隊之中就有印度商人。到西元前三世紀，在阿育王統治下的孔雀王朝，雙方的往來已經完全確立。隨著張騫出使西域的成功，西漢政府建立了直接與西域溝通的管道。自從張騫開通西域之後，經由中亞的道路成了中國與外界交往的主要通途，中亞也就成了聯結中國與南亞、西亞以及歐洲的最重要的紐帶。中土從陸路西行求法的僧人大都取道此途，法顯也是如此。此外，從陸路通往印度的道路還有第二條，即由今日之四川經由雲南，進入緬甸，然後抵達印度。這一條線路的開通要早於張騫出使西域的時間，因為張騫在大夏（今日阿富汗）時曾經見到過邛地（四川西昌附近）出產的竹杖以及蜀布。大夏人告訴張騫，這些是從印度轉來的。西元三世紀初，有一批蜀地僧人曾經通過這一條道路到達印度㉙。古代中國與印度

㉙ 義淨《大唐西域求法高僧傳・慧輪傳》記載：「那爛陀寺東四十驛許，尋弶伽河而下，至蜜栗伽悉他鉢那寺（唐云鹿園寺也）。去此寺不遠，有一故寺，但有磚基，厥號支那寺。古老相傳云，是昔室利笈多大王為支那國僧所造。於時有唐僧二十許人從蜀川牂牁道而出（蜀川去此寺有五百餘驛），向摩訶菩提禮拜。王見敬重，遂施此地，以充停息，給大村封二十四所。於後唐僧亡沒，村乃割屬餘人。現有三村入屬鹿園寺矣。准量支那寺，至今可五百餘年矣。」據考證，此處的「室利笈多大王」是指笈多王朝最早的一位國王，在位時間大約為西元三世紀晚期。義淨這裡所說「至今可五百餘年」，只是一個概數。實際上，只能有四百多年。

之間第三條交通路線是海路，即從海道西行，從斯里蘭卡登陸，然後北上印度。法顯就是選取這條海路回歸中土的。

在晉宋之際，從長安經河西走廊的武威、張掖、酒泉到敦煌，再經過玉門、陽關，就可到達西域。《漢書》云：「自玉門、陽關出西域有兩道。從鄯善傍南山北，波河西行至莎車，為南道；南道西逾葱嶺則出大月氏、安息。自車師前王庭隨北山，波河西行至疏勒，為北道；北道西逾葱嶺則出大宛、康居、奄蔡焉。」[30]法顯從長安出發，經過張掖鎮、敦煌到鄯善，然後從鄯善北上至焉耆，再經過龜茲至于闐。從這一行程看，法顯選擇的是「北道」。至焉耆後，法顯一行又轉向西南，取道塔克拉馬干大沙漠，直達「南道」重鎮——于闐。從于闐前行，經過子合國，法顯等人進入葱嶺山中的於麾國、竭叉國，最後纔到達北天竺境內。法顯回國取的是海道，即從巴連弗邑沿恆河東下，到達多摩梨帝海口，然後從此乘船西南行，到達師子國（今斯里蘭卡）。在師子國停留二年，法顯乘船東下，後經馬六甲海峽到達今日所稱的蘇門答臘島。在蘇門答臘島停留五個多月後，法顯又乘船沿著東北方向直趣廣州。在西沙羣島附近遭遇風暴，法顯所搭乘的船隊在海上漂流七十餘日方纔到達今山東嶗山南岸。

法顯《佛國記》對其親身經歷的往程與歸程的基本情況，作了較為詳細的記載，這對於當時和以後有志西行的人們，不啻是一種文字的嚮導。同時，《佛國記》的記載又成為人們研究中國古代與西方之交通管道的最為可信的資料。這一意義，在其問世未久，就顯露出來

---

[30] 《漢書》卷九六〈西域傳〉。

了。北魏酈道元撰寫的《水經注》中，有二十餘處引用《佛國記》的記載，其涉及的地域範圍甚為廣泛。北起我國新疆境內，南及印度河、恆河流域。後來，我國正史的「地理志」都程度不同地吸收了法顯此書之中的材料。

《佛國記》儘管不是嚴格意義上的地理學著作，但法顯在記述中依照遊記體的規範，以言必依實的原則，詳細、準確地記載了自己所到之處的地理狀況。特別是在西域、印度行程的記載，為研究古代西域、印度城市及國家的地理沿革提供了第一手資料。由於文化傳統的關係，古代印度沒有留下來專門的地理學著作，甚至連這方面的記載也很缺乏。而《佛國記》的相關記述，起了填補印度古代地理學著作之空白的作用。特別是《佛國記》所涉及的西元五世紀及其以前印度的歷史地理狀況，已經成為考訂古代印度歷史地理的權威材料。事實上，《佛國記》的相關記載，與玄奘的《大唐西域記》、義淨的《南海寄歸內法傳》一起，已經成為近代以來西域、印度考古發掘的最重要的線索。

(二)《佛國記》與西域史、印度史研究

法顯對於西元五世紀之前的西域、中亞以及印度的政治、經濟、民族、文化、風俗習慣等等方面的真實敘述，是研究這一地區古代歷史的最可寶貴的歷史文獻。《佛國記》的這方面的價值，早已經成為世界歷史學界的共識。

西域地區由於距離內地遙遠、政權變更頻仍等等原因，其古代社會歷史的狀況，留存至

今的資料較為缺乏。而印度民族，作為一個偉大的智慧非凡的民族，在古代曾經創造出了燦爛的文明，對世界文化作出了巨大貢獻。但是，印度民族在文化性格上卻有一個重大的缺點，就是不大重視歷史的記述，對於時間、空間兩個方面，誇張、想像的成分過多。因此，在印度文化史上，缺乏如同中國一樣記載翔實的歷史著作。因此，要搞清楚印度的古代歷史只有依靠外國人的記載。從古代一直到中世紀，到過印度並且留下歷史記載的人也不少。如古代希臘人、羅馬人、波斯人等民族，都留下過相關著作。但西方人的記載大多比較分散，所以，相對而言，東方，主要是中國方面的著述顯得更為重要，價值也更大些。

漢代以前，我國史籍中就已經出現過有關西域、印度的記載，但神話傳說很多，除了知道內地與這兩個地區有過來往之外，具體的事情所知不多。從漢代以來，隨著長安與西域之間交通管道的開通以及西域各國對於內地政權的歸附與尊重，西域與印度的歷史及社會情況成為《史記》、《漢書》、《後漢書》等官修史書必不可少的內容。同時，民間的許多著述也對此有所涉及。然而，不管是官修史書，還是民間著述，都是依據來往史臣的報告以及民間的傳聞撰寫出來的。所以，這兩類著作與古代求法僧人歸國後所寫的著作相比，前者因為缺乏切身體驗而時有誤解，後者則因為大多出於僧人自己親身經歷及親眼所見，所以，準確性更高，價值自然也更大些。

中土僧人之西行求法活動，見之於記載並且被學術界共認的是曹魏時期的朱士行，此後的西晉及南北朝時期西行者為數非少，但撰寫「行記」者在目前的資料看來，法顯是最早的。

法顯在《佛國記》中對於西域諸國的歷史以及自己親眼所見的諸國社會生活的各個方面都作了儘可能的敘述。對於印度西元五世紀之前的歷史，特別是佛陀時代、孔雀王朝、貴霜王朝以及笈多王朝早期歷史，法顯都作了追述。法顯到達印度之時，正當笈多王朝後期。法顯在《佛國記》中，對其當時所見所聞作的翔實記錄，對於研究考察西元五世紀印度社會歷史的狀況，彌足珍貴。在法顯《佛國記》之後，有玄奘的《大唐西域記》、義淨的《南海寄歸內法傳》及《大唐西域求法高僧傳》與之遙相輝映。這四部著作所涉及的時代相互銜接，內容相互補充印證，共同構成了建構印度西元七世紀之前的歷史狀況的可信坐標和基本材料。在現今，凡是涉及這一段時期西域、印度歷史的著作和相關研究，欲越過或忽略中國僧人的這些著述，幾乎是難於進行的。如有些學者所評論的：「像《大唐西域記》內容這樣豐富，記載的國家這樣多，記載得又這樣翔實，連玄奘以後很長的時間內，也沒有一本書能夠比得上的。因此，從中國方面來說，《大唐西域記》確實算是一個高峰。」㉛即便確實如季羨林先生所說，《大唐西域記》以其篇幅的巨大以及「地理志」風格的題材優勢，在某些方面有後來居上之勢，但《佛國記》的首創之功，是無論如何也不能抹煞的。況且，儘管《佛國記》在前，其敘述也有些偏於簡略，但在有些方面並不比《大唐西域記》遜色。正如對《佛國記》與《大唐西域記》都有深入研究的日本學者足立喜六所說：「《佛國記》為一千五百年前之

㉛ 季羨林〈玄奘與大唐西域記〉，頁一二三，載《大唐西域記校注》，季羨林等校注，北京，中華書局，一九八五年二月版。

實地考察的記錄，凡關於中亞、西亞、印度、南海諸地之地理、風俗及宗教等，實以本書為根本資料。故其價值，早為世界所共認。至其年代與事實之正確及記述之簡潔與明快，亦遠出於《大唐西域記》之上。」㉜

㈢《佛國記》與佛教史研究

作為一位前往印度求取佛法的求法僧，法顯所注目的焦點自然在佛教方面。因此，《佛國記》對於沿途諸國的佛教興衰情況及其印度的佛教聖跡記載尤其詳備。在西域方面，首先說到諸國原來語言雖不盡同，而僧人一致學習印度語文，鄯善國、焉夷國各有僧四千餘，竭叉國有僧千餘，都奉小乘教，于闐國和子合國都盛行大乘佛教。在印度方面，陀歷、烏萇、罽饒夷、跋那等國都奉行小乘教，羅夷、毗荼、摩竭提等國都大小兼學，毗荼國僧眾多至萬數，摩竭提國為印度佛教的中心，佛法大為普及。東印度多摩梨帝國有二十四伽藍，佛教也很興盛。當時印度，除拘薩羅、迦維羅衛、藍莫、拘夷那竭諸國教勢已趨衰落外，其他諸國大都保持盛況。至於印度以外的師子國佛教尤盛，僧眾多至六萬。關於佛教史蹟，本書詳細記載了佛陀降生、成道、初轉法輪、論議降伏外道、為母說法、為弟子說法、預告涅槃、入滅等八大名蹟之盛況；記載了佛石室留影、最初的佛旃檀像、佛髮爪塔以及佛頂骨、佛齒和佛鉢、佛錫杖、佛僧伽梨等的保存處所和守護供養的儀式；記載了佛陀的大弟子阿難分身塔、

㉜ 足立喜六《法顯傳考證》，頁一，何健民、張小柳合譯，商務印書館，一九三七年版。

舍利弗本生村以及阿闍世王、阿育王、迦膩色迦王所造之佛塔；過去三佛遺跡諸塔以及菩薩割肉、施眼、截頭、飼虎等四大塔，祇洹、竹林鹿野苑、瞿尸羅諸精舍遺址，五百結集石室，七百僧檢校律藏紀念塔以及各地的著名伽藍、勝蹟。由於印度的許多佛教遺跡在現今已經湮沒無聞，因而法顯的記載適可彌補這一缺憾，成為印度佛教考古發掘的指南。

法顯在《佛國記》中真實地記載了西元五世紀初年印度、西域佛教的基本情況。這種記述，不僅可以與後來玄奘、義淨的相關記載互相銜接、對照，而且也可以從中發現印度佛教從五世紀到七世紀之間演變發展的情形㉝。特別是，法顯對於此前佛教史上的重大問題所作的程度不同的追溯，成為現今人們解決這些問題的重要線索。這可以從佛教儀軌制度、提婆達多問題以及佛教與外道的鬥爭幾方面去說明。

儘管《佛國記》並非如義淨《南海寄歸內法傳》那樣以專門記錄印度的佛教儀軌制度為旨歸，但法顯在相關部分的記述卻仍然彌足珍貴。《佛國記》對於西元五世紀時期印度佛教流行的佛教儀軌制度的記載，正可與此後玄奘、義淨的記述相互連接對照，依此可以對印度佛教儀軌制度有大致的了解。

法顯之所以西行，是有感於中土戒律的殘缺和僧眾威儀的欠缺。因此，法顯對於沿途西域、印度諸國戒律的實行情況格外留心，並且對於其整肅嚴謹之風貌大為欣羨。對於于闐國

㉝ 季羨林先生在〈玄奘與大唐西域記〉一文中，專門將玄奘所記資料與法顯在《佛國記》中的敘述作了比較研究，以之說明印度佛教日漸衰微的趨勢。參見《大唐西域記校注・前言》，頁八十五—八十七。

的情況，法顯這樣記述：「瞿摩帝，是大乘寺，三千僧共犍槌食。入食堂時，威儀齊肅，次第而坐，一切寂然，器鉢無聲。淨人益食，不得相喚，但以手指麾。」在天竺部分，類似於這樣的敘述比比皆是。而道整「見沙門法則，眾僧威儀觸事可觀」，竟然發願曰：「自今已去至得佛，願不生邊地。」法顯的最後一位同伴就這樣留居天竺，未曾言歸。

除戒律方面之外，值得注意的還有天竺自古以來流行的佛教制度。法顯在敘述了摩頭羅國之概況後，用近千字的篇幅較為細緻地敘述了天竺實行的儀軌制度。法顯說，天竺諸國國王「供養眾僧時，則脫天冠，共諸宗親羣臣，手自行食。行食已，鋪氈於地，對上座前坐，於眾僧前，不敢坐床。佛在世時，諸王供養法式相傳至今。」㉞這裡所講的是國王供養僧眾飲食的法式。關於天竺國王、長者、居士奉養僧眾的總體情形，法顯這樣說：「自佛般泥洹後，諸國王、長者、居士，為眾僧起精舍供養，供給田宅、園圃、民戶、牛犢。鐵券書錄後，王王相傳，無敢廢者，至今不絕。眾僧住止房舍、床褥、飲食、衣服都無缺乏。處處皆爾。」至於僧眾則「常以作功德為業，及誦經坐禪。客僧往到，舊僧迎逆，代擔衣鉢，給洗足水、塗足油，與非時漿。須臾息已，復問其臘數，次第得房舍、臥具，種種如法。眾僧住處作舍

㉞ 這一供養僧眾飲食的法式本是印度文化習俗的產物，但在劉宋元嘉三年卻曾經引起過軒然大波。當時，朝廷重臣范泰因為看不慣僧人踞食的做法，聯絡一些人士力圖改變這一習俗。由於反對者太多而未能實現。關於此事可參見《弘明集》卷一二范泰〈與王司徒諸人書論道人踞食〉、〈范伯倫與生、觀二法師書〉、范泰〈論踞食表〉等。

利弗塔，目連、阿難塔，併阿毗曇、律、經塔。」法顯對於佛教夏安居的儀禮與經過的敘述尤其重要，其文有云：

安居後一月，諸希福之家勸化供養僧，作非時漿。眾僧大會說法。說法已，供養舍利弗塔，種種香華，通夜然燈，使伎人作樂。……諸比丘尼多供養阿難塔，以阿難請世尊聽女人出家故。諸沙彌多供養羅雲。阿毗曇師者供養阿毗曇。律師者供養律。年年一供養，各自有日。摩訶衍人則供養般若波羅蜜、文殊師利、觀世音等。眾僧受歲竟，長者、居士、婆羅門等，各持種種衣物沙門所須以布施僧，眾僧亦自各各布施。

這裡主要記述了夏安居最後一個月的儀式：一是希求福報之家可為眾僧奉獻「非時漿」；二是解夏前的最後一日的夜晚舉行「大會說法」，說法完畢，比丘供養舍利弗塔，比丘尼供養阿難塔，沙彌供養羅雲；三是解夏之日，信眾即俗弟子可向僧尼布施物品。另外，在師子國章，法顯追敘了國王為僧眾建新精舍的常規，其文曰：「王篤信佛法，欲為眾僧作新精舍。先設大會，飯食僧。供養已，乃選好上牛一雙，金銀寶物莊校角上，作好金犁。王自耕頃四邊，然後割給民戶、田宅，書以鐵券。自是已後，代代相承，無敢廢易。」這與法顯所述印度國王的通常做法可以互相補充。

在《佛國記》中，法顯對於西域、印度諸國的規模較大的法會敘述得尤其詳細。如于闐國、摩竭提國的「行像」儀式、竭叉國的五年大會（般遮越師）、弗樓沙國的佛鉢崇拜儀式、那竭國的佛頂骨崇拜儀式、師子國佛齒供養法會以及師子國國王為入滅羅漢舉行的闍維葬儀等等。此外，法顯還對其在天竺所瞻禮過的佛塔一一作了描述。所有這些材料都是研究西域、印度佛教，特別是五世紀印度佛教史的珍貴文獻，應該引起高度重視。

法顯敘述祇洹精舍情況的段落之中，對於「提婆達多」即「調達」之信徒的記載，彌足珍貴。提婆達多本來是釋迦牟尼佛的堂弟，很早就追隨佛陀出家。後來卻與釋迦牟尼佛發生矛盾，分道揚鑣，另立山頭。據佛教經典所記，提婆達多本人由於誹謗佛法，並且多次謀害佛陀，已經墮入地獄，當然也就不會有多少信徒了。但法顯在中天竺卻見到了調達的信徒。這說明，所謂「提婆達多派」至西元五世紀時仍然存在。法顯原文為：「調達亦有眾在，供養過去三佛，唯不供養釋迦文佛。」這三句話，很受學術界重視。有學者㉟將法顯的這一記載與玄奘、義淨的相關說法聯繫起來考察，得出了與佛經所記不同的結論：「從釋迦牟尼時代到法顯以至到玄奘、義淨的時代，其間一千多年，提婆達多派仍然不絕如縷地延續了下來，仍然活動於印度社會之中。而且他們仍然堅持著他們的『祖訓』，可能還發展出了自己的『三藏』。他們的存在，既說明了他們這一派頑強的生命力，也說明在古代印度社會中有他們存在的條件。」㊱不過，能否將「提婆達多派」算作佛教的一個派別，卻是另外一個問題。因

玄奘與大唐西域記〉一文以及王邦維〈義淨與南海寄歸內法傳〉一文。前者收於《大唐西者收於《南海寄歸內法傳校注》。

為法顯、玄奘、義淨都是將其當作「外道」看待的。

釋迦牟尼是在與「外道」的鬥爭之中逐步擴大其影響的。而在印度這一宗教多元化的國度，與「外道」的鬥爭貫穿於佛教發展的始終。法顯在《佛國記》中，不但對於佛陀時代佛教與「外道」的鬥爭作了追述，而且對於西元五世紀時期佛教與「外道」的鬥爭作了敘述。如在記述沙祇城南門道東的佛齒木時說：「諸外道婆羅門嫉妒，或斫或拔，遠棄之，其處續生如故。」據法顯記載，在拘薩羅國舍衛城，「諸外道婆羅門生嫉妒心」，多次想毀壞在大愛道故精舍處、須達長者井壁及鴦掘魔得道、般泥洹、燒身處所起的大塔，「天即雷電霹靂，終不能得壞。」舍衛城祇洹精舍東門外道東有一座婆羅門教寺院被稱之為「影覆寺」，之「所以名『影覆』者，日在西時，世尊精舍則映外道天寺；日在東時，外道天寺影則北映，終不得映佛精舍也。外道常遣人守其天寺，灑掃、燒香、然燈供養。至明旦，其燈輒移在佛精舍中。婆羅門恚言：『諸沙門取我燈自供養佛。』為爾不止。婆羅門於是夜自伺候，見其所事天神持燈繞佛精舍三匝，供養佛已，忽然不見。婆羅門乃知佛神大，即捨家入道。」法顯聽當地人講「近有此事」。可知此事重複發生於法顯抵達印度之前不久，說明那時佛教與「外道」的鬥爭仍然很是激烈。

(四)《佛國記》的文學價值

㊱ 王邦維《南海寄歸內法傳校注・代校注前言》，頁一一三，北京，中華書局，一九九五年四月版。

《佛國記》不僅具有很高的學術價值，而且在中國文學史上也佔有一席之地。作為中國古代遊記文學的奇葩，《佛國記》所具有的「言必依實」的真實性與樸實無華但卻言簡意賅的精練風格，大得歷代文人的喜愛與稱讚。《大唐西域記》儘管篇幅大大超過《佛國記》，但由於它是玄奘口述、辨機筆受而成，再加上誌書體裁的限制，《大唐西域記》的文學性便不能與《佛國記》相提並論。這是毋須諱言的。

法顯的文風正如同時代的道場寺僧人所撰之跋文所說：「其人恭順，言輒依實」，因此《佛國記》強烈的「寫實性」與真實性是其首要的文學特徵，而簡潔的風格更是其特色所在。而其簡潔質樸的文風是《佛國記》的突出特色，而法顯這種簡潔風格甚至達到了惜墨如金的地步。也正因為如此，《佛國記》後所附跋文的作者纔忍不住對「由是先所略者勸令詳載」。儘管現今所傳的文本可能就是經過法顯補充過的「詳本」，但與其言簡意賅的簡練性仍然未曾改變。法顯對於敦煌以西聞名於世的塔克拉馬干沙漠的描寫堪稱典型。法顯這樣寫道：

> 度沙河。沙河中多有惡鬼、熱風，遇則皆死，無一全者。上無飛鳥，下無走獸，徧望極目，欲求度處，則莫知所擬，唯以死人枯骨為標幟耳。

同樣的內容，《大唐西域記》卷一二則鋪陳如下：

從此東行，入大流沙。沙則流漫，聚散隨風，人行無迹，遂多迷路。四遠茫茫，莫知所指，是以往來聚遺骸以記之。乏水草，多熱風。風起則人畜昏迷，因以成病。時聞歌嘯，或聞號哭，視聽之間，怳然不知所至。由此屢有喪亡，蓋鬼魅之所致也。

《佛國記》僅僅五十一個字，《大唐西域記》則擴展為九十個字。二者的字句相似之處甚多，而前者早出，後者晚成。因此，從文學角度而言，有理由說《大唐西域記》之描寫很大程度上是脫胎於《佛國記》。

法顯西行，在當時的條件之下，是一件風險極大的偉業。他西行之時的心情，正如跋文所記錄的法顯之自我表白：

顧尋所經，不覺心動汗流。所以乘危履嶮，不惜此形者，蓋是志有所存。專其愚直，故投命於不必全之地，以達萬一之冀。

儘管湧動在法顯血管裡的是一腔弘傳佛法的大慈大悲精神，而在信仰層面自然而然所具有的「三寶」佑助心理[37]會為法顯提供足夠的信心，但是西行路途的艱險仍然會在其心中投下很

---

37 在歸途之中，當法顯所搭乘的商船漏水之時，法顯「恐商人擲去經、像。唯一心念觀世音及歸命漢地眾僧：『我遠行求法，願威神歸流，得到所止！』」後來，於「夜鼓二時，遇黑風暴雨」之時，「法顯爾時亦一心念觀世音及漢地眾僧。蒙威神佑，得到天曉。」

深的「不必全」之陰影。因此，彌漫在《佛國記》之中的濃重的抒情性，使這部作品帶有很強烈的感染力，其文學欣賞價值因而大為增強。在整本《佛國記》中，法顯三次寫到自己流淚。第一次是在南度小雪山而慧景不幸圓寂之時。法顯寫道：

雪山冬夏積雪，山北陰中，遇寒風暴起，人皆噤戰。慧景一人不堪復進，口出白沫，語法顯云：「我亦不復活，便可時去，勿得俱死。」於是遂終。法顯撫之悲號：「本圖不果，命也！奈何？」復自力前，得過嶺南。

短短數語，將慧景的自我犧牲精神、法顯對同伴的深厚感情以及法顯、道整二人化悲痛為力量繼續前進的精神風貌，寫得活靈活現，深切感人。第二次是在王舍舊城之外的耆闍崛山上，法顯：

慨然悲傷，收淚而言：「佛昔於此住，說《首楞嚴》。法顯生不值佛，但見遺跡、處所而已。」即於石窟前誦《首楞嚴》。

第三次是在師子國無畏山寺見到故土商人奉獻給青玉佛像的絹扇之時。其文曰：

> 法顯去漢地積年，所與交接悉異域人，山川草木，舉目無舊。又同行分披，或留或亡，顧影唯己，心常懷悲。忽於此玉像邊見商人以晉地一白絹扇供養，不覺淒然，淚下滿目。

這三次流淚，情境不同，其情之內涵也略有差異。而在一般人們看來，佛教僧侶越是木石心腸，道行似乎越高。在這種背景下觀之，法顯的這種情緒流露更顯得真實而珍貴。在如此的艱難困苦下，絲毫不動心、不動情，反倒顯得做作而矯情。法顯的「三哭」絲毫未曾損害其偉大之形象，反而增強了其可信度與感染力，完全可以將其看作《佛國記》的點睛之筆。

當然，《佛國記》的抒情性不僅僅體現在這三處。法顯藝術手法的高超尤其在於將抒情性融會於寫實性的敘述與描寫之中。這一點可以從法顯對翻越葱嶺山的記述見出。法顯寫道：「在道一月，得度葱嶺。葱嶺冬夏有雪，又有毒龍，若失其意，則吐毒風、雨雪，飛沙礫石。遇此難者，萬無一全。」語句平和，與驚心動魄的內容相比較，甚至略微顯得平淡。但是，埋藏於平淡語句之中的確實是一顆歷經千難萬險的老人所特有的深沉、博大的內心世界。

關於《佛國記》的文學價值，我們可以藉用章巽先生的話作一總結。章先生說：「恬退恭順的法顯，能有時間親筆寫下他的遊記，言輒依實，質樸明暢；而玄奘卻不得不假手辨機代筆寫下他的遊記，雖然文辭絢爛，卻也不免帶上一層浮華的色彩。且《法顯傳》雖然質樸，但由於親身經歷，親筆自寫，常能在行間字裡發射出深厚的感情，十分觸動人心，有許多境界往往是《大唐西域記》所未能到達的。」[38]雖然此段評論將《大唐西域記》拿來給《佛國記》作比襯，稍失對於玄奘大師的恭敬，但是僅僅就二著的文學性而言，確實如此。

四、法顯大師對中國佛教的貢獻

在中國佛教史上，法顯、玄奘、義淨是最有影響的三位西行求法高僧。而作為有文獻記載、第一位到達印度的中國人，法顯大師對中國佛教的貢獻是多方面的。以下分法顯大師對西行求法運動的影響、法顯大師對佛教律學以及佛教義學的貢獻三方面來論說。

(一)法顯大師西行的意義及其影響

早期佛教的弘法主體是西域以及天竺僧人。據統計，漢代東來譯經僧人十人，其中，來自天竺的僅僅四人，六人來自西域；三國魏、吳兩國共有外國譯經僧人十人，來自西域的七人，僅有三人來自天竺；西晉時外來譯經僧五人，來自天竺的僅有一人[39]。可見，早期佛教之傳入，是經由西域這一中介進行的，而且是以西域僧人為骨幹的，因而許多佛教經典並非直接從梵語譯出，而是由古代中亞地區的所謂「胡語」轉折譯出的。這樣的一再轉譯，再加

[38] 章巽《法顯傳校注序》，頁十，見章巽《法顯傳校注》，上海古籍出版社，一九八五年二月版。

[39] 參見方豪《中西交通史》，頁二一一，湖南長沙，岳麓書社，一九八七年十二月重排版。

之譯人的不諳漢文，使得譯出的經典難於滿足中土弘傳佛法的現實需要。這是一方面。另一方面，隨著佛教信仰的逐漸深入人心，作為佛教發源地和佛學最發達的地區，天竺成為了佛教徒嚮往的聖地。因此，躬身前往天竺瞻禮聖跡、求學訪師便成為中土僧人的重要願行。上述兩方面的結合，便引發了持續近千年的西行求取佛法的運動。法顯之西行，便是其中最有成效，對中國佛教影響最為深遠的三次西行活動之一。

現在學術界一致公認，中土最早的西行者是魏晉時期的朱士行。據《出三藏記集》卷一三載：

> 初，天竺朔佛以漢靈帝時出《道行經》，譯人口傳，或不領，輒抄撮而過。故意義首尾，頗有格礙。士行常於洛陽講《小品》，往往不通。每嘆此經大乘之要，而譯理不盡。誓志捐身，遠求《大品》。遂於魏甘露五年發迹雍州，西度流沙。既至于闐，果寫得正品梵書胡本九十章，六十餘萬言。遣弟子不如檀，晉言法饒，凡十人，送經胡本……至陳留倉垣水南寺。㊵

此中，甘露五年即西元二六〇年，經本送達內地的時間為西晉武帝太康三年，即西元二八二年。朱士行弟子送回的經本，於西晉太安二年（西元三〇三年）十一月二十四日至永安元年（西元三〇四年）四月二日，由竺法寂、竺叔蘭譯出，名為《放光般若經》。朱士行則留居

㊵ 僧祐《出三藏記集》卷一三〈朱士行傳〉，蘇晉仁、蕭鍊子點校本，頁五一五—五一六。

于闐，於八十歲時圓寂。朱士行雖然未能抵達天竺，但是，他令弟子送回的經本卻對中國佛教產生了很大影響，他的行為鼓舞了後世僧人的西行勇氣。

朱士行之後，又有竺法護、康法朗、于法蘭、竺佛念、慧常、進行、慧辯、慧叡、支法領、法淨㊶等七次十人西行，但確實可考的唯有慧叡到達過南天竺，而其他僧人或僅抵達西域而返，或僅達交趾。此後，便有法顯橫空出世，以堅忍不拔的毅力，拖著年邁之軀，西行西域，抵達天竺，並且最終從風險更大的海路歸國。法顯的成功，首先自然是其帶回的經律譯出後對中國佛教所產生的影響，其次，其對求法運動的進一步高漲所起的推動作用，也是難以估量的。

法顯西行以及所撰寫的西行遊記，大大拓展了中土僧人的眼界，在當時就產生了巨大的反響。如釋曇無竭（法勇）招集僧猛、曇朗等二十五人，於宋永初元年（西元四二〇年）「發迹北土，遠適西方。」㊷從陸路至中天竺，由南天竺搭乘商船返回廣州，選擇的道路與法顯大致相同。這並非偶然，而是模仿法顯所成。《高僧傳》卷三〈曇無竭傳〉明確說，曇無竭「嘗聞法顯等躬踐佛國，乃慨然有忘身之誓」，於是發願西行，同行二十五人，歸來者僅僅

㊶ 參見湯用彤《漢魏兩晉南北朝佛教史》，頁二六九。方豪先生在《中西交通史》，頁二一一之中所列竺叔蘭，於史無據，恐係誤解史料所致。言曇猛西行，不知所據為何？吳玉貴依之將其列入，恐怕是犯了無據跟從的錯誤。（吳玉貴《〈佛國記〉釋譯》，頁二九二）

㊷ 慧皎《高僧傳》卷三〈曇無竭傳〉，校本，頁九十三。

[illegible]一行從中土出發之時，與法顯返回建康僅有七年間隔，而此時《佛國記》已經寫出，並且開始流傳。由此可見，法顯西行之事跡，確實有立竿見影之感召力。

曇無竭之後，西行求法者便越來越多，至隋唐達到了頂峰。儘管沒有辦法確證每一位西行求法者是否都知曉法顯大師事跡並且讀過《佛國記》，但可以確定的是：中國古代另外兩位最重要的求法高僧玄奘、義淨，就是在法顯大師西行事跡的鼓舞感召之下，毅然西行的。慧立所記玄奘大師自道西行之志曰：「昔法顯、智嚴亦一時之士，皆能求法導利羣生，豈能高迹無追，清風絕後？大丈夫自當繼之。」[43]玄奘於是陳表西行，在未能獲准的情況下，冒險出發西行，經歷艱難險阻，終於大功告成。義淨大師「年始一十有七，思遊五印之都。」[44]而之所以如此，則源於「仰法顯之雅操，慕玄奘之高風。」義淨後來在其所撰寫的《大唐西域求法高僧傳》的起首就寫道：「觀夫自古神州之地，輕生徇法之賓，顯法師則開闢荒途，奘法師則中開王路。」以「開闢荒途」評價法顯的開創之功，確實得其所宜！至於法顯西行所體現出的大無畏精神，仍然數與法顯同時代並且相識的跋文作者所說最為貼切：「於是感嘆斯人，以為古今罕有。自大教東流，未有忘身求法如顯之比。然後知誠之所感，無窮否而不通；志之所獎，無功業而不成。成夫功業者，豈不由忘失所重，重夫所忘者哉?!」這種精

[43] 唐慧立、彥悰《大慈恩寺三藏法師傳》卷一，孫毓棠、謝方點校本，頁十，北京，中華書局，一九八三年三月版。

[44] 《貞元錄》卷一三，《大正藏》卷五五，頁八七〇中。

神儘管起因於佛教信仰，但其意義卻遠遠超出求取佛法本身，具有普遍的價值和不朽的意義！

(二)法顯大師對中國佛教律學的貢獻

佛陀在涅槃之時，曾經留下「以戒為師」的付囑。在佛教僧團之中，戒律是維持僧團「和合」的基本保障，而是否稟受戒法又是佛教徒區別於普通人的關鍵之一。佛法傳入中土在先，戒律傳入在後，而在完備中國戒律學方面，法顯的貢獻是不可或缺的一環。

從東漢到曹魏初年，可能由於中土漢族人士出家者甚為罕見[45]，因而其出家受戒並不十分嚴格，只是剃除鬚髮以示區別，對於戒律也僅僅是了解基本戒條而已。殆至曹魏嘉平二年（西元二五〇年），曇摩迦羅在洛陽白馬寺譯出《僧祇戒心》及《四分羯磨》之後，「更請梵僧，立羯磨法受戒。中夏戒律，始自于此。」[46]朱士行正是依此戒法而受比丘戒的，因此纔被當作中土出家的第一人，而嚴佛調未能及此而未被認可為正式比丘。東晉時期，道安大師

[45] 後趙王晉在答石虎垂詢時曾說：「往漢明感夢，初傳其道。唯聽西域人得立寺都邑，以奉其神，其漢人皆不得出家。魏承漢制，亦修前軌。」（慧皎《高僧傳》卷九〈佛圖澄傳〉，校本，頁三五二）一些學者依據此文認為漢代禁止漢人出家。其實，此文所言誇飾成分甚多，不足為據。王度本人為反佛人士，而撰寫此表是為勸說朝廷限制佛教發展的。漢代出家漢人僧尼不多，一是佛教傳入未久，二是戒律儀軌未備，所以一些人士後來未被當作出家人看待，如嚴佛調等。

[46] 慧皎《高僧傳》卷一〈曇柯迦羅傳〉，校本，頁十三。

在戒律文本未具的情形下，參照已有的戒律為僧團制定了戒規──「僧尼軌範」。道安所制「僧尼軌範」分為三例：「一曰：行香定座，上講經上講之法；二曰：常日六時，行道、飲食、唱時法；三曰：布薩、差使、悔過等法。」道安此規一出，「天下寺舍，遂則而從之。」㊼可見中土當時對於戒法律規的需求是何等急迫耶！道安曾撰文說：「法汰頃年鄙當世為人師，處一大域，而坐視令無一部僧法。推求出之，竟不能具。」㊽這是道安回憶當初與其同門師弟竺法汰發心制定「僧法」時所遇到的問題。道安在襄陽時還說過：「云有五百戒，不知何以不至？此乃最急。四部不具，於大化有所厥。」㊾道安恐怕已經從來中土的外國僧人口中知曉印度佛教流行「四部」律法，所以熱切希望在中土早日完備戒律文本。法顯在長安時曾經積極組織僧人翻譯戒律，共譯出《十誦比丘戒本》一卷、《比丘尼大戒》一卷、《教授比丘尼二歲壇文》一卷三部戒律文本。這樣，加上先前由曇柯迦羅譯出的《僧祇戒本》一卷、竺法護譯出的《比丘尼戒》一卷，東晉初年，中土所具的重要律本大致如此㊿。而上述律本

㊼ 慧皎《高僧傳》卷五〈釋道安傳〉，校本，頁一八三。

㊽ 《出三藏記集》卷一一〈比丘尼戒本所出本末序〉，校本，頁四一一。此文未署作者之名，但從戒本的翻譯情形以及文中語氣觀之，大多學者認為此文為道安所撰。

㊾ 《出三藏記集》卷九〈漸備經十住梵名並書敘〉，校本，頁三三三。原本署「未詳作者」，今人從此經本的流傳情形推斷為道安所撰。

㊿ 此據《出三藏記集》卷二。另外，《出三藏記集》、《開元釋教錄》還記錄了一些失譯的律本，但未見譯時，也有真偽難辨之慮，故而未列入。

篇幅短小，顯然只是節譯，難於滿足現實的需要。由於戒律文本的殘缺與匱乏，不但信徒從受戒到行戒缺乏權威的軌範，而且影響到僧團自身活動的如法開展。法顯正是有感於此，纔毅然發心西行至中天竺求取佛教戒律文本的。而法顯所要做的事情，正是道安大師當年所熱切企盼的。

法顯西行，在中天竺摩竭提國巴連弗邑抄回《摩訶僧祇眾律》、《薩婆多眾律抄》各一部，在師子國求得《彌沙塞律藏本》。三部律本，《摩訶僧祇眾律》於東晉義熙十四年由法顯與佛陀跋陀羅合作譯出，共成四十卷；《彌沙塞律》法顯未來得及譯出，在其圓寂後，由道生、佛陀什等譯出。而當法顯從天竺歸來時，《薩婆多眾律抄》已經由鳩摩羅什與佛若多羅等於後秦弘始七年譯出，名為《十誦律》，共六十一卷。此外，法顯還與佛陀跋陀羅合作譯出《僧祇比丘戒本》一卷。《摩訶僧祇眾律》譯出後，在當時影響甚大。它與《十誦律》一起成為南北朝時期佛教戒律學的主要依據。直至隋唐時期，由於以《四分律》為歸旨的律宗的形成，《摩訶僧祇眾律》纔逐漸退出了律學主流。但是，這一結局並不會抹煞法顯不畏艱險為中國佛教緒「絕學」所作出的卓越貢獻。

(三)法顯大師對中國佛教義學的貢獻

儘管在中國佛教史上，法顯並非以義學聞名，但並不能因此而忽略其對中國佛教義學所作出的重大貢獻。這突出表現在法顯回國以後所從事的譯經活動及其所譯的《大般泥洹經》

對中國佛教發展所產生的開創性影響上。

據《出三藏記集》卷二記載，法顯從天竺、師子國帶回建康的十一部經律，法顯與天竺僧人佛陀跋陀羅一起合作譯出六部，凡六十三卷。除上述二部律本之外，其餘四部譯經為：《大般泥洹經》六卷、《方等般泥洹經》二卷、《雜阿毗曇心》十三卷、《雜藏經》一卷。其中，《雜阿毗曇心》屬於小乘毗曇學，《大般泥洹經》為大乘《涅槃經》的初譯本，而《方等大般泥洹經》則是《長阿含經．遊行經》的異譯。從對佛教義學的影響而言，《雜阿毗曇心》的傳譯推動了佛教毗曇學的進一步發展，而《大般泥洹經》的譯出簡直就像一聲驚雷，在佛教界掀起了軒然大波。後來，更有道生以「涅槃聖」的雄姿出現，由此而使中國佛教發生了歷史性轉向。在此，謹將《大般泥洹經》產生的影響略作申論。

關於《大般泥洹經》翻譯的經過，〈六卷泥洹經記〉這樣說：

> 摩揭提國巴連弗邑阿育王塔天王精舍優婆塞伽羅先，見晉土道人釋法顯遠遊此土，為求法故，深感其人，即為寫此《大般泥洹經》如來祕藏。願令此經流布晉土。一切眾生悉成如來平等法身。義熙十三年十月一日，於謝司空石所立道場寺，出此《方等大般泥洹經》。至十四年正月一日校訂盡訖。禪師佛大跋陀手執胡本，寶雲傳譯。於時座有二百五十人。[51]

---

51 《出三藏記集》卷八，校本，頁三一六。

此文雖未明言法顯在翻譯《大般泥洹經》之中的貢獻，但在《出三藏記集》卷二「法顯譯經攜回經律」項下注曰：「右十一部，定出六部，凡六十三卷。」沙門釋法顯「歸京都，住道場寺，就天竺禪師佛馱跋陀共譯出。」而在同書同卷「般泥洹經」項下則署為「釋法顯出六卷」。可見，此經的譯出，法顯的功勞非小，因此現今流傳的版本均署名「東晉平陽沙門法顯譯」。

六卷《大般泥洹經》一經翻譯完成，就成為社會議論的焦點。據慧叡說：「此《大般泥洹經》既出之後，而有嫌其文不便者，而更改之，人情少惑。」更有彭城僧嵩「法師云：『雙林滅度，此為實說。常樂我淨，乃為權說。故信《大品》而非《涅槃》。」[52]據《高僧傳》記載，僧嵩「言佛不應常住，臨終之日，舌本先爛。」[53]而《出三藏記集》又說，僧嵩的弟子僧淵「誹謗《涅槃》，舌根銷爛。」[54]顯然，僧嵩、僧淵對於《大般泥洹經》的立場是一

52 吉藏《中論疏》卷一末，《大正藏》卷四二，頁十七下。

53 慧皎《高僧傳》卷七〈釋道溫傳〉，校本，頁二八九。

54 《出三藏記集》卷五〈小乘迷學竺法度造異儀記〉，校本，頁二三三。湯用彤先生懷疑「此事不見於《高僧傳》，恐係僧嵩事誤傳。」（《漢魏兩晉南北朝佛教史》，頁四四三）而《高僧傳》卷八〈僧淵傳〉明言僧淵為僧嵩弟子，因而二僧師徒相承也是可能的。因此，我們以為不能輕易否定《出三藏記集》的記載。僧祐又說「昔慧叡法師久嘆愚迷，制此〈喻疑〉，防於今日，故存之錄末。雖於錄非類，顯證同疑。」這段寫於上引文末的話語，透露出一條很重要的信息：儘管《涅槃經》流行已久，但時至僧祐編《出三藏記集》之時，仍然有人懷疑《涅槃經》的真實性。正是為了反擊這種論調，僧祐纔不惜破壞《出三藏記

脈相承的。為了反擊這種對《大般泥洹經》的非議，慧叡便專門撰寫了〈喻疑論〉以正視聽。在〈喻疑論〉中，慧叡講道：「有慧祐道人私以正本傭人寫之。容書之家忽然起火。三十餘家，一時蕩然。寫經人於火之中求銅鐵器物，忽見所寫經本在火不燒，及其所寫一紙陌外亦燒，字亦無損。餘諸紙巾，寫經竹筒，皆為灰燼。」而同樣的事情，〈法顯傳〉則記為：

> 顯既出《大泥洹經》，流佈教化，咸使見聞。有一家失其姓名，居近揚都朱雀門，世奉正化，自寫一部，讀誦供養。無別經室，與雜書共屋。後風火忽起，延及其家，資物皆盡。唯《泥洹經》儼然具存，煨燼不侵，卷色無異。揚州共傳，咸稱神妙。

上述記載很有可能是同一件事情。這一事件之所以流傳甚廣，從反面說明了當時爭論的激烈。在前文考證法顯離開建康的原因時，我們已經強調過這一事件對於法顯的影響。也就是說，《大般泥洹經》的譯出使法顯陷入了爭論的旋渦無法自拔，實際上已經無法在建康從事譯經活動了。不過，法顯的離去並未平息這場爭論。因為此經的佛學思想對於中國佛教的發展實在是太重大了。其深刻的思想史意義在於，如來藏思想由此代替了大乘般若學而成為中國佛學的主流。

集》的體例而特意將〈喻疑論〉收入此書中。

其實，在《大般泥洹經》未曾譯出之前，佛性思想已經傳入中土，並且引起了義學僧人的注意。據《高僧傳・釋慧遠傳》載：

> 先是中土未有泥洹常住之說，但言壽命長遠而已。遠乃嘆說：「佛是至極則無變，無窮之理，豈有窮耶？」因著〈法性論〉曰：「至極以不變為性，得性以體極為宗。」[55]

這裡的「極」和「至極」均指「涅槃」。慧遠以為涅槃應以不寂不變、不空不有為其真性，只要體悟獲得此真性即可成佛。這種觀念，代表了羅什來華之前中國佛學界的基本狀況。而羅什對中觀學之不餘遺力的弘揚，儘管成就巨大，但卻未能完全滿足中國佛教的思想需要。羅什的另一高足僧叡雖則達般若之奧妙，但仍然有不滿足之感。他直接表明自己的看法：

> 至如《般若》諸經，深無不極，故道者以之而歸；大無不該，故乘者以之而濟。然其大略，皆以適化為本。應務之門，不得不以善權為用。權之為化，悟物雖弘，於實體不足。[56]

在僧叡眼裡，般若只適於濟度世用的善權之道，其用在於「虛」。但是它仍然有著根本缺陷，即「於實體不足」。相反，當羅什在眾僧的請求下，譯出《法華經》新本之後，羅什的弟子

---

[55] 慧皎《高僧傳》卷六，湯用彤校本，頁二一八。

[56] 〈法華經後序〉，《出三藏記集》，校本，頁三〇六。

們奔走相告。羅什的大弟子僧叡說「《法華經》者，諸佛之祕藏，眾經之實體也。」[57]僧叡於羅什處之同門慧叡亦言：「尋出《法華》，開方便門，令一實究竟，廣其津途。欣樂之家，景仰沐浴，真復不知老之將至。」[58]這一記載說明，《法華經》的重譯，對於久囿於般若圈中的人們來說，簡直是一次思想上的解放。那麼，僧叡所言之「實體」所指為何？僧叡說：「佛壽無量，永劫未足以明其久也；分身無數，萬形不足於異其體也。」這樣的「佛」是「一」，是「久」，實際上也就是「法身」。佛作為法身，是否為真實的存在？與此相關，眾生是否皆有佛性？這是當時佛教界關心的重大問題。羅什及其門徒對此是有過討論的。《法華經》譯出後，此問題又重新引起關注。據慧叡所言，當時有人問羅什：

---

57 《法華經後序》，《出三藏記集》，校本，頁三〇六。

58 慧叡《喻疑論》，《出三藏記集》，校本，頁二三五。《喻疑論》本來為慧叡所撰，但卻有學者將其與羅什另一弟子僧叡混淆，認定《喻疑論》為僧叡所作，並且認為是僧祐搞錯了。如任繼愈主編《中國佛教史》第二卷第二章第八節、第九節的作者就是如此。特別是於第九節中加注說明：「《祐錄》卷五，『昔慧叡法師……制此《喻疑》』，誤慧叡、僧叡為一人。」（頁四五二）按，僧祐明確記載此文為慧叡所作，從《出三藏記集》中也看不出僧祐混淆此二人。從注解推測言之，《中國佛教史》第二卷此章節的作者大概有兩點理由：第一，以「慧叡擅長梵漢語文，僧叡深研義理」（頁四五二）為由，認定慧叡寫不出如《喻疑論》這樣的文章；第二，被僧祐「長安叡法師」的稱呼所迷惑。仔細推敲，上述兩點理由，並不足於推翻僧祐的記載。不過，《中國佛教史》第二卷第二章第五節又將《喻疑論》當作慧叡所撰（頁二八九）。大概為不同作者所撰寫，而主編又疏於照應之故。

此土先有經言：一切眾生，皆當作佛。此當云何？答言：《法華》開佛知見，亦可皆有為佛性。若有佛性，復何為不得皆作佛耶？但此《法華》所明，明其唯有佛乘，無二無三，不明一切眾生皆當作佛。皆當作佛，我未見之，亦不抑言無也。59

此段記載，語言平實，頗為可信。羅什囿於自己學派之見，不曾涉及佛性問題。而由竺法護等翻譯的佛經，對佛性義又言之未詳，遂起疑雲，成為中國佛學界的難題。迨至法顯譯出《大般泥洹經》講：「泥洹不滅，佛有真我，一切眾生皆有佛性」60，方有竺道生之橫空出世，涅槃佛性之說便代替了般若學而成為南北朝佛學的主流。法顯六卷《大般泥洹經》的譯出，實乃中國佛學的重大轉折點之一。竺道生法師在無經文直接證會的情形下，孤明先發，首唱闡提成佛之說，此乃中國佛學師心獨造之始也，意義不可低估。

五、《佛國記》之書名及其研究、釋譯情況

法顯所撰寫的西行遊記，在古代著錄、引文以及各種版本中，竟然有近十種異名。這些異名的大量出現，可能是由於法顯自己未替自己所寫的這部書命名，後來者往往以己意為其

59 慧叡〈喻疑論〉，《出三藏記集》，校本，頁二三六。

60 慧叡〈喻疑論〉，《出三藏記集》，校本，頁二三五。

加寫書名。這樣做的結果，卻使後來者難於確定眾多名稱之所指是否為同一部書。這樣的以訛傳訛，便無端地生出了許多誤解，尤其顯得雜亂。為了方便讀者閱讀理解，有必要先對此問題作些簡單介紹，然後再對近代以來《佛國記》的研究情況以及此釋譯的撰寫情況作些介紹與說明。

(一)《佛國記》之書名

第一種，《佛遊天竺記》一卷。梁代僧祐《出三藏記集》卷二載錄於法顯所譯出及其帶回而未得譯出的經律之後。隋代法經《眾經目錄》卷六置於「西域聖賢傳記」之中，並說其為「西域聖賢所撰」；同時卻在「此方諸德傳記」中著錄《法顯傳》一卷，並說其為「此方佛法傳記」。唐道宣《集神州三寶感通錄》卷中〈梁荊州優填王旃檀像緣〉引用此書名。唐智昇《開元釋教錄》卷三、唐圓照《貞元新定釋教目錄》卷五皆錄此目，並注「見《僧祐錄》」，同時卻又著錄《歷遊天竺記傳》一卷。

第二種，《佛遊天竺本記》。唐代徐堅《初學記》卷二三「寺第八」引書名曰《佛遊天竺本記》。

第三種，《歷遊天竺記傳》。此書名最早見於隋代費長房《歷代三寶記》卷七，唐代道宣《大唐內典錄》卷三、道世《法苑珠林》卷一〇〇均沿用此名。《開元釋教錄》和《貞元新定釋教目錄》在引此名之後，都加有注解：「亦云《法顯傳》，法顯自撰，述往來天竺事。

見《長房錄》。」

第四種，《釋法顯遊天竺紀》。唐代杜佑《通典》卷一七四引用此書時寫作《釋法明遊天竺紀》，並在「明」字下注曰「國諱改焉」，在同書卷一九一又作《法明遊天竺記》。《四庫全書總目提要》曰：「《通典》引此書又作法明，蓋中宗諱顯，唐人以『明』字代之，故原注有『國諱改焉』四字也。」

第五種，《法顯傳》一卷（或作二卷）或《釋法顯行傳》。最早見於北魏酈道元《水經注》卷一、二所引，卷一六作《釋法顯行傳》。隋法經等《眾經目錄》卷六也以此名著錄。《隋書・經籍志・史部・雜傳類》載《法顯傳》二卷、《法顯行傳》一卷；《開元釋教錄・入藏錄》卷二〇以及以〈千字文〉編號的《開元釋教錄略出》卷四皆著錄，並注：「亦云《歷遊天竺記傳》，東晉沙門法顯自記遊天竺事。」宋以後所刻《大藏經》多依《開元釋教錄・入藏錄》，故仍用此稱，唯金代《趙城藏》本為《昔道人法顯從長安行西至天竺傳》一卷；《高麗藏》本為《高僧法顯傳》一卷。

第六種，《佛國記》一卷。此名最早見於《隋書・經籍志・地理類》，注曰：「沙門釋法顯撰」，明代以後所輯諸叢書刊本，如明沈士龍、胡震亨輯《祕冊匯函》、明毛晉輯《津逮祕書》、明鍾人傑、張遂辰輯《唐宋叢書》、清王謨輯《增訂漢魏叢書》、清張海鵬輯《學津討原》等，皆用此稱。

第七種，《三十國記》。此名為明代著作《稗乘》用之。

前述七種書名，從命名方法來區分，有四類情況：由第三種至第七種，或者以敍述者法顯為主體來命名，如《法顯傳》、《法顯行傳》；或者以所寫內容為核心命名，如《佛國記》、《歷遊天竺記傳》、《三十國記》；或者將上述兩種角度合起來命名，如《釋法顯遊天竺紀》等。《法顯傳》之名，首次見於《水經注》。《隋書・經籍志・地理類》列有此《法顯傳》之名，而同書（《隋書・經籍志・史部》）〈雜傳類〉中又有《佛國記》之名，但文後有原注：《沙門釋法顯傳》，說明《法顯傳》與《佛國記》為同一種書，傳世今日的《佛國記》各種版本都同於《法顯傳》。《歷遊天竺記傳》即是《法顯傳》，自《開元釋教錄》以下都有明文注記。因此，上述三類書名，所指為同一本書，並不存在問題。屢有疑問的是以「佛」為主體來命名的一類書名之所指。具體而言，《佛遊天竺記》或《佛遊天竺本記》與《法顯傳》或《佛國記》到底是一本書還是兩本書？這是歷來爭訟的焦點。

對於《佛遊天竺記》與《佛國記》的混淆，來源於對《出三藏記集》卷二之著錄方法的不同理解。其實，《出三藏記集》卷二儘管將《佛遊天竺記》著錄在法顯所譯的經律之後，但僧祐在注文中明確說：「右十一部，定出六部，凡六十三卷。……其《長》、《雜》二《阿含》、《綖經》、《彌沙塞律》、《薩婆多律抄》，猶是梵文，未得譯出。」這裡所說的「十一部」並不包含《佛遊天竺記》在內，同樣，「六部」譯出的經律之中也不包含《佛遊天竺記》。可見，僧祐是將《佛遊天竺記》當作法顯的著述附錄在此的，因而其與後來所稱的《法顯傳》為同一本書並不存在問題。真正搞錯的是隋代法經等人編的《眾經目錄》。《眾經目錄》卷六在「西域聖賢傳記」中錄有《佛遊天竺記》一卷，在同卷「此方諸德傳記」中又錄有《法顯傳》一卷，並附自注曰：「法顯自述行記」。這裡，法經等人因疏於核查而將同一本書列為兩種，不能引以為據。後來的《開元釋教錄》卷三、《貞元錄》卷五雖然兼載《歷遊天竺記傳》與《佛遊天竺記》兩名，但均在《佛遊天竺記》下加注「見《僧祐錄》」，又注曰「闕本」。可見，智昇、圓照並未見到《佛遊天竺記》這本書，而只是憑誤解了的僧祐之意將兩名並列為兩本書。另外，唐徐堅《初學記》卷二三所引的《佛遊天竺本記》之文，即達嚫國迦葉佛伽藍一段，與今本《佛國記》之文完全符合。唐道宣《集神州三寶感通錄》卷中以及《太平御覽》卷六五七所引之文，即佛上忉利天為其母說法一段，也與今本《佛國記》「僧伽施國」所記相似。這些證據完全可以證明，《佛遊天竺記》與《佛國記》、《法顯傳》為同一本書。至於之所以以佛為主體，大概是因為此書多載天竺各國所傳的佛陀本生故事以及佛陀周遊各地傳教事跡的緣故。

此外，關於《佛國記》廣、略二本的問題，也需略作說明。《水經注》載《法顯傳》與《法顯行傳》二名。《隋書》也是如此，並明確記曰《法顯傳》二卷、《法顯行傳》一卷。現今傳本《佛國記》所附〈跋〉文曰：「因講集之際，重問遊歷。其人恭順，言輒依實，由是先所略者勸令詳載。」由此判斷，今本所傳《佛國記》可能為後出的廣本，是法顯應道場寺的這位僧人所請補充而成的。而在隋代時，略本尚在流傳，後來則逐漸隱沒不傳。

㈡《佛國記》的研究情況

從十九世紀以來，《佛國記》以其豐厚的歷史文化價值和重要的學術意義，引起了世界各國學者的注意，不斷有新的研究成果和譯注本問世。西方學者的主要譯注本如下：

1. Fa-hsien, *Foe Koue Ki*, by Per-Abel-Rémusat, Paris, 1836.
2. *Travels of Fah-hian and Sun-yun, Buddhist Pilgrims, from China to India.* (*400 A.D. and 518 A.D.*), by Samuel Beal, London, 1869.
3. Fa-hsien, *Record of the Buddhistic Kingdoms*, by Herbert A. Giles, London & Shanghai, 1877.
4. A Record of Buddhistic Kingdoms, being an Account by the Chinese Monk Fâ-hsien of his Travels in India and Ceylon (399–414 A.D.), by James Legge, Oxford, 1886.
5. *The Travels of Fa-hsien* (*399–414 A.D.*) *or Record of the Buddhistic Kingdoms*, by Herbert A. Giles, Cambridge, 1923, repinted, 1956.

從書目可以看出，西方學者早在西元一八三六年就注意到了《佛國記》的獨特價值，並將其翻譯介紹給西方學界。此後，先後出現了四種英譯本。不過，儘管西方學者對於《佛國記》的研究起步早，但由於其選用的漢文底本錯訛較多，加之其漢語水平以及對中國文化的熟悉程度有一定限度，所以，他們的許多理解和結論都顯得不夠準確。

與西方學者相比，我們的近鄰日本學者就具有從事這方面之研究的許多優越條件。日本收藏了許多古代的抄本和印本，加上從隋唐之後日本佛教與中國佛教所具有的特別的親緣關係，使得日本學者能更容易地理解中國古代典籍的原本含義。西元一七七九年，日本沙門玄韻以高麗本為底本，參校南宋本、明本以及其他寫本，初步校訂了正文並加了標點，後以《高僧法顯傳》為名出版了單行本。西元一八八四年刊行的《大日本校訂大藏經》及《大正新修大藏經》所收錄的《法顯傳》也都是經過校訂的本子。尤其重要的是，西元一九三五年，日本學者足立喜六出版了《考證法顯傳》[61]一書。此書被當時的學界譽為：「在《佛國記》之研究史上，可稱為一劃出一新紀元之根本著作。」[62]對於此著的成就，中國學者湯用彤撰寫書評曰：「實在講起來，自從法人Rémusat，在一八三六年刊印其譯注後，到今年恰經一百年。此一世紀中，東、西洋研究此書者比中國人多，而且較有成績。」[63]而足立喜六「利用多種版本，校合考訂，成一定本，並且詳加考證註解，附以地圖多幅，其對於研究此書者，裨益實非鮮淺。」[64]西元一九七〇年，長澤和俊又刊發了《宮內廳書陵部圖書寮本法顯傳校注》[65]，在足立喜六研究的基礎上，作了較為細緻的研究，將《佛國記》的研究推進了一步。

---

[61] 此書於西元一九四〇年再版時改名為《法顯傳——中亞、印度、南海紀行の研究》。一九三七年，何建民、張小柳合作將其譯成漢語，由商務印書館以《法顯傳考證》為書名出版。

[62] 轉引自湯用彤〈評考證法顯傳〉，《湯用彤學術論文集》，頁三十六，北京，中華書局，一九八三年五月版。從湯用彤先生的語氣看，似乎應該是日本學者的意見。

[63] 湯用彤〈評考證法顯傳〉，《湯用彤學術論文集》，頁三十六，北京，中華書局，一九八三年五月版。

[64] 同上。

確實如湯用彤先生所言，近代以來我國對於《佛國記》的整理研究明顯置後。這與長期以來將《佛國記》視為佛國遊記有關。儘管《佛國記》在佛教信徒之中有著巨大影響，但是其豐富的內涵與重要的學術價值，並未被人們所充分認識。在刊於西元一八六九年的《漢西域圖考》卷七之中，李光廷曾節錄了《佛國記》的相關內容，並對其作了簡要介紹。西元一九一五年，丁謙發表了〈晉釋法顯佛國記地理考證〉一文(66)，算是近代以來，我國第一篇以《佛國記》為研究對象的論文。西元一九三四年，商務印書館出版了岑仲勉先生撰寫的《佛遊天竺記地理考釋》。此書是我國第一本《佛國記》研究專著。此書以年代為綱目，對法顯的整個行程作了考證，參考了Samuel Beal等西方學者的研究成果，並且也補訂了西方學者所犯的若干錯誤。西元一九五六年，賀昌羣在《古代西域交通與法顯印度巡禮》一書中，吸收中外學者的相關研究成果，對中國與古代西域、印度的商業與文化交往以及法顯求法的歷程等等問題作了帶有研究性的介紹。此外，在二十世紀出版的各種佛教史以及中西文化交流史類的專著中，都程度不同地涉及到《佛國記》以及法顯西行問題。但是，直至二十世紀八十年代，我國還沒有一種具有權威的《佛國記》校注本。填補這一空白的是歷史地理學家章巽先生。章巽的《法顯傳校注》出版於西元一九八五年，時至今日，此著仍然代表著中國《佛

(65) 刊於《鹿爾島短期大學研究紀要》第六號。

(66) 浙江圖書館叢書第二集。收入張曼濤主編的《現代佛教學術叢刊》第一〇〇冊《佛教文史雜考》，頁二六九－二八三，大乘文化出版社，一九七九年五月初版。

國記》研究的水平，具有集大成的性質。此後，西元一九九六年，佛光出版社出版了由大陸學者吳玉貴整理的《〈佛國記〉釋譯》。此著在前人研究的基礎上，以章巽先生的校注本為基本依據，對《佛國記》作了較為詳細的注釋和語譯。除此而外，此著前後所附〈題解〉、〈源流〉、〈解說〉等部分，對法顯的生平以及《佛國記》的基本內容作了較為詳細的介紹、說明。這是目前所見最完備的本子。

另外，應該特別指出的，西元一九九二年中國社會科學出版社出版了由連雲山撰寫的《誰先到達美洲？》一書。在此著中，連雲山先生一反通常的見解，將「耶婆提國」解釋為美洲，因此認為法顯是到達美洲大陸的第一位外洲國家之人。這一見解，轟動一時。但由於法顯原文過於簡潔，「耶婆提國」的考據本身只能是在充滿假設和推論的情形下進行，所以，這一大膽假定很難讓人看到完全證實的希望。

(三)本譯注的特點

外國的譯者由於對中國文化的理解之限度以及古漢語的水平，很難對《佛國記》有準確的把握。而中國方面的研究者，從事史學研究者居多，對於中西交通方面的注釋較為精審，而對於《佛國記》所涉及的佛教方面的內容的把握上又有所欠缺。本譯注則在吸收上述兩方面研究成果的基礎上，對《佛國記》所涉及的佛教方面的內容作了儘可能準確的注釋。如關於佛影窟章，章巽以及吳玉貴注本均為將「相」、「好」二字當作專有名詞處理，因而標點、解釋都有欠妥之處。章巽的標點為「金色相好，光明炳著」[67]，吳玉貴沿襲之，並將此句語譯為「金色燦燦，光明熠熠。」[68]顯然，他們未能了解「相」指佛所具的「三十二大人相」，「好」是指佛所具的「八十隨形好」。再如，可能因為沒有認真考究佛陀的本生事跡，因而吳玉貴在其著的導言裡所指出的關於「捔、射處」應該標點為「捔射處」[69]，具體而言，「捔」同於「角」，「猶今之射箭比賽」[70]。實際上，這種理解並不見得準確。「捔」意為「競力」；「射」指射箭。在釋迦族王子的前述比武活動中，「撲象」只是一個小插曲。在正式比賽中就有捔鬥和射箭兩項。據說，在捔鬥中，難陀和阿難衝上來，太子只是用手一碰，他們二人便仆倒於地。提婆達多猛衝過來，太子用右手提起提婆達多，將其拋向空中。如此三次，以挫其銳氣而並不傷害其身體。接著舉行射箭比賽，以鐵鼓為靶。阿難射中二拘盧舍遠的鐵鼓，提婆達多射中四拘盧舍遠的鐵鼓，難陀射中六拘盧舍遠的鐵鼓。太子每次挽弓，弓弦都斷裂了。於是，人們將供養在神廟中的弓抬了出來供太子使用。太子左手執弓，右手挽開弓弦，放箭射中十拘盧舍遠的鐵鼓，箭並穿透鐵鼓鑽入地下，便有泉水從孔中湧出。至於這次比武的目的，佛經中有兩種不同說法：一是太子依照慣例，比武娶妻；二是為打消釋迦族人對於

---

[67] 章巽《法顯傳校注》，頁四十七。

[68] 《〈佛國記〉釋譯》，頁一〇七。

[69] 《〈佛國記〉釋譯》，頁二十一。

[70] 《〈佛國記〉釋譯》，頁一六三。

太子武藝的懷疑。可見，吳玉貴在《〈佛國記〉釋譯》中否定了章巽的標點而將「掎」與「射」看作同一件事，這是不妥當的。

此外，在注釋中也發現了前人未曾發現或注意的有關史實。在此以「達嚫國外道」、「二比丘送法顯上耆闍崛山」以及盂蘭盆會的起源三個問題為例略作說明。

達嚫國就是《大唐西域記》卷一〇所說的「憍薩羅國」，《大慈恩寺三藏法師傳》卷四稱其為「南憍薩羅國」。古代印度北方有一個以王舍城為首都的「憍薩羅國」，此即法顯所說的「拘薩羅國」。「達嚫」是「南方」的意思，所以此國的全名應為「南憍薩羅國」。法顯並未能夠親歷此國，而是據傳說對其作了介紹。法顯寫道：

> 此土坵荒，無人民居，去山極遠方有村。皆是邪見，不識佛法、沙門、婆羅門及諸異學。彼國人民常見人飛來入此寺，於時諸國道人欲來禮此寺者，彼村人則言：「汝何以不飛耶？我見此間道人皆飛。」道人方便答言：「翅未成耳。」達嚫幽險，道路艱難而知處。欲往者，要當賫錢、貨施彼國王。王然後遣人送，展轉相付，示其逕路。法顯竟不得往。承彼土人言，故說之耳。

這一個國家及其所介紹的「僧伽藍」，法顯、玄奘《大唐西域記》以及慧超《往五天竺傳》都有記載，但三人卻都未能親見此寺。除過法顯已經說過的道路險阻的原因之外，恐怕一個更重要的原因是此國人並不信仰佛教。而從法顯、玄奘、慧超三人所處時代連貫性考慮，這一情形延續很久。經過對法顯所言「外道」所持「邪見」在佛教中的特定意義的考察，本人得出一個稍顯大膽的結論：此國流行「順世外道」。佛教經典有十種「根本煩惱」的說法，其中第八種就是「邪見」。這裡的「邪見」是有所指的。從一般意義上，可以將其解釋為：不相信佛教關於因果的理論，認為因與果之間並沒有必然的聯繫。但實際上，這種「邪見」是指在佛教產生時期在印度流行的「沙門思潮」的一種——順世派的理論主張。最初的佛教典籍——如漢譯《梵網經》、《阿含經》以及巴利語《長尼迦耶》第一《梵網經》都是如此說的。《成實論》卷一一則說：「邪見謂：無施、無祠、無燒，無善、無惡、無善惡業報，無今世、無後世，無父母、無眾生、受生，世間無阿羅漢正行、正智。自明瞭證此世、後世，知我生盡，梵行已成，所作已辦，從此身已，更無餘身者。」這裡的要點被概括為「二邪見」：其一，「破世間樂邪見」，指無視因果之理而造惡，墮於惡道不得人天之樂。其二，「破涅槃道邪見」，指雖然修善，但卻執著於現世的「我」，雖得到人、天二道之樂，而不能得到涅槃之果。不過，將法顯這裡所說的「邪見」理解為是就順世派而言的，在學術上是一個重大的問題。因為古印度順世派是一個淵源流長的民間宗教派別，留世的資料非常有限。如果能夠解讀出法顯這幾句話的真正含義是達嚫國國民當時大多信仰順世派，這無疑會對我們了解印度順世派的流行情況非常有益。從法顯的上下文揣摩，將「邪見」界定為順世派是完全可以的。只有如此，纔能夠準確理解寺院附近的村民何以「不識佛法、沙門、婆羅門及諸異學」。

法顯在王舍城曾經在王舍舊城二比丘相送下登上了耆闍崛山。關於此事，《佛國記》所記較為簡潔，而《出三藏記集》卷一五的〈法顯法師傳〉以及《高僧傳》卷三的〈宋江陵辛寺釋法顯傳〉則補充了若干細節。《出三藏記集》有文曰：

未至王舍城三十餘里，有一寺。逼暮仍停。明旦，顯欲詣耆闍崛山。寺僧諫曰：「路甚艱嶮，且多黑師子，亟經噉人。何由可至？」顯曰：「遠涉數萬，誓到靈鷲。寧可使積年之誠，既至而廢耶？唯有嶮難，吾不懼也。」眾莫能止，乃遣兩僧送之。顯既至山中，日將曛夕，遂欲停宿。兩僧危懼，捨之而還。顯獨留山中，燒香禮拜。翹感舊跡，如睹聖儀。至夜，有三黑師子來蹲顯前，舐脣搖尾。顯誦經不輟，一心念佛。師子乃低頭下尾，伏顯足前。顯以手摩之，咒曰：「汝若欲相害，待我誦竟。若見試者，可便退去。」師子良久乃去。明晨還反，路窮幽深。榛木荒梗，禽獸交橫，正有一逕通行而已。未至里餘，忽逢一道人，年可九十。容服粗素而神明俊遠。雖覺其韻高，而不悟是神人。須臾，進前，逢一年少道人。顯問：「向逢一老道人是誰耶？」答曰：「頭陀弟子大迦葉也。」顯方惋慨良久。既至山前，有一大石橫塞室口，遂不得入。顯乃流涕，致敬而去。

依照常理，這一段材料應該寫入《佛國記》正文中。但法顯卻未曾採用。這一方面體現了法顯謙遜的美德，另一方面也是法顯所確定的敘述原則所決定的。類似於這段文字所敘的危險，法顯在天竺可以說是家常便飯了。所以，在幾次最危險的時刻，法顯都寫了自己的感慨以及激越的情感。這是第一方面的問題。尤其重要的是，送法顯上山的二位天竺比丘竟然臨陣脫逃，這是很不尋常的情節。這樣一個重要的情節，法顯在《佛國記》之中為何隻字不提呢？是為尊者諱呢？還是根本就沒有逃跑這回事？

讓我們先看法顯在《佛國記》的敘述：「法顯於新城中買香、華、油、燈，倩二舊比丘送法顯上耆闍崛山，華、香供養，然燈續明。……即於石窟前誦《首楞嚴》。停止一宿，還向新城。」問題的關鍵便是：「二舊比丘」究竟是何時離開法顯下山的呢？我們認為應該是第二日。也就是「還向新城」一句是指「二舊比丘」，而絕非一般人所認為的法顯。在下文，法顯又繼續敘述舊城周圍的聖跡，而法顯不大可能回到新城又至舊城。兩種〈法顯傳〉都講道，兩位天竺僧人送法顯到山中之後，一聽法顯要在山中留宿，就捨棄法顯而去了。我以為，這種說法可能是傳記編者的合理想像，或者是當時傳播過程中不可避免的加工所致。而這段不見於《佛國記》的內容是傳記的編寫者採擇傳聞而來的。我以為，將傳記所記與法顯本人的這段文字相對照，事實真相應該是「二舊比丘」與法顯一起留在山中一夜。第二日，「二舊比丘」下山回到王舍新城。

法顯：

法顯歷經千辛萬苦抵達青州長廣郡界之時，曾經遇見了兩位獵人。法顯受命向獵人問話，先安慰之，徐問：「汝是何人？」答曰：「我是佛弟子。」又問：「汝入山何所求？」其便詭言：「明當七月十五日，欲取桃臘佛。」又問：「此是何國？」答言：「此青州長廣郡界，統屬晉家。」

此中的「取桃臘佛」是指「盂蘭盆會」的儀式之一。「盂蘭盆會」是漢語系佛教地區，根據《盂蘭盆經》而於每年農曆七月十五日舉行超度歷代宗親的儀式。據《盂蘭盆經》所載，佛弟子目連以天眼通見其母墮在餓鬼道，皮骨相連，日夜苦悶相續。目連為拯救其母脫離此苦，乃向佛陀請示解救之法。佛陀遂指示目連於七月十五日僧自恣日，以百味飲食置於盂蘭盆中以供養三寶，能蒙無量功德，得救七世父母。在盂蘭盆會中所設之齋食供養，稱盂蘭盆齋；供佛、僧之百味飲食、百種器具，稱盂蘭盆供；後世多以瓜、菓、麵、餅、茶、飯等，供養餓鬼。盂蘭盆會的供養對象是佛、法、僧「三寶」以及餓鬼，所以，兩位獵人才說「以桃臘佛」。其實，這是章巽先生在其大著之中已經明確說過的，但是其珍貴的史料價值並未引起研究中國佛教史的學者的充分注意。丁福保之《佛學大辭典》「盂蘭盆會」條說：「漢土於梁武帝大同四年，初設盂蘭盆齋。」六十年代，周叔迦先生據《佛祖統紀》卷三七所記梁武帝於大同四年（西元五三八年）至同泰寺設盂蘭盆齋，宣稱「至於依據《盂蘭盆經》而舉行儀式，創始於梁武帝蕭衍。」71 後來，如《佛光大辭典》又加以沿襲。實際上卻是以訛傳訛。

71 中國佛教協會編《中國佛教》(二)，頁三九四，(上海) 知識出版社，一九八二年八月版。

從法顯無意中所提供的這一條信息，可以推斷出「盂蘭盆會」至此時已經具有了相當影響。否則，兩位獵人就不會隨口「詭言」了。

儘管從總體而言，我國對於《佛國記》及其法顯的研究已經取得了不少成績，但是，與法顯大師對中國文化、中國歷史、中國佛教以及整個東方文化所做出的偉大貢獻相比，目前的研究與介紹，仍然顯得異常單薄，很希望本著能夠稍稍彌補一下這種遺憾。能否如此，卻是不敢過多奢望的。但有一點還是可以相信的，那就是本人做這項工作的態度是很認真的。至於錯誤之可能出現，只能歸結於學養之不能完全勝任之缺憾。

第一部分　由長安西行至沙河

【題解】在這一部分中，法顯敘述了從長安出發直到跨越沙河的全過程。法顯因感於中土律藏的殘缺，於後秦弘始元年，也就是西元三九九年三月間，與慧景、道整、慧應、慧嵬等四人一起，從長安出發踏上西行求法的漫長行程。同年四月，法顯一行五人抵達乾歸國，並在此國夏坐。八、九月間，復到達耨檀國。這兩國即東晉十六國時期的西秦和南涼。

後來，法顯等又從耨檀國翻越養樓山而到達張掖。適逢戰亂，法顯等人應張掖王之請而暫留於此地。在張掖鎮，法顯幸遇智嚴、慧簡、僧紹、寶雲、僧景等五位志同道合者。這樣，西行的隊伍擴大為十人。後來，法顯、智嚴等十人得到敦煌太守的資助得以繼續西行，渡過沙河。

此段行程，歷時兩年有餘。法顯分別在乾歸國、張掖鎮兩次度過夏坐。這段行程中，最為危險的是渡過沙河，其中之險惡，非親臨其境，難於盡知。法顯之描述，可以使我們略窺一二。

從長安出發

法顯昔在長安❶，慨律藏❷殘缺。於是，遂以弘始二年❸，歲在己亥，與慧景、道整、慧應、慧嵬❹等同契❺，至天竺❻尋求戒律❼。

【章旨】此章說明了法顯西行求法的動機及時間。法顯感於當時中土佛教律藏的殘缺，發心前往中天竺尋找戒律文本。西元三九九年，法顯與慧景、道整、慧應、慧嵬等結伴，從長安出發西行求法。

【注釋】❶長安　中國四大古都之一，即現在的陝西省西安市西北。先後有十一個朝代在此建都。西漢、新（王莽）、東漢（獻帝初）、西晉、前趙、前秦、後秦等都曾定都於此。法顯從長安啟程之時，正當後秦（西元三八四～四一七年）姚興統治時期（西元三九四～四一六年）。長安不僅是當時的政治、經濟、文化中心，而且是當時的佛教傳播中心。前秦、後秦的統治者苻堅、姚興都崇信佛教，道安大師和鳩摩羅什等先後至長安弘揚佛教，在當時影響甚巨。法顯離開長安的時候，正是道安大師圓寂而羅什仍舊滯留於涼州之時，長安佛教實際上處於兩次鼎盛期的間隙。❷律藏　意譯為「毗奈耶藏」(Vinayapitaka)，為佛教有關戒律的典籍之總匯。「藏」的原意指盛放物品的竹篋，佛教藉其專指佛典的總匯。佛教典籍總稱「三藏」，即經藏、律藏、論藏三大類。❸弘始二年　今傳世諸本均寫作此年，但據章巽先生考證（《法顯傳校注》，頁二，上海古籍出版社，一九八五年二月版），應將「弘始二年」改為「弘始元年」。「弘始」為後秦姚興的年號。據《出三藏記集》卷一五、《高僧傳》卷三、《歷代三寶記》卷七、《大唐內典錄》卷三、《古今譯經圖記》卷二、《開元釋教錄》卷三等記載，法顯是於東晉隆安三年自長安西行的。東晉隆安三年相當於後秦弘始元年。而此年即西元三九九年，其年剛好為己亥歲，正符合法顯的記載，因此，章巽之說是正確的。❹慧景道整慧應慧嵬　從長安與法顯一同西行者共四人，據《佛國記》下文所述，慧景死於小雪山，道整留在了巴連弗邑，慧應死於弗樓沙國的佛缽寺，慧嵬於焉夷國返回高昌求取川資，未能再隨法顯西行。另外，據慧皎《高僧傳》卷一一〈釋慧嵬傳〉載，慧嵬「以晉隆安三年，與法顯俱遊西域，不知所終。」難於確知其是否重歸中土。❺同契　指志趣投合者。❻天竺　我國古代對印度半島的稱呼。「天竺」一名最初見於《後漢書・西域傳》，為伊朗語Hindu或Hinduka的譯音，歷經很早就信奉傳播佛教的安息、康居等地僧人傳入我國。古人最早稱印度為「身毒」，此係張騫在大夏從大月氏人得知的稱呼，見於《史記・大宛列傳》及《史記・西南夷列傳》。而今日習用的「印度」一語是唐代玄奘法師所譯出確定的。❼戒律　梵文Śīla與Vinaya的意譯，前者即「尸羅」、「戒」，後者即「毗奈耶」、「律」。防非止惡為「戒」，調伏心性和行為稱為「律」。戒律是對於佛教徒應該做的和不能做的行為所作的規定，前一部分為「作持戒」，後者為「止持戒」。

【語　譯】法顯從前在長安時，感嘆傳入中土的佛教律藏殘缺不全。於是，在後秦弘始元年，即西元三九九年，與慧景、道整、慧應、慧嵬等志同道合者一起，發心前往天竺尋求戒律。

乾歸國

初，發跡長安。度隴❶，至乾歸國❷夏坐❸。

【章　旨】此章簡單敘述從長安出發向西到達乾歸國的經過。乾歸國即東晉十六國時期的西秦。

【注釋】❶隴　隴山的簡稱，又稱「隴坻」和「隴坂」。位於六盤山南段，今陝西省隴縣西北，延伸於陝、甘邊境，是古代經由今甘肅、新疆通往中亞、近東以及印度次大陸的要隘。❷乾歸國　指東晉時十六國中西秦（西元三八五～四三一年）統治者乞伏乾歸所建立的西秦國的都城金城（位於今甘肅省蘭州市西）。據《資治通鑑》卷一〇七和卷一一一的記載，乞伏乾歸之兄乞伏歸仁原居苑川（今甘肅省榆中縣），稱苑川王。西元三八八年九月乞伏乾歸遷都金城，西元四〇〇年正月又遷回苑川。法顯路經乾歸國為西元三九九年，此時，西秦都城尚在金城。❸夏坐　印度佛教徒於每年雨季時於室內坐禪靜修，也稱為安居、坐夏、坐臘。安居期大約三個月，起始日稱之為「結夏」、「入安居」，結束時稱之為「解夏」、「解安居」。坐夏期間，不允許僧人外出，而且須與僧眾和合共居。一俟「解夏」，僧人的出家年齡即可增長一歲，這就是夏坐亦被稱為「坐臘」的原由。印度的雨季大致在五月十六日至七月十五日之間。而據玄奘在《大唐西域記》卷二的說法，印度佛教徒的安居期也有「前三月」和「後三月」兩種做法。「前三月」即五月十六日至八月十五日，「後三月」即六月十六日至九月十五日。中國及日本佛教則以四月十六日至七月十五日為安居期。

【語譯】當初，我們從長安出發，翻越隴山，到達乾歸國夏坐。

耨檀國

夏坐訖，前行至耨檀國❶。

【章旨】法顯在乾歸國結夏，又前行至耨檀國。

【注　釋】❶耨檀國　「耨」或作「褥」、「𥞒」，《晉書載記》卷一二六作「傉」。「褥」、「𥞒」、「傉」三字均為同音通用。此處的「耨檀國」指東晉十六國時期的南涼（西元三九七～四一四年）的都城西平（今青海省西寧市）。據《晉書．安帝紀》及《資治通鑑》卷一一一記載，西元三九九年八月禿髮烏孤墜馬染病而死，其弟利鹿孤即位。西元三九九年七月，法顯在西秦國夏坐結束到達此地之時，利鹿孤剛剛繼位。而利鹿孤於西元四○二年死後，耨檀方始繼位。為什麼法顯不稱利鹿孤國而稱耨檀國呢？似乎難有確解。依照史學界的通行解釋，利鹿孤在位時，其弟耨檀實際執掌南涼政權。因此，法顯稱呼此國為「耨檀國」。此說可以參考。

【語　譯】在乾歸國的夏坐結束之後，我們又向前進發，到達耨檀國。

張掖鎮

度養樓山❶，至張掖鎮❷。張掖大亂❸，道路不通。張掖王殷勤❹，遂留，為作檀越❺。於是與智嚴、慧簡、僧紹、寶雲、僧景❻等相遇，欣於同志，便共夏坐❼。

【章　旨】此章敘述由耨檀國翻越養樓山而到達張掖的經過。適逢戰亂，法顯等人應張掖王之請而暫留於此地。尤其重要的是，法顯幸遇智嚴等五位志同道合者，並與他們一起夏坐。這五人後來都加入了西行求法的隊伍，與法顯一起前往天竺。

【注　釋】❶養樓山　章巽據《水經・河水注》認為，養樓山即養女山，位於今青海省西寧市以北、大通河以南一帶，從西平至張掖正好須取道於此。❷張掖鎮　法顯於此處所說的「張掖鎮」指的是永平縣。據《晉書・地理志》說，永平縣為張掖郡郡治所在。《元和郡縣圖志》卷四〇說永平縣「本漢觻得縣，屬張掖郡。本匈奴觻得王所居，因以名之。」《太平寰宇記》卷一五二說，得故址在張掖縣（今甘肅省張掖縣）西北四十里。❸張掖大亂　張掖本為後涼（西元三八六～四〇三年）統治者呂光屬地，東晉隆安二年（西元三九八年）六月被段業所取。第二年二月，段業即涼王位於張掖。法顯途經張掖為西元四〇〇年四月之前，此地之統治者即是段業。當時段業內外交困。外有後涼於西元三九九年四月圍攻張掖，直至西元四〇〇年六月方纔解張掖之圍。內有敦煌太守李暠謀求獨立，段業派索嗣率兵五百接替敦煌太守職務，李暠拒不執行，並派兵大敗索嗣，時為西元四〇〇年四月。法顯所言「張掖大亂，道路不通」，正是對張掖當時形勢的確切描述。西元四〇一年五月，段業被沮渠蒙遜所殺。❹張掖王殷勤　此處多數版本寫作「張掖王殷勤」，少數版本寫作「張掖王改業」、「張掖王設業」。日本學者足立喜六在《法顯傳考證》說，「殷勤」應該校改為「段業」。中國學者大多數從之。其實，從上下文之文意看，「殷勤」更為恰切。此句應該理解為，張掖王殷勤供養，法顯於是決定暫時滯留張掖。❺檀越　梵文Dānapati的音譯，意譯為「施主」。佛教中將向寺廟、僧眾施捨財物者尊稱為「施主」。❻智嚴慧簡僧紹寶雲僧景　此五人後隨法顯西行。其中，智嚴、慧簡在焉夷國返回高昌尋求川資，未能再隨法顯西行。據《出三藏記集》卷一五記載：智嚴後來又「進到罽賓，遇禪師佛馱跋陀羅」諮受禪法，遂懇請佛陀跋陀羅東行至中土。僧紹後來隨胡道人向罽賓，寶雲、僧景則後來由弗樓沙國返回。❼夏坐　此次夏坐為法顯離開長安後的第二次夏坐，時為西元四〇〇年。

【語　譯】在耨檀國停留未久，我們又翻越養樓山，到達張掖郡的治所永平縣。適逢張掖戰亂，向前行進的道路不通。張掖王段業殷勤地接待了我們，親自作為檀越為我們提供供養，並懇切地挽留我們住錫於此。我最後答應暫時住於此鎮。在此鎮，遇到了智嚴、慧簡、僧紹、寶雲、僧景等同道，大家都非常高興，便一起在此地結夏安居。

燉煌

夏坐訖，復進到燉煌❶，有塞❷東西可八十里，南北四十里，共停一月餘日。法顯等五人隨使❸先發，復與寶雲等別。敦煌太守李浩❹供給。

【章　旨】法顯於西元四〇〇年七、八月間由張掖至敦煌，停留一月有餘。後來得到敦煌太守李暠的資助，法顯等五人隨同使者一起前行。

【注　釋】❶燉煌　即燉煌郡，治所在敦煌縣，故址位於今甘肅省敦煌縣西邊黨河的西岸。此地為內地通往西域的門戶。❷塞　建於邊境要地之處的城郭牆塹，屬於軍事設施。自西元前二世紀末西漢漢武帝時起，敦煌地區就開始有了障塞。❸隨使　關於此處法顯所說的使者，有兩種說法：一說為敦煌太守李暠所派遣，一說為北涼王段業所派遣。不知孰是？❹李浩　即李暠。敦煌太守李暠為唐高祖李淵七世祖，唐代人避諱，改「暠」為「浩」。李暠於西元四〇〇年十一月自立為涼公，史稱西涼（西元四〇〇～四二一年）。法顯至敦煌之時，李暠仍為太守，故法顯稱其為「敦煌太守」。

【語　譯】夏坐結束後，我們一起前行到達敦煌。敦煌建有障塞，東西綿延八十里，南北長達四十里。我們在此地總共停留了一月有餘。後來，我們與寶雲等告別，一行五人隨同使者先行出發西行。敦煌太守李暠為我們提供了前行的費用和物資。

度沙河

度沙河❶。沙河中多有惡鬼、熱風❷，遇則皆死，無一全者。上無飛鳥，下無走獸，遍望極目，欲求度處，則莫知所擬，唯以死人枯骨為標幟❸耳。

【章　旨】此章描寫西度沙河的可怖情景，文字簡要而極為傳神。

【注　釋】❶沙河　指敦煌以西至鄯善國之間的沙漠地帶，「沙河」可能是比喻之詞。《漢書・地理志》、《漢書・西域傳》、《三國志・東夷傳注》分別稱之為「白龍堆沙」、「白龍堆」、「三隴沙」。季羨林等則認為是指塔克拉馬干沙漠（《大唐西域記校注》，頁一〇三二）。❷惡鬼熱風　這是法顯等人對沙漠風暴的誇飾性說法。或者，也可能有當地的傳說作依據。玄奘在《大唐西域記》卷一二中有類似記載：「風起則人畜惛迷，因以成病。時聞歌嘯，或聞號哭，視聽之間，怳然不知所至。由此屢有喪亡，蓋鬼魅之所致也。」❸唯以死人枯骨句　因為沙漠之中既無固定的道路，又難於找尋辨別路徑的標誌，所以，來往行人將屍骨聚攏在一起作為路標。《大唐西域記》

卷一二說：「沙則流漫，聚散隨風，人行無迹，遂多迷路。四遠茫茫，莫知所指，是以往來聚遺骸以記之。」可見，這種路標很可能是路人有意為之的。

【語譯】我們起程度越沙河。沙河之中經常有惡鬼橫行，熱風肆虐。行人若不幸遇到，便必死無疑，無一能夠幸免。沙漠之中，天空無有飛鳥，地上無有走獸。極目四望，想要尋找走出去的路徑，卻根本不知道有什麼東西可以參照。只有以近處堆起的死人枯骨，姑且作為我們可以行路的標記而已。

【研析】這一部分是全篇的開頭，最可注意的有以下數項：

一、法顯西行的背景和動機。從社會歷史背景而言，法顯西行是在中國南北分裂、社會動盪的背景下進行的。特別是，法顯將要經過的道路因戰爭而阻隔不通。在戰亂之中，僧人的供養相對較為缺乏。法顯於此時西行，困難和危險可想而知。但當時的中土佛教經、律文本的殘缺不全，極大地制約了中國佛教的發展。法顯由此所感受到的危機和責任感，使得法顯不畏艱難，置個人生命於不顧，毅然決定西行求法。這種勇氣和大無畏的精神，即便是在今日也是值得人們欽佩和學習的。

二、法顯西行時的同伴。先後加入法顯西行隊伍的，共十人。與法顯一起從長安出發的有慧景、道整、慧應、慧嵬四人，智嚴、慧簡、僧紹、寶雲、僧景等五位在張掖鎮加入，慧達在下文方纔出現，法顯未交代其從何時加入。十一人的西行隊伍，最終只有法顯一人完成全程回國。

三、從敦煌西行度沙河，法顯等人遭受了生與死的考驗。這一段路程，從古到今，都是無人區，不知吞噬了多少人的生命。法顯所說「欲求度處，則莫知所擬，唯以死人枯骨為標幟耳」，相當傳神地道出了此地的險惡與陰森。需要仔細揣摩。

第二部分　西域記遊

【題解】在這一部分中，法顯敘述了其在西域的行程。這裡所用的是狹義的「西域」概念，指《漢書》卷九六所說的，玉門關以西、巴爾喀什湖以東以及以南的廣大地區。法顯在其表述中，將「西域」與天竺的概念區別得很清楚。所以，我們將這一段落單獨列出。

度過沙河，法顯等人到達西域的鄯善、焉夷、于闐、子合、於麾、竭叉諸國。鄯善、焉夷、于闐、子合諸國，其古址可以確定，現今均在我國新疆境內。至於於麾、竭叉國之故址，學術界未能取得一致意見。但是，位於我國新疆的可能性最大。其中，子合、於麾、竭叉三國地處葱嶺山之中。鄯善、焉夷國流行小乘佛教，而于闐、子合國則以信奉大乘佛教的僧眾佔大多數。因為讚賞于闐國僧人戒律之嚴整，並因欲觀于闐國的行像儀式，法顯在此國停留達三個多月之久。

從子合國南行，法顯等人進入葱嶺，到達於麾國。在於麾國，法顯等人度過了他們離開長安後的第三個夏安居。解夏之後，法顯等人到達了竭叉國。他們抵達竭叉國時，恰逢此國舉行五年一次的無遮大會。法顯較為詳細地記述了無遮大會供養僧眾的情況。竭叉國僧人修習小乘佛法，城中有佛陀用過的唾壺。在記述完竭叉國所見之後，法顯特別地總結了葱嶺以東與葱嶺以西、以南地域的區別。法顯說：葱嶺山以東，俗人的穿著式樣與漢地大致相同，不同的只是他們的衣物是用毛和粗麻作成的。從葱嶺再往前，草木菓實大多都與漢地不同，只有竹子、石榴和甘蔗三種物品與漢地相同。

大約在西元四〇一年十月左右，法顯從竭叉國出發，辛苦奔走一個多月之後方纔翻越險惡的葱嶺，到達北天竺境內。此段行程，歷時近一年。其中，行程中最為危險的是翻越葱嶺一段路程。其九死一還的情景，現在讀之仍然使人不寒而慄。法顯西行所經歷的艱難困苦，由此可想而知。

鄯善國

行十七日，計可千五百里，得至鄯善國❶。其地崎嶇薄瘠，俗人❷衣服粗與漢地同，但以氈褐為異。其國王奉法，可有四千餘僧，悉小乘❸學。

諸國俗人及沙門❹盡行天竺法，但有精粗。從此西行，所經諸國，類皆如是，唯國國胡語❺不同，然出家人皆習天竺書、天竺語。住此一月日。

【章　旨】度過沙河，法顯一行到達鄯善國。此章主要敘述了鄯善國的基本情況，並且概述了此國以西各國的佛教信仰和語言情況。

【注　釋】❶鄯善國　據馮承鈞〈鄯善事輯〉及〈樓蘭鄯善問題〉二文（載馮承鈞《西域南海史地考證論著彙集》）考證，鄯善國即古樓蘭國，其國都扜泥城故址在今新疆省若羌縣東境的米蘭。法顯所至當指扜泥城，法顯所說自敦煌西行一千五百里至其國，與《漢書》的有關記載大體相當。《漢書・西域傳》說：「鄯善國本名樓蘭，王治扜泥城，去陽關千六百里。」❷俗人　佛教對未出家而在世俗世界生活之人的稱呼。❸小乘　為梵文Hīnayāna的意譯。西元一世紀出現的佛教新教派將此前的原始佛教和部派佛教稱之為「小乘」，自稱為「大乘」。佛學界沿用此稱呼，但並無貶義。「乘」為「運載」之意。❹沙門　為梵文Śramaṇa的音譯，又譯作「桑門」，意思為「勤勞」、「靜志」、「息心」。原為古印度對非婆羅門教的出家人的泛稱，中土用其專指佛教僧侶。❺胡語　中國古代稱北方少數民族為「胡」，西方少數民族為「西胡」。後來對西方葱嶺內外各族都稱為「西胡」，也簡稱為「胡」。此處所說「胡語」，乃指當時西方諸胡族所用的方言。

【語　譯】在沙河之中行走了十七日，總計達一千五百里，方纔到達鄯善國。此國國都扜泥城道路崎嶇，土地貧瘠。當地俗人所穿衣服，大致與漢地相同，只是他們的衣服是用毛織成的。此國國王信奉佛法，大約有四千多名僧人，都修習小乘佛法。

總體而言，西域諸國俗人及沙門都實行天竺法，只是有精細和粗疏之別。從此國再向西行，所經歷的國家大致和鄯善國差不多，只是每一個國家所使用語言各不相同。不過，出家人都讀天竺的書，學習天竺的語言。我們在鄯善國居住了一月有餘。

焉夷國

復西北行十五日，到焉夷國❶。烏夷國僧亦有四千餘人，皆小乘學，法則齊整。秦土❷沙門至彼都，不預其僧例❸。

法顯得苻行堂公孫❹經理，住二月餘日，於是還與寶雲等共❺。為烏夷國人不修禮義，遇客甚薄，智嚴、慧簡、慧嵬返向高昌❻，欲求行資，法顯等蒙苻公孫供給，遂得直進西南行。路中無居民，沙行❼艱難，所經之苦，人理莫比。

【章　旨】此章敘述焉夷國的基本情況。由於此國之人對待內地僧人甚為刻薄，智嚴、慧簡、慧嵬三人返回高昌尋求川資。法顯等則繼續前行，艱難度越沙漠地帶。

【注　釋】❶焉夷國　即焉耆國，《佛國記》諸本作「偽夷國」或「烏夷國」。法國學者伯希和曾在西元一九三六年發表〈說吐火羅語〉一文（漢語譯文見伯希和、列維著，馮承鈞譯，《吐火羅語考》，頁一四三—一四五，中華書局，一九五七年版），專門論述了「焉耆國」被誤寫的問題。伯希和依據唐代慧琳《一切經音義》、後晉可洪《新集藏經音義隨函錄》等所保存的證據，提出此國國名在古籍中本來寫作「焉耆」、「焉夷」等，從十世紀起開始被大量改竄為「烏耆」、「偽夷」等。伯希和此說是正確的，因為從《漢書》、《後漢書》、《三國志》一直到《舊唐書》、《新唐書》等正史都寫作「焉耆」，而沒有其他寫法。另外，更重要的是，唐代慧琳《一切經音義》卷一〇〇《法顯傳音義》明確寫作「焉夷國」。因此，應該將《佛國記》諸本所寫校改為「焉夷國」或「焉耆國」。「焉夷國」也就是今新疆省焉耆縣。❷秦土　指我國陽關以東關中、中原一代地區。此「秦」指「前秦」、「後秦」。❸不預其僧例　這是說，焉夷國戒律整齊嚴格，從中土來的沙門因為信奉大乘佛法，所以不能進入此國的僧團，也不能得到同樣的供養。預，同「與」。參與。❹苻行堂公孫　此語殊難得到確解，唯當代學者馬雍的考釋可作參考。馬雍先生認為，「苻行堂」之「堂」乃「唐」字之誤。「苻行唐」指前秦苻堅之從弟「行唐公」苻洛，「行唐」為苻洛受封之邑名。苻洛被流放涼州，後於西元三八五年被梁熙所殺。而苻洛的子孫逃亡西域，是很有可能的。這樣，法顯所遇者有可能為「行唐公」苻洛之孫。參見馬雍〈法顯傳中之苻堅行堂公孫〉，載於《文史》第二十四輯，中華書局，一九八五年出版。亦可參見吳玉貴《〈佛國記〉釋譯》，頁五十一注❺。❺與寶雲等共　法顯等在敦煌與寶雲等人分手，寶雲等人於此時追趕上了法顯一行。❻高昌　西域古國名，其遺址位於今新疆省吐魯番縣以東約五十里的勝金口之南，二堡（即哈喇和卓）和三堡（阿斯塔那）之間。在法顯西行前後，前涼、前秦、後涼、西涼、北涼皆曾於此地置郡。高昌流行大乘佛教，佛教很是發達，因而智嚴川資無著之時，選擇了返回高昌一途。❼沙行　這裡指由焉耆向西南穿過塔克拉馬干沙漠而到達于闐國的旅行。

【語譯】從鄯善國往西北方向再走十五天，到達焉夷國。焉夷國的僧人也有四千多人，都修習小乘佛法，教法規則整齊嚴謹。由秦地來到此地的沙門，不能進入此國的僧團，因而也不能如同焉夷本國的僧人一樣得到供養。

法顯因為得到了行唐公苻洛之孫的供養照料，在此地住錫兩月有餘，並且得以與隨後追趕上來的寶雲等人重新會合。由於焉夷國的人不遵從禮義，對待客人很刻薄，智嚴、慧簡、慧嵬無奈，只得返回高昌尋求川資。法顯等人由於得到了苻公之孫的供養，得以直接向前行進。從焉夷國向西南方向走，沿途荒無人煙，沙漠綿延不盡，行走十分艱難。我們所經驗到的辛苦，是以常理無法揣度、想像的。

于闐國

在道一月五日，得到于闐❶。其國豐樂，人民殷盛，盡皆奉法，以法樂相娛❷。眾僧乃數萬人，多大乘❸學，皆有眾食❹。彼國人民星居，家家門前皆起小塔❺，最小者可高二丈許。作四方僧房，供給客僧及餘所須。

國王安堵❻法顯等於僧伽藍❼。僧伽藍名瞿摩帝❽，是大乘寺，三千僧共犍槌❾食。入食堂時，威儀齊肅，次第而坐，一切寂然，器鉢❿無聲。淨人⓫益食，不得相喚，但以手指麾。

【章旨】經過一月艱難跋涉，法顯一行抵達于闐國。此章重點敘述于闐國的基本情況，法顯尤其對此國的佛教僧人戒律之嚴整，讚賞有加。

【注　釋】❶于闐　西域古國，《大唐西域記》稱之為「瞿薩旦那國」。對於于闐國國都的位置，有兩種看法。一種認為，位於現今新疆維吾爾族自治區和田縣西南二十餘里的姚頭岡；一種位於今新疆維吾爾族自治區和田縣城東南約二十四公里的「什斯比爾」古城，亦稱「下庫馬提」古城。❷以法樂相娛　據玄奘在《大唐西域記》卷一二所說，于闐國「國尚音樂，人好歌舞」。與此記載相對照，此中「以法樂相娛」可能是說，此國佛教音樂極為興盛，國民普遍沉浸於佛教音樂之中。❸大乘　梵文Mahāyāna的意譯。西元一世紀形成的佛教派別，以「自度、度他」的菩薩精神為其主要特色。中國佛教主要弘傳的是大乘佛法，法顯等人正是大乘僧人。❹眾食　以饌食供養僧眾。具體情形可參看本書內對「師子國」之「眾食」的較為詳細的敘述。❺塔　也稱為「浮圖」，印度稱之為「窣堵波」，均為梵文Stūpa的音譯。佛塔係佛教專門供養舍利和經卷的建築。西域和印度的佛塔大多為覆缽式，中國的佛塔則式樣多樣，但以樓閣式塔為主。❻安堵　安頓；安居；安定。❼僧伽藍　也稱為「僧伽羅摩」，簡稱為「伽藍」，均為梵文Saṅghārāma的音譯，意譯為「僧園」、「僧房」。它是佛教出家人居住、修行的場所，中國佛教通常稱之為寺院或佛寺。❽瞿摩帝　此為古于闐著名佛寺的名稱。❾犍槌　佛寺之中以金屬或木製成，能擊打發聲以集眾或「消災」的物品。❿缽　即「缽盂」，為梵文Pātra的音譯，指佛教出家人用來喫飯的食具。⓫淨人　指未出家而在寺院之中充當雜役的俗人。

【語　譯】在路途走了一個月零五天，我們終於到達了于闐國。此國富饒安樂，人口眾多。國民都信奉佛法，並且以法樂相娛。于闐國有數萬僧人，大多數修習大乘佛法，僧人都能得到俗家的供養。此國民居星羅棋布，家家門前都建有小塔，最小的有兩丈多高。于闐國官府建有僧房，以供四方而來的遊方僧人居住。于闐國還為遊方僧人供應其他各項所需的物品。

于闐國國王將法顯等人安頓在一座叫瞿摩帝的佛寺裡。這座寺宇屬大乘佛教僧人居住。寺院內三千僧人一聽見敲打犍槌的聲音，就一起前往食堂進食。進入食堂時，僧眾威儀整齊，舉止莊重。眾僧次第而坐，靜悄悄，無聲無息，連器缽碰擊也不發出響聲。僧人欲讓淨人添飯，也不能出聲喊叫，只能以手示意。

觀于闐國行像

慧景、道整、慧達先發，向竭叉國❶。法顯等欲觀行像❷，停三月日。

其國中十四大僧伽藍，不數小者。從四月一日，城裡便掃灑道路，莊嚴❸巷陌，其城門上張大幃幕❹，事事嚴飾。王及夫人、婇女❺，皆住其中。

瞿摩帝僧是大乘學，王所敬重，最先行像。離城三、四里，作四輪像車，高三丈餘，狀如行殿❻，七寶❼莊校，懸繒幡、蓋❽。像立車中，二菩薩❾侍。作諸天❿侍從，皆金銀雕瑩，懸於虛空。像去門百步，王脫天冠⓫，易著新衣，徒跣持華、香，翼從出城迎像，頭面禮足⓬，散華燒香。像入城時，門樓上夫人、婇女遙散眾華，紛紛而下。如是莊嚴供具⓭，車車各異。一僧伽藍，則一日行像。白月一日⓮為始，至十四日行像乃訖。行像訖，王及夫人乃還宮耳。

【章　旨】法顯因為欲觀于闐國的行像儀式，在此國停留三個多月。此章重點敘述于闐國一年一度的這一盛大佛事活動。

【注　釋】❶竭叉國　竭叉國王城故址，一般認為位於現今新疆省塔什庫爾乾塔吉克自治縣。❷行像　每年四月佛誕日前後，西域、印度各國都要將佛像安奉於車上巡行。這一做法也傳入了中土，《洛陽伽藍記》卷三「景明寺」條就有較為詳細的記載。❸莊嚴　佛教專門術語，指以功德飾身，或以美物裝飾佛事用具。❹幃幕　指帳幕。幃，同「帷」。帳幕在旁曰「幃」，在上曰「幕」。❺婇女　地位卑微的宮女。❻行殿　指能夠移動的類似宮殿的載人工具。如《北史・宇文愷傳》載：「又造觀風行殿，上容衛者數百人，下施輪軸，推移倏忽，有若神功。」❼七寶　據《翻譯名義集》卷三：「佛教七寶凡有二種：一者七種珍寶，二者七種王寶。」此處是指七種珍寶。而對於七種珍寶，佛教經論無有定說。其中，《法華經》以金、銀、琉璃、硨磲、瑪瑙、真珠、玫瑰為七寶，《大智度論》則以金、銀、毗琉璃、頗黎、硨磲、瑪瑙、赤真珠為七寶。❽繒幡蓋　二種可懸掛於車及塔上的以絲織物為材料製成的裝飾品。用於佛事之中，一般也可於幡、蓋之上書寫佛經語句。繒，絲織品的總稱。幡，旗幟。蓋，華蓋。❾菩薩　梵文Bodhisattva音譯的略語，全稱為「菩提薩埵」。指以六度、四攝為修行之道，以救度世間眾生為己任，以成就大菩提而成佛的修行者。❿諸天　「天」為梵文Deva的意譯。在印度婆羅門教中指神靈，佛教亦對其加以吸收，但含義卻有變化。「天」大致有二義：一指天神，二指天神生存的環境。佛教諸天一般包括欲界六天、色界十八天和無色界四天。⓫天冠　「通天冠」的簡稱，指古代帝王戴的帽子。又作「寶冠」，佛教中以之指諸天頭上所戴之冠。以其精微殊妙，非人世間中能有，故稱天冠。⓬頭面禮足　以頭及面叩禮佛或佛像之足，為佛教的最高禮節。《大智度論》卷一〇有文解釋說：「人身中第一貴者頭，五情所著而最在上者。足第一賤，履不淨處，最在下故。是以所貴禮所賤，貴重供養故。」⓭供具　又稱「供物」，供養佛和菩薩的物品。一般指花、塗香、水、燒香、飯食、燈明六種，依次象徵布施、持戒、忍辱、精進、禪定、智慧等六度。⓮白月一日　據《大唐西域記》卷二所說，印度曆法將前半月稱之為「白分」，後半月稱之為「黑分」。此處的「白月一日」與上文的四月一日同義。

【語　譯】慧景、道整、慧達先行出發，前往竭叉國。法顯因為打算觀禮行像，便在于闐國停留了三個多月。

于闐國中有十四座大寺院，並且有不計其數的小寺院。從四月一日起，城中便開始清掃道路，莊嚴街巷。在各個城門上搭起了巨大的帳幕，處處都裝飾一新。國王、夫人以及宮女都住於帳篷之中。

因為瞿摩帝寺的僧人修習大乘佛法，並且得到國王的敬重，所以由此寺院首先開始行像。在距離國都三、四里的地方，製作出四輪像車。像車高達三丈有餘，其形狀猶如行殿一樣。像車用七寶裝飾得莊嚴富麗，其上懸掛著以絲帛織成的旗幟和華蓋。佛像矗立於此車中，兩旁有兩尊菩薩侍從。寺僧並且製作出諸天神像作為佛的侍從。這些天神以金銀雕刻裝飾而成，熠熠生輝，懸掛於車中。當行像車行進至距離城門一百步時，國王摘下通天冠，換上新衣服，手持燃香和鮮花，在眾人的簇擁下，赤足出城迎接佛像。國王以頭和面叩觸佛足，散花燒香。國王禮佛完畢之後，行像車方纔啟動入城。此時，門樓上的國王夫人、宮女紛紛搖落手中的鮮花，其花繽紛下落。

各個寺院像車的供具都如此莊嚴宏麗，但又各具特色。城中十四座大寺，每座大寺各自行像一天。從四月一日開始至十四日，行像活動方纔全部結束。行像結束之後，國王及夫人便回到皇宮。

其城西七八里，有僧伽藍，名王新寺❶，作來八十年，經三王方成。可高二十五丈，彫文刻鏤，金銀覆上，眾寶合成。塔後作佛堂，莊嚴妙好，梁柱戶扇❷窗牖❸，皆以金薄❹。別作僧房，亦嚴麗整飭❺，非言可盡。嶺東六國❻諸王所有上價寶物❼，多作供養❽，人用者少。

【章　旨】此章敘述于闐國國都之西王新寺的相關情況。

【注　釋】❶王新寺　玄奘《大唐西域記》卷一二說，于闐國「王城西五、六里，有娑摩若僧伽藍，中有窣堵波，高百餘尺，甚多靈瑞，時燭神光。」章巽和季羨林等均認為，法顯所說的「王新寺」就是玄奘所言的「娑摩若僧伽藍」。季羨林又據斯坦因的考察認為，王新寺寺址位於今姚頭岡西約一英里的Somiya村，當地有一墳塚，據傳即其遺址。參見季羨林等校注《大唐西域記校注》，頁一〇二一，注釋(一)，中華書局，一九八五年二月版。❷戶扇　泛指門。戶，原意指單扇門。一扇為戶，雙扇為門。❸窻牖　窻，同「窗」。牖，窗戶。❹金薄　由金切成的薄片。又作金箔、金簿。貼於器物之上作為裝飾，俗稱貼金。❺嚴麗整飭　嚴麗，莊嚴華麗。整飭，整齊。❻嶺東六國　日本足立喜六《法顯傳考證》、賀昌羣《古代西域交通與法顯印度巡禮》等均以為，嶺東六國指西域南道的鄯善、且末、精絕、扜彌、于闐、莎車。其中，法顯經過的有鄯善、于闐等。且末位於今新疆省且末縣附近，精絕位於今新疆省民豐縣北，扜彌位於今新疆省于闐縣附近，莎車位於今新疆省莎車縣。❼上價寶物　價值上等的寶貴物品。❽供養　又稱供給、供施、供，是對佛、法、僧三寶進行心、物兩方面供奉的資養行為。《十地經論》卷三說：「供養有三：一為利養供養，衣服臥具等之謂也。二為恭敬供養，香花、幡等之謂也。三為行供養，修行信戒行等之謂也。」廣義的供養包括上述三方面，而狹義的供養則只包括利養供養和恭敬供養兩方面。書中所用「供養」一詞，多指狹義而言。

【語譯】王城以西七、八里的地方，有一座佛寺名叫王新寺。此寺經過八十年的建設，先後歷經三王方纔建成。佛塔高二十五丈，雕刻花紋，用金銀覆蓋塔體，而整座佛塔都以多種寶物構成。塔的後面修建了佛堂，裝飾精美，精巧美妙，梁柱、窗戶、門扇之上都貼以金箔。此外，也修有僧房，同樣莊嚴華麗，難以用語言描述。葱嶺以東六國的國王將所有價值上等的寶物都用來供養佛像，而很少用於人體裝飾。

子合國

既過四月行像，僧韶❶一人隨胡道人❷向罽賓❸，法顯等進向子合國❹。在道二十五日便到其國。國王精進❺，有千餘僧，多大乘學。

【章旨】法顯在于闐國停留三個多月，於西元四〇〇年四月末從于闐國出發經過二十五日路程到達子合國。

【注釋】❶僧韶　有些版本為「僧紹」。僧韶、僧紹當為一人，也就是前文所說，法顯在張掖鎮所遇到的僧紹。❷胡道人　泛指西域諸胡族的僧人。道人，原指術士或道人，東漢以後也用來稱呼僧人。❸罽賓　一般認為是Kaspeiria的音譯，即現代的克什米爾。另外，也有人說，漢代所說的「罽賓」在今阿富汗喀布爾河流域。❹子合國　《漢書・西域傳》、《後漢書・西域傳》均列有「子合」，並說「子合」的治所在犍谷或鞬谷。《洛陽伽藍記》卷五載〈宋雲行記〉作「朱駒波國」，並言「人民山居」。此國富藏大乘經典，《大唐西域記》等文獻都有記載。子合國都城故址位於現今新疆省葉城縣。❺精進　佛教「八正道」之一，指堅守佛法而不放逸，在修行之路上勇往直前。

【語譯】在于闐國觀禮完畢四月份的行像之後，僧紹獨自一人隨同西域的一位僧人前往罽賓國，法顯等人則向子合國進發。

在路上行走了二十五日，方纔到達子合國。子合國國王謹守佛法，修行精嚴。國內有一千餘名僧人，大多數信奉大乘佛教。

於麾國

住此十五日已，於是南行四日，入蔥嶺山❶，到於麾國❷安居❸。

【章　旨】法顯在子合國住了十五日便南行到達於麾國，並於此國度過夏安居。

【注　釋】❶蔥嶺山　我國古代對今新疆西部帕米爾高原以及附近山脈的總稱。《水經・河水注》引《西河舊事》云，蔥嶺「其山高大，上生蔥，故曰蔥嶺。」此山為古代中西交通要道。❷於麾國　具體位置不詳。章巽以為此國即《北史・西域傳》所記的「權於摩國」。章先生並且說：「以今地圖比對，於麾國故址可能即在今奇盤莊西南之庫拉瑪特山口更西南之葉爾羌河中上游一帶。」(《法顯傳校注》，頁二十，注❼)此說可以參考。❸安居　這次是法顯西行之後的第三次夏坐，時為西元四〇一年。法顯是在于闐國行像結束之後離開于闐國，在路途二十五日，停留十五日，離開子合國南行四日。上述時間相加，就達四十四日，而于闐國行像結束之日為四月十四日。這樣推算下來，法顯到達於麾國已經是五月中旬了。如玄奘在《大唐西域記》卷二所說，印度佛教徒的安居期也有「前三月」和「後三月」兩種做法。「前三月」即五月十六日至八月十五日，「後三月」即六月十六日至九月十五日。此處應該是「前三月」的安居制度。

【語　譯】我們在子合國停留居住了十五日之後，又向南行走了四日，進入葱嶺山中，最後到達於麾國。我們在於麾國度過了西行之後的第三次夏坐。

竭叉國

安居已，山行二十五日到竭叉國❶，與慧景等合❷。

值其國王作般遮越師❸。般遮越師，漢言五年大會也。會時請四方沙門皆來雲集。集已，莊嚴眾僧坐處，懸繒幡蓋，作金銀蓮華，著繒座❹後，鋪淨坐具❺，王及羣臣如法供養。或一月，二月，或三月，多在春時。王作會已，復勸諸羣臣設供供養，或一日，二日，三日，五日。供養都畢，王以所乘馬鞍勒百副，使國中貴重臣騎之，並諸白氎❻、種種珍寶、沙門所須之物，共諸羣臣發願布施❼。布施已，還從僧贖。

其地山寒，不生餘穀❽，唯熟麥耳。眾受歲❾僧已，其晨輒霜，故其王每請眾僧令麥熟然後受歲。

其國中有佛唾壺⑩，以石作，色似佛鉢。又有佛一齒⑪，國人為佛齒起塔。有千餘僧，盡小乘學。

【章　旨】法顯等在於麾國度過夏安居之後，再向前行走二十五日到達竭叉國。本章較為詳細地記述了竭叉國佛教的興盛情況以及風土人情。

【注　釋】❶竭叉國　此國故址何在，是研究法顯的一大難題。諸家考證紛紜，大致有二說：一說位於今克什米爾東部的拉達克境內，一說位於今新疆省喀什市境內。細說總計有六種說法：認為其位於今克什米爾者，又有三說，或以為在東部之拉達克(Ladak)，或以為在北部之伊斯卡多(Iskardu)，或以為在東部印度河東岸的喀齊(Khalsi)。也有人認為其位於今新疆省喀什市，但具體地址則又有分歧。章巽在《法顯傳校注》中說：「以《法顯傳》傳文所記述考之，釋喀什市則失之太北，釋拉達克等地則又失之太東南」，因此，丁謙在〈晉釋法顯佛國記地理考證〉(文見張曼濤主編《現代佛教學術叢刊》第一〇〇冊《佛教文史雜考》，頁二六九—二八三)中的說法最為符合法顯的記述。鑑於這種考慮，章巽根據丁謙、玉耳(Henry Yule)、沙畹(E. Chavannes)等學者的考定，再參之以《欽定皇輿西域圖誌》卷一八所說，作出了推定：竭叉國即是漢代的蒲犁國，也就是《洛陽伽藍記》卷五所記的「漢盤陀」、《魏書》中的「訶盤陀」、《大唐西域記》所記載的「朅盤陀」，而竭叉國王城故址大致位於今新疆省塔什庫爾干塔吉克自治縣。可參見章巽著《法顯傳校注》，頁二十一，注❷。❷與慧景等合　由前文記述可知，慧景等三人在于闐國與法顯分手，慧景等人並且先於法顯抵達竭叉國。法顯此時方纔與慧景等人會合。❸般遮越師　為梵文Pañcapariṣad的音譯，意譯為「無遮大會」，「無遮」即無有限制之意，為定期舉行的一種盛大的布施僧眾的法會，所有僧俗都可平等地參加，故稱「無遮」。《阿育王傳》卷二曰：「便造般遮於瑟，以四十萬兩金、國土、宮人、輔相、已身、子拘那羅等盡施眾生而還歸家。」（《大正藏》卷五〇，頁一〇六上）法顯所說「般遮越師」為「五年大會」即五年舉行一次的意思，這與玄奘的記述一致。玄奘在《大唐西域記》卷一中記述「屈支國」情形時說：「於此像前建五年一大會處。每歲秋分數十日間，舉國僧徒皆來會集……」。不知玄奘此處所記的，此國僧俗在「五年一大會處」每年舉行的法事活動是否即是「無遮大會」？若果如此，是否意味著「無遮大會」並非都是五年方纔舉行呢？這是可以繼續研究的。❹繒座　有版本作「僧座」，應從是而改之。❺坐具　又稱「臥具」、「敷具」、「隨坐衣」等，梵語音譯為「尼師壇」，是佛陀所制定的服具之一。它原來的作用，據《五分律》卷九說「為護身護衣、護僧床褥，故蓄坐具」（《大正藏》卷二二，頁七〇下）。後來，僧人主要將其用於法事活動以及禮儀上，作為禮僧拜佛的敷具，已經失去坐臥的功能。其大小，律制規定為「長佛二手半」，合四尺八寸，寬三尺六寸。一般用舊布或粗布作成。❻白氎　棉布的故稱，又作「白疊」。《史記正義》卷一二九〈貨殖列傳〉曰：「白疊，木棉所織，非中國有也。」白氎是古代西域的一項重要出產。❼布施　大乘菩薩「六度」之一，分為財施、法施、無畏施三種。所謂財施，是指以自己的財物施與他人，使其安樂；所謂法施，是指為眾生演說佛法，使其開悟；所謂無畏施，是指入世間救苦救難，使眾生脫離苦海。❽穀　為糧食作物的總稱，如《尚書・洪範》曰：「歲月日時無易，百穀用成。」❾受歲　出家受戒的僧人每年夏安居完畢則增加一個法臘，稱為「受歲」。夏安居結束的十五日為「受歲之日」，十六日起為「新歲」。❿佛唾壺　即佛陀當時所用過的痰盂。《出三藏記集》卷一五〈智猛法師傳〉說，智猛於後秦弘始六年從長安出發，遠行天竺，曾於奇沙國見佛文石唾壺。智猛出行的弘始六年為西元四〇四年，後於法顯僅五年。其到達的「奇沙國」恰為法顯此處所說的竭叉國，其所見「唾壺」也應該是法顯當時之所見。⓫佛一齒　即佛陀本人的一枚牙齒。

【語　譯】在於麾國安居結束之後，又向前行走了二十五天，法顯等人就到達了竭叉國。在竭叉國國都，得以與先期到達的慧景等人會合。

到達竭叉國不久，恰逢此國國王舉辦「般遮越師」。般遮越師，漢語的意思為五年舉行一次的大會。國王禮請四面八方的僧人都來此地聚會。眾僧雲集之時，國王將僧眾趺坐的地方裝飾一新，並且懸掛絲帛製作的錦旗、華蓋，製作金銀蓮花，放置於眾僧座位的後面，並為眾僧鋪設乾淨的坐具。國王和眾臣按照佛教的規定如法供養僧眾，持續時日則不等，或一個月，或兩個月，或三個月，時間多選擇在春天。供養大會結束之後，國王又勸說羣臣設會供養，或一日，或二日，或三日，或五日。供養全部結束之後，國王與羣臣一起發願將自己的坐騎連同各種白布、種種稀世珍寶以及僧人所須的種種物品都布施給眾僧。特別是，國王讓最寵幸的大臣騎坐著裝備全部鞍韉的寶馬，進入僧人住處以示布施。布施之後，國王與大臣一起又從僧人處將寶馬及珍寶贖買回來。

竭叉國地處山中，異常寒冷，除了麥子可以成熟外，其他穀物都難以生長、成熟。眾僧受歲結束之日，早晨往往有霜，所以竭叉國的國王總是奉勸僧人在麥子成熟之後再行受歲。

竭叉國中有佛陀用過的唾壺，唾壺是用石料做成的，顏色與佛缽相似。此外，又有佛陀的牙齒一枚，國民專門為佛齒起塔供養。竭叉國有一千多名僧人，大多修習小乘佛法。

概述葱嶺以東諸國

自山以東，俗人被服❶粗類秦土，亦以氈褐為異。沙門法用❷轉轉勝❸，不可具記。其國當葱嶺之中，自葱嶺已前，草木菓實皆異，唯竹

❹、甘蔗三物與漢地同耳。

【章　旨】作者在此章總結概括自己所經歷的葱嶺以東諸國的風土人情以及佛法的流行情況。

【注　釋】❶被服　有二義：一指被衾、衣服之類，為名詞；二指人們的穿著，為動詞。此處大概偏指第二義。❷法用　也稱「法要」，指法會舉行的四種重要儀式所需要的物品。四種重要儀式是：一為梵唄，即在法會開始誦偈讚嘆佛德；二為散花，即散花供養佛；三為梵音，唱偈，以淨音供養佛；四為錫杖，唱受執錫杖之偈而振錫杖。❸轉轉勝　越來越好、越來越多的意思。金陵刻經處版本採用「轉勝」的寫法，恐未將此段理解為獨立的段落，而與竭叉國章相連。章巽以及吳玉貴校注本都是如此，未妥。其實，佛經裡類似的語詞甚多。如《菩薩瓔珞本業經》卷下〈佛母品〉云：「法門者，所謂十信心，是一切行本。是故十信心中，一信心有十品信心，為百法明門。復從是百法明心中，一心有百心，故為千法明門；復從千法明心中，一心有千心，為萬法明門。如是增進至無量明，轉轉勝進上上法，故為明明法門。百萬阿僧祇功德。一切行盡入此明門。」（《大正藏》卷二四，頁一〇一九）❹安石留　即安石榴，簡稱石榴。相傳由張騫從西域帶入內地。「安石」即帕提亞王朝的名稱Arsak的音譯（又譯為「安息」、「安西」），而「留」則可還原為伊朗某種古方言riu、ru。參見勞費爾著、林筠因譯《中國伊朗編》，頁一〇一一一一三，商務印書館，一九六四年版。

【語　譯】從葱嶺山以東，俗人的穿著式樣與漢地大致相同，不同的只是他們的衣物是用毛和粗麻作成的。僧人舉行的法會越來越盛大，法會所用之物品也越來越華貴，這些都難於詳細記述。竭叉國位於葱嶺之中。從葱嶺再往前，草木菓實都與漢地不同，只有竹子、石榴和甘蔗三種物品與漢地相同。

度葱嶺

從此西行向北天竺。在道一月，得度葱嶺。葱嶺冬夏有雪，又有毒龍❶，若失其意，則吐毒風、雨雪，飛沙礫石。遇此難者，萬無一全。彼土人即名為雪山人也。

【章　旨】法顯從竭叉國出發向北印度前進。行走了一個多月方纔得以翻越險惡的葱嶺，其中艱難可想而知。

【注　釋】❶毒龍　《洛陽伽藍記》卷五引用〈宋雲行記〉，對此「毒龍」記述較詳，茲轉錄如下以供參證。其文曰：「山中有池，毒龍居之。昔有三百商人止宿池側，值龍忿，汎殺商人。盤陀王聞之，捨位與子，向烏場國學婆羅門呪，四年之中盡得其術。還復王位，就池呪龍。龍變為人，悔過向王。王即徙之葱嶺山，去此池二千餘里。」依照此文所說，此毒龍原本在「漢盤陀」即法顯前述的「竭叉國」，後來遷徙至葱嶺山中。此地距竭叉國有二千餘里。

【語　譯】我們從竭叉國繼續西行，前往北天竺。在路上走了一個多月，方纔得以翻越葱嶺。葱嶺山中，無論冬夏都大雪紛飛。此山中又有毒龍，如果惹惱了牠，毒龍就會口吐毒風、雨雪，大風飛揚，飛沙走石。遇到此難的人，萬無一全，很難有機會保全性命。他們將此山叫雪山，當地居民也就被稱之為雪山人。

【研　析】此段落最可注意者如下：

一、西域諸國的基本情況，特別是佛教的發展規模。從法顯的敘述可知，西域諸國，有些國家信奉大乘，有些國家信奉小乘佛教。對待西行的漢地僧人的態度也有不同，以焉夷國最差，于闐國最好。因此，法顯在于闐國停留的時間最長。

二、于闐國的「行像」儀式與竭叉國的「般遮越師」——即五年舉行一次的無遮大會。這些佛教法會儀式，是中土所罕有，是西域佛教興盛的一種表現。法顯詳細的記述，是研究古代佛教的珍貴資料。

三、法顯記述完在鄯善國、竭叉國的情況之後，都有對西域等地的地理特徵、文化狀況的概括敘述。這些敘述，對於我們了解西域的歷史文化，有著很重要的意義。

四、從路途而言，有兩段路程極為艱苦。一是由焉夷國西南行經過塔克拉馬干沙漠，歷時一個多月。法顯發出這樣的感嘆：「沙行艱難，所經之苦，人理莫比。」二是由竭叉國西行，翻越葱嶺山前往北天竺。其山冬夏都大雪紛飛，又有「毒龍」，「遇此難者，萬無一全。」從這些細節，我們自應體會到法顯西行的艱難與危險。

第三部分　北天竺記遊

【題解】經過三年多的長途跋涉，法顯終於到達嚮往已久的天竺國境。時為西元四〇一年末。

法顯度過葱嶺後抵達北天竺境內，看到的第一個國家是陀歷國。自此順嶺西南行，道路險阻，崖岸絕險，石壁千仞，臨之使人頭暈目眩。這樣的路程，法顯等一直走了十五日。這是張騫、甘英未曾涉足的地方。渡過印度河的一個支流，法顯到達了烏萇國，慧景、道整、慧達等三人先行出發前往那竭國，法顯則在烏萇國度過了他在天竺的第一個夏坐。解夏後，法顯經宿呵多國、犍陀衛國、竺刹尸羅國而到達弗樓沙國。這時，先期到達那竭國的慧景患病，道整留於此國照應，慧達又返回弗樓沙國。隨後，寶雲、僧景、慧達三人結伴返回中土，慧應不幸在弗樓沙國的佛鉢寺圓寂。法顯則獨自前往那竭國，與慧景、道整相會。

上述七國，佛、菩薩遺跡非常豐富，法顯等人一一前往瞻禮。法顯瞻禮了陀歷國的彌勒菩薩像，烏萇國的佛足跡、曬衣處以及度惡龍處，宿呵多國的「割肉貿鴿處」以及在此遺址上修建的佛塔，犍陀衛國的佛陀「以眼施人處」及其大塔。竺刹尸羅國則為佛陀前世「以頭施人」的地方，法顯於此國瞻禮了佛陀前世「以身施虎處」及其在這兩處遺址上所建的大塔。弗樓沙國有迦膩色迦王建的大塔和著名的佛鉢。那竭國供養佛頂骨、佛齒的儀式極為隆重莊嚴，法顯對此作了詳細記述。那竭國擁有的佛錫杖以及佛陀於洞窟中的留影等，也是重要的佛教聖跡。

法顯總共瞻禮了北天竺七個國家，歷時一年有餘。

陀歷國

度嶺已，到北天竺。始入其境，有一小國名陀歷❶，亦有眾僧，皆小乘學。

其國昔有羅漢❷以神足力❸將一巧匠上兜率天❹，觀彌勒菩薩❺長短、色貌，還下刻木作像。前後三上觀，然後乃成。像長八丈，足趺❻八尺，齋日❼常有光明，諸國王競興供養，今故現在。

【章旨】法顯經過三年多的長途跋涉，終於到達嚮往已久的天竺國境。時為西元四〇一年末。法顯於此章敘述其抵達天竺境內後，所看到的第一個國家——陀歷國。此國最有影響力的是彌勒菩薩像。

【注釋】❶陀歷　即《大唐西域記》卷三所說的「達麗羅川」，故址在今克什米爾西北部印度河北岸達爾德斯坦(Dardistan)的達麗爾(Dārel)。此地是經葱嶺進入印度的一條重要孔道，我國西行僧人多經過此地。此通道即《釋伽方志》卷下所說的「陀歷道」。❷羅漢　即「阿羅漢」的簡稱。「阿羅漢」為梵文Arhat的音譯，小乘佛教修行所欲達到的最高果位。「阿羅漢」有三義：一為破一切煩惱；二為一切漏盡，因而應受人、天之供養；三為斷除輪迴而不再轉生。此處所言的「羅漢」，玄奘在《大唐西域記》卷三中明確記為「末田地迦」。❸神足力　即四神足。佛教認為，通過修行而得到佛、菩薩以及阿羅漢果位者，均會獲得六種自在無礙的神力。小乘佛教之神通為「四神足」，具有神通者就具有天眼通、天耳通、他心通、宿命通。大乘佛教有「五神通」和「六神通」兩種說法。「五神通」是在「四神通」之外再加「如意通」即「神足通」，於此之上再加「漏盡通」就成「六神通」。此處法顯所說應該是指「四神足」。❹兜率天　也作「兜率陀」、「睹史多」等，均為梵文Tusita的音譯，意譯「妙足」、「知足」，為欲界六天的第四天。所住天人通體光明，能照耀全世界。佛祖釋迦牟尼的母親摩訶摩耶就住於此天。即將上昇為佛的菩薩也住於此天，住於此天的「未來佛」彌勒菩薩最為著名。❺彌勒菩薩　梵文Maitreya Bodhisattva的音譯，意譯為「慈氏」。據佛經記載，他的名字叫阿逸多，出身婆羅門之家，後來隨釋迦牟尼佛出家，但在釋迦入滅前先行圓寂。釋迦曾預言，阿逸多離開此娑婆世界之後，上昇到兜率天為諸天演說佛法，直到釋迦滅度後五十六億六千萬年時，彌勒菩薩就會從兜率天下生，來到娑婆世界，在華林園華林樹下成正覺，三轉法輪，即三次說法救度眾生。❻足趺　即「趺坐」，為雙足交疊的坐姿。趺，加足坐之意。❼齋日　即齋戒之日。在家佛教徒每月按日期持八關齋戒，出家僧尼則每半月舉行一次懺悔說戒的「布薩」。這兩種情形都可稱為齋日。

【語譯】我們翻越葱嶺，終於到達了北印度。剛剛進入印度境內，我們就到達了一個叫陀歷的小國。這個國家中也有僧人，不過都修習小乘佛法。

過去，陀歷國有一位羅漢，用神足之力將一位巧匠帶到兜率天去觀察彌勒菩薩的身材、容貌，然後再返回人間以木刻雕造彌勒菩薩像。先後往返三次纔完成了這一工作。

雕刻成的彌勒菩薩像高八丈，僅僅足趺就長達八尺。每當齋戒之日，此像常常大放光明，諸國國王競相前來供養。當時雕刻的彌勒菩薩像現在仍然存在。

順嶺西南行

於此順嶺西南行十五日，其道艱阻，崖岸險絕，其山唯石，壁立千仞❶，臨之目眩，欲進則投足無所。下有水，名新頭河❷，昔人有鑿石通路施傍梯❸者，凡度七百。度梯已，躡懸絙❹過河❺。河兩岸相去減❻八十步。九譯❼所記，漢之張騫❽、甘英❾皆不至此。

【章　旨】從陀歷國西南行之路相當艱難。這樣的路程，法顯一直走了十五日。其間，法顯到達了張騫、甘英未曾涉足的地方。

【注　釋】❶壁立千仞　形容崖壁陡峭、高聳入雲。仞，古代的長度單位，一仞為周制八尺，漢制七尺。❷新頭河　又譯「信度河」，即印度河。發源於中國西藏岡底斯山脈西麓，流經印度、巴基斯坦，注入阿拉伯海，全長三千一百八十公里，為亞洲著名的大河。❸傍梯　依傍山勢在懸崖峭壁上開鑿的登山石階。梯，即隥，意思為「登」。❹懸緪　懸掛於大河上方的索橋。緪，同「絙」。粗索。《水經・河水注》曰：「余證諸史傳，即所謂罽賓之境，有磐石之隥，道狹尺餘，行者騎馬相持，絙橋相引，二十許里方到。」法顯這裡所說，是渡河用的索橋，而《水經注》所說，似乎是指懸掛於石階旁邊防止行人墜落的引繩。二者不是一回事。❺過河　法顯在此所渡之河是印度河的支流，因而下句言其兩岸相距不足八十步。而《出三藏記集》卷一五〈法顯法師傳〉、《高僧傳》卷三〈釋法顯傳〉所載，法顯在此地「躡懸緪過河數十餘處」，均應為印度河的支流。❻減　《水經・河水注》各本引文均作「咸」，而「減」與「咸」在古代可以通用。下文所用「減」也應如此理解。❼九譯　多次展轉翻譯方纔可以互相交流，後來引申為對於特殊方國的通稱。如《漢書・賈捐之傳》顏師古注引晉灼所說：「遠國使來，因九譯語言乃通。」《文選》卷三張平子〈東京賦〉曰：「重舌之人九譯，僉稽首而來王。」❽張騫　生年不詳，卒於西元前一一四年，西漢人。他分別於西元前一三九年、前一一九年兩次奉命出使西域，遠達現今中亞一帶，是我國有記載以來最早開闢西域交通的重要人物之一。《漢書》有傳。❾甘英　東漢和帝時（西元八九至一〇五年在位）人。曾奉當時的西域都護班超之命出使大秦（羅馬帝國東部地區），行至西海（波斯灣），為海所阻而還。

【語　譯】法顯等從陀歷國順著重山峻嶺，往西南方向又走了十五日。這段路程極其險阻，懸崖峭壁，驚險已極。山上只有岩石，壁立千仞，臨近峭壁，使人頭暈目眩，想往前走往往連下腳之處也找不到。懸崖之下有一條河，叫新頭河。從前，有人在懸崖之上鑿出石階作為通道，總共有七百多階。走過這段石階之後，又必須慢慢地踩著懸在空中的索橋渡過河去。河兩岸相距八十餘步。這裡是殊方絕域，漢代的張騫、甘英都沒有能夠到達此地。

眾僧問法顯：「佛法東過，其始可知耶？」顯云：「訪問彼土人❶，皆云古老相傳，自立彌勒菩薩像後，便有天竺沙門賚經律過此河者。像立在佛泥洹❷後三百許年，計於周氏平王時❸。由茲而言，大教宣流，始自此像。非夫彌勒大士繼軌釋迦，孰能令三寶❹宣通，邊人❺識法？固知冥運之開，本非人事，則漢明之夢❻，有由而然矣。」

【章旨】在行走的路途中，應當地僧人的請求，法顯向北印度僧眾介紹佛教最初傳入中土的情況。

【注釋】❶彼土人 從上下文觀之，這是指陀歷國之人。由此可知，這段問答是法顯離開陀歷國前往烏萇國的路上所發生的。❷泥洹 梵文Nirvāṇa的音譯，這是早期的譯法，後來通用「涅槃」，意譯為「寂滅」、「滅度」、「圓寂」。佛教對涅槃的理解差別甚大。涅槃的最初意義為寂滅，一切都無。所以，在小乘佛教中，涅槃一般是死亡的代名詞。大乘佛教從一種全新的角度理解涅槃，認為世間和涅槃本來是一致的，二者都是「空」，也都是「妙有」。如果人們能夠認識到佛教的這一最高真理，體證了這一理體，就達到了涅槃境界，就可立即成佛。❸計於周氏平王時 周氏平王，指東周周平王。周平王，名宜臼，西元前七七〇至前七二〇年在位，平王將周的都城遷居至洛邑（今河南洛陽），史稱東周。關於釋迦牟尼佛的涅槃時間，佛教史籍的說法非常多。現在較為通行的說法是佛陀涅槃於西元前四八六年。其依據是《歷代三寶記》卷一一所說的，僧伽跋陀羅關於《善見律毗婆沙》傳承過程的說法。依照法顯在此的說法，釋迦牟尼佛應該涅槃於西元前一千多年左右。❹三寶　指佛、法、僧。佛，主要指釋迦牟尼佛，也泛指一切佛。法，指佛教的教義。僧，指受過特定的戒律而脫離世俗生活的佛教信徒。❺邊人　古印度習慣上將中印度一帶稱為「中國」，而以遠方之地為「邊地」，將「邊地」居民稱之為「邊人」。❻漢明之夢　漢明，即東漢明帝劉莊，西元五八至七五年在位。相傳漢明帝曾夢見神人，醒來後有人告之所夢神靈為佛。明帝於是派遣使者至西域傳寫佛經，並由此在洛陽建起中國內地第一所佛教寺院。「漢明之夢」即是指此。

【語　譯】此地許多僧人向法顯詢問：「能夠知道佛法傳到東土的時間嗎？」法顯回答說：「我曾詢問過陀歷國的人，他們都說：古老相傳，自從立了彌勒菩薩像之後，便有天竺僧人帶著經、律典籍從此渡過河去弘傳佛教。陀歷國立彌勒菩薩像是在佛涅槃後的三百多年，這相當於中土東周平王在位之時。由此傳說立論，佛法開始東傳確實應該是從立此像算起。如果不是彌勒大士繼承了釋迦牟尼佛的事業，誰還能夠使三寶流傳於世，使得邊遠之地的民眾也能知曉佛法呢？因此，我們知道，冥運的開通本不是人力所能輕易做到，而漢明帝感夢，也自有其非得不可的緣由。」

烏萇國

度河便到烏萇國❶。其烏萇國是正北天竺也，盡作中天竺語，中天竺所謂中國❷。俗人衣服飲食亦與中國同。佛法甚盛，名眾僧住止處為

「僧伽藍」。凡有五百僧伽藍，皆小乘學。若有客比丘❸到，悉供養三日。三日過已，乃令自求所安。

常傳言佛至北天竺，即到此國也。佛遺足跡❹於此，跡或長或短，在人心念，至今猶爾。及曬衣石、度惡龍處❺亦悉現在。石高丈四，闊二丈許，一邊平。

慧景、慧達、道整三人先發，向佛影那竭國❻。法顯等住此國夏坐❼。

【章　旨】法顯渡過印度河，到達烏萇國。此國佛法興盛，傳言佛陀曾親到北天竺，在此國化度惡龍，並且留下足跡。法顯在此夏坐，慧景、慧達、道整三人先行前往那竭國。

【注　釋】❶烏萇國　《洛陽伽藍記》卷五作「烏萇」、「烏場」，《大唐西域記》卷三作「烏仗那」，為梵文Udyāna的音譯，意思為「花園」。《大慈恩寺三藏法師傳》卷二說：「此言苑，昔阿輸迦王之苑也。」此國在斯瓦特(Swat)河上，包括現在的Pangkora、Bijawar、Swat和Buna四縣。國都「瞢揭釐城」為Mangalaaor西南約五英里處的Mingora。該地南郊曾發掘出城市遺址以及佛寺遺址。❷中國　中天竺，即印度中部地區。❸客比丘　指外地來的僧人。比丘，又作「苾芻」，為梵文Bhiksu的音譯，意譯為「乞士」、「乞士男」，出家後受過具足戒的男子。❹佛遺足跡　《洛陽伽藍記》卷五、《大唐西域記》卷三都有記載，遺址現今尚在。佛陀遺留的這處足跡位於斯瓦特河上游西岸的Tirat村，石高一公尺，寬零點八七公尺，厚一點三公尺，足跡下部刻有佉盧文題銘「釋迦牟尼足跡」。❺曬衣石度惡龍處　如來降伏惡龍的傳說，見於《菩薩本行經》卷中、《佛所行贊》、《大智度論》卷九等，《大唐西域記》卷三有簡要敘述，可以參看。《洛陽伽藍記》卷五對佛曬衣處有較詳記述，錄之如下：「水東有佛曬衣處。初，如來在烏場國行化，龍王瞋怒，興大風雨，佛僧迦梨表裡通濕。雨止，佛在石下東面而坐曬袈裟。年歲雖久，彪炳若新。」❻佛影那竭國　那竭國的佛影最為出名，故將那竭國稱之為佛影那竭國。❼夏坐　此次夏坐是法顯離開長安之後的第四次夏坐，時為西元四〇二年。

【語譯】渡過印度河，便到達了烏萇國。烏萇國是名副其實的北天竺，但這裡的人講的卻是中天竺的語言，所謂中天竺即一般所說的「中國」。在家人衣著、飲食，也與中國相同。此國佛教非常興盛。他們習慣將僧人居住的地方稱為「僧伽藍」，全國總共有五百座僧伽藍，都修習小乘佛教。如果有外地比丘來寺廟訪學，全都可以得到三天的供養。三天之後，就讓他們各自尋找安身落腳的地方。

人們常常說佛陀曾經來過北天竺，佛陀所到的國家就是這個烏萇國。此國有佛遺留下來的足跡。佛之足跡可長可短，其變化全在於人的心念，現在仍然如此。此外，佛陀降伏惡龍以及晾曬袈裟的地方也至今猶存。此曬衣石高一丈四尺，寬二丈多，一邊很平整。

慧景、慧達、道整三人先行出發前往以佛影著名於世的那竭國。法顯等人則留住此國夏坐。

宿呵多國

坐訖，南下到宿呵多國❶，其國佛法亦盛。昔天帝釋❷試菩薩，化作鷹鴿，割肉貿鴿❸處。佛既成道，與諸弟子遊行，語云：「此本是吾割肉貿鴿處。」國人由是得知，於此處起塔，金銀校飾。

【章　旨】法顯由烏萇國南下到達宿呵多國，此國之境有佛陀割肉貿鴿遺址以及在此遺址之上修建的大塔。

【注　釋】❶宿呵多國　對於此國現今的方位，迭有爭論。據英國學者James Legge所著*A Record of Buddhistic Monk Fa-hien of His Travel in India and Ceylon*所說，此國應在今印度河與斯瓦特河之間，也就是今日稱為斯瓦斯梯(Swastene)的地方。章巽據此引申為，今曼格勒城西南跨斯瓦特河兩岸之地區，稱為斯瓦脫(Sṿāt)，當即宿呵多國故地（章巽著《法顯傳校注》，頁三十五，注❶）。❷天帝釋　又稱「帝釋」、「帝釋天」，佛教所說忉利天之主，居須彌山巔。❸割肉貿鴿　以自身之肉交換鴿子，使其免於被鷹噉掉。貿，交換。這是佛陀的本生故事之一。據《賢愚經》卷一、《六度集經》卷一等記載：佛陀前生曾為尸毘迦王，天帝釋與毘首羯摩相商，想試探尸毘迦王的念力。毘首羯摩先化作一隻鴿子，天帝釋化作一隻鷹，追鴿進入王宮。鴿子進入王的居室，藏在王的懷裡。鷹入殿中對王說，我捉鴿子以充饑，今鴿子已經在我掌中，希望王將其還與我。王回答說，我救濟一切有情眾生，鴿子恐懼依我懷中，我絕對不能給你。鷹說，王既然救濟一切有情，那就請王先救濟救濟我吧！否則，又算什麼救濟一切眾生？王於是取劍割取股肉給鷹。但股肉怎麼也不如鴿子肉重。王割完股肉又割兩臂，再割兩脅，最終尸毘迦王昏死在地。這時，帝釋天現出本相，深深讚許尸毘迦王的修行深厚，並恢復了王的身體。

【語　譯】在烏萇國結束夏坐之後，法顯等繼續南下，到達了宿呵多國。此國佛法也很興盛。從前，天帝釋為試探菩薩的道行，曾經化作鷹、鴿。割肉貿鴿的故事就發生在此國。佛陀成道之後，與其弟子一起周遊諸國，來到此國。佛陀對弟子說：「這就是我原來割肉貿鴿的地方。」宿呵多國的人由此知道了這件事，就在此處起塔，並用金銀裝飾塔身。

犍陀衛國

從此東下五日，行到犍陀衛國❶，是阿育王❷子法益❸所治處。佛為菩薩時，亦於此國以眼施人❹，其處亦起大塔，金銀校飾。此國人多小乘學。

【章　旨】從宿呵多國東下，經過五日長途跋涉，法顯等到達了犍陀衛國。此國為阿育王之子法益的統治區域，有佛陀昔日為菩薩時「以眼施人」的遺址以及在此遺址上修建的大塔。

【注　釋】❶犍陀衛國　古代史籍中有許多異名，《洛陽伽藍記》卷五作「乾陀羅國」，《大唐西域記》卷二作「健馱邏國」，是亞洲古代史上有名的大國，在佛教發展史上佔有重要的地位。國名的含義，據《華嚴經音義》卷三說：「鉗陀是香，羅謂陀羅，此云偏也。言偏此國內多生香氣之花，故名香偏國。」該國疆域迭有變更，其強盛時期為西元前一世紀左右。法顯到達之時，其國勢力已經逐漸衰落，其時此國的故地約在斯瓦特河與喀布爾河交匯處之地區。❷阿育王　古印度名王。「阿育」為梵文Assoka的音譯，意譯為「無憂王」，又作「阿恕伽」、「阿輸迦」。阿育王是古印度孔雀王朝創始人旃陀羅笈多之孫，賓頭沙羅之子，生年不詳，卒於西元前二三二年，西元前二七三年在位。阿育王在位期間，除印度半島最南端之外，幾乎統一了印度全境。西元前二六一年，阿育王攻佔南印羯陵伽（今奧里薩邦）之後，皈依佛教，並宣布以佛教為國教。傳說阿育王在華氏城舉行過第三次佛典結集，取出佛舍利，重新建塔供養，並且派遣數十名大德去世界各地傳教，對以後佛教的發展產生了深遠的影響。❸法益　阿育王之太子，意譯「法益」、「法增」，音譯「拘那羅」、「鳩那羅」。法益太子為阿育王早先的皇后所生。其母死後，太子之繼母誘惑太子未成，反而嫉恨於太子，於是向阿育王誣告太子，使王廢免太子，並派遣法益至邊國帶兵。後來，其繼母又假借阿育王的命令，責罰法益挖去自己的眼珠以謝罪。法益失明之後，展轉回到都城，找到父王，稟明原委，其冤得以昭雪。其時，此國有一大阿羅漢以講解佛法所賺得的聽眾之眼淚，清洗法益之眼眶，法益太子眼睛得以復明。法顯在此所說「法益所治處」大概是指法益太子被貶以後的治所。❹以眼施人　這是佛陀本生故事之一。據《彌勒菩薩所問本願經》所說：往昔有一位名叫月明的國王。一日，月明王從宮中出行，看見道路旁邊的一位盲人，頓生極大同情，禁不住掉下眼淚。王問盲人：「有什麼藥可以治好你的眼疾呢？」盲人回答說：「只有得到王的眼睛纔能使我得以復明。」一聽此言，月明王立即取下自己的雙眼施與盲人，沒有絲毫猶豫後悔。佛陀告訴阿難：「這個月明王就是我的前生。」

【語　譯】從宿呵多國向東行走了五天，法顯等到達了犍陀衛國。此地曾經是阿育王之子法益被貶之後的治所。佛陀昔日在修行菩薩行時，也曾經在此國將自己的眼球施與盲人。佛陀施眼球的地方也修建起大塔，並用金銀裝飾塔身。這個國家的人大多數信奉小乘佛教。

竺刹尸羅國

自此東行七日，有國名竺刹尸羅❶，漢言「截頭」也。佛為菩薩時，於此處以頭施人❷，故因以為名。復東行二日，至投身餧餓虎處❸。此二處亦起大塔，皆眾寶校飾。諸國王臣民競興供養。散華然燈，相繼不絕。通上二塔，彼方人亦名為四大塔❹也。

【章旨】法顯從犍陀衛國繼續東行到達竺刹尸羅國。此國有佛陀當初「以頭施人」以及「投身飼虎」的故址以及在此故址上所修建的大塔。

【注釋】❶竺刹尸羅　《大唐西域記》卷三作「呾叉始羅國」。此地歷史甚古，曾為犍陀羅首都，其得名原由有不同說法，法顯所說為其中之一。關於此城遺址，曾有不同考證，然近代以來的考古發掘證明，此城的遺址在印度河與桀魯姆河之間，距離拉瓦品第新城西北約二十英里。遺址所在河谷長約十一英里，海拔一千七百英尺以上。❷以頭施人　這是佛陀本生故事之一。據《佛說月光菩薩經》載：過去世，北印度有大城名賢石，國王名月光。此王願意普施一切，隨需求者意願施與。有一位惡眼婆羅門來求王頭不止，王曰：「父母所生不淨身，汝求我頭歡喜捨。滿爾本願稱心歸，令我速成菩提果。」（《大正藏》卷三，頁四〇七下）王應婆羅門所請，至摩尼寶苑，將頭髮繫於無憂樹，親手執利劍，自截其頭施與惡眼婆羅門。此月光王即佛陀的前世。❸投身餧餓虎處　這是佛陀又一本生故事，見《菩薩本生鬘論》卷一以及《賢愚經》卷一等，尤以《菩薩投身飼虎起塔因緣經》（《大正藏》卷三）最為詳備。過去無量世時，有一大國，其王曰「大寶」，王有三子。一日，王與羣臣共遊山谷，三子共入竹林，見有一虎新產數子，無暇求食。大王子以為母虎饑困交迫，必然會自食其子。

二王子以為非新屠血肉莫之能救。三王子想到，此身虛棄敗壞，無有用處，倒不如捨身救虎，使其永無憂苦。三王子於是投身岩洞，並且以乾竹刺破頭頸使其出血以引起餓虎的注意。餓虎得此美食，母子俱活。佛陀告訴阿難，那個三王子就是我的前身。法顯在此處所說「投身餧餓虎處」正是這一故事發生的遺址。❹四大塔 指前述的「割肉貿鴿處塔」、「以眼施人處塔」以及此節所述的「以頭施人處塔」、「投身餧餓虎處塔」，合為四大塔。

【語譯】法顯從犍陀衛國繼續朝東行走了七日，來到一個叫竺剎尸羅的國家。竺剎尸羅，漢語的意思是「截頭」。當初，佛陀修菩薩行時，曾經在此將自己的頭顱施與別人，此國正是以此事而得名的。從這裡出發接著向東行走兩日，到達了佛陀投身餵餓虎的地方。這兩個地方也修建了大塔，並且都用各種寶物作裝飾。各個國家的國王和臣民競相來此供養，散花燃燈，絡繹不絕。這裡所說的兩座大塔，連同上面所說的另外兩座大塔，天竺的人也將其合稱為四大塔。

弗樓沙國

從犍陀衛國南行四日，到弗樓沙國❶。佛昔將諸弟子遊行此國，語阿難❷云：「吾般泥洹後，當有國王名罽膩伽❸於此處起塔。」後罽膩伽王出世。

出行遊觀時，天帝釋欲開發其意，化作牧牛小兒，當道起塔。王問言：「汝作何等？」答曰：「作佛塔。」王言：「大善。」於是，王即於小兒塔上起塔，高四十餘丈，眾寶校飾，凡所經見塔廟壯麗威嚴，都無此比。傳云：「閻浮提❹塔唯此為上。」王作塔成已，小塔即自傍出大塔南，高三尺許。

【章旨】法顯從犍陀衛國向南行走四日，到達了弗樓沙國。此國有貴霜王朝統治者迦膩色迦王所修建的大塔。法顯稱讚說，此國的大塔是世間最為壯麗的一座。

【注釋】❶弗樓沙國　《魏書》作「弗樓沙城」，《大唐西域記》卷二作「布路沙布羅城」，玄奘並且說此城是健馱邏國的大都城，「周四十餘里」。「弗樓沙」是Purusapura的音譯，意譯為「丈夫土」、「丈夫城」，《續高僧傳》卷二作「丈夫宮」。其國的故址，經學者考證，一致認為就是現今巴基斯坦喀布爾河南岸白沙瓦市西北之地。❷阿難　「阿難陀」的略稱，梵文名為Ānanda，意譯「歡喜」、「慶喜」等。釋迦牟尼佛的叔父斛飯王之子，釋迦牟尼佛回鄉時跟隨佛陀出家。侍從釋迦十五年，為其十大弟子之一。因長於記憶，被稱讚為「多聞第一」。❸罽膩伽　即迦膩色迦王，梵文為Kanishka，是印度貴霜王朝著名的統治者。迦膩色迦王在位的年代是印度史研究的一大難題，提出的說法不下數十種。其中，第二次世界大戰之前，V.斯密斯、W. W.塔爾恩等人主張的西元七八年的說法，曾經被學界廣泛接受；二十世紀五十年代，法國考古學家R. Ghirshman根據考古發掘所得的材料而得出的西元一四四至一六七年為迦膩色迦王在位時間的說法，逐漸得到更多人的認可。迦膩色迦王在位時期，國勢強盛，其領土北到花剌子模（中亞），南至溫德亞山，首都則為法顯所記的弗樓沙，大致包含歷史上阿富汗、克什米爾和我國新疆的喀什噶爾、和田、莎車，以及印度的旁遮普、信德和北方邦東至貝拿勒斯一帶地方。法顯到達印度時，犍陀衛王國已經衰落，所以，法顯以「國」稱呼「弗樓沙」。迦膩色迦王皈依了佛教。據傳說，其在位期間，曾經舉行過佛教的第四次結集。迦膩色迦王曾經在各地修建了大量的佛塔，法顯所記只是其中最重要的若干座。❹閻浮提　佛教所說的「四大部洲」之一，也稱「南贍部洲」。此土位於須彌山之南，呈三角形狀，北廣南狹，尖點向南，圓周約六千由旬。因其有贍部林故而名之為「贍部洲」；又跟從恆河上游之名稱閻浮提河而得名「閻浮提洲」。佛教起初將印度和周圍國家都看作「贍部洲」，後來則將整個人類所居住的地方都看作「閻浮提洲」。

【語　譯】從犍陀衛國往南走了四天，法顯等來到弗樓沙國。當初，佛陀曾經帶領他的弟子到這個國家行化。佛陀對阿難說：「我涅槃之後，應當有一位叫迦膩色迦的國王會在這裡修建佛塔，供養三寶。」後來，果然有一位迦膩色迦王出世。

有一次，迦膩色迦王出行遊觀。帝釋天想借此機會開發迦膩色迦王對佛法的信向，於是就變化為牧牛的小童在路中間堆塔。迦膩色迦王看到後，好奇地問：「你在做什麼呢？」牧童回答說：「我是在建造佛塔。」王說：「這很好！」於是，迦膩色迦王便在牧童造塔的地方修建了一座大塔，高四十餘丈，並且用多種寶物作裝飾。法顯所見過的佛塔，其壯麗輝煌的程度沒有一座能夠超過它。據傳說：「這座寶塔也是整個世界之中最上等的一座。」迦膩色迦王建成大塔之後，牧童所造小塔隨即從大塔的南邊矗立起來。小塔通高三尺多。

佛　鉢

佛缽❶即在此國，昔月氏王❷大興兵眾，來伐此國，欲取佛缽。既伏此國已，月氏王篤信佛法，欲持缽去，故大興供養。供養三寶畢，乃校飾大象，置缽其上，象便伏地，不能得前；更作四輪車載缽，八象共牽，復不能進。王知與缽緣未至，深自愧歎。即於此處起塔及僧伽藍，並留鎮守，種種供養。

可有七百餘僧，日將欲中，眾僧則出缽，與白衣❸等種種供養，然後中食，至暮燒香時復爾。可容二斗許，雜色而黑多，四際分明❹，厚可二分，瑩徹光澤。貧人以少華投中便滿，有大富者，欲以多華供養，正復百千萬斛❺終不能滿。

【章　旨】此章敘述佛缽的神奇以及弗樓沙國臣民對其的崇拜情況。

【注　釋】❶佛缽　指釋迦牟尼佛使用過的缽盂。《大唐西域記》卷二說：「如來涅槃之後，缽流此國，式遵供養，流轉諸國，在波刺斯。」此中，「波刺斯」即波斯，也就是現在的伊朗。據玄奘說，佛缽起先在弗樓沙國供養，後來則流轉諸國。至玄奘到印度時，佛缽又流轉到了伊朗。❷月氏王　「月氏」本是居住於今甘肅省敦煌縣與青海省祁連縣之間的少數民族，漢文帝時受匈奴族所迫遷居至伊犁河上游。西元一世紀時，月氏酋長丘就卻統一了五個月氏部落，率領其部下越過興都庫什山，在喀布爾和克什米爾定居下來。丘就卻死後，由其子閻膏珍繼位。經過一段時間之後，迦膩色迦王繼承王位，使其疆域進一步擴大，貴霜王朝的勢力達到了極點。法顯於此處所說的「月氏王」的具體所指，難於確定。章巽在其校注中說：當為迦膩色迦王之前的貴霜王，或者就是丘就卻；但也可能是貴霜王朝建立之前稱雄中亞時的月氏王，因為早在漢哀帝元壽元年（西元前二年）就有博士弟子景盧受大月氏使者伊存口授《浮屠經》之事，足以證明大月氏早已信奉佛教（章巽《法顯傳校注》，頁四十四）。其實，要確定此王的姓氏，最關鍵的是確定究竟是哪一位月氏王最先進攻弗樓沙城，因為貴霜王朝全盛時期的國都就在弗樓沙城。但這是目前難於做到的，因而以上所說都只能是一些推測，無法確定孰是孰非。❸白衣　印度古代社會以鮮白為貴，一般人皆著白衣。佛陀當初傳教嚴格禁斷僧尼著白衣，因此，白衣成為佛教對於在家之人的通稱。至於印度佛教僧尼袈裟的顏色，歷史上變化極多，未盡統一。以「淄衣」為僧尼的通稱，是中國佛教從南北朝以後逐漸形成的，在印度並非如此。吳玉貴先生在《〈佛國記〉釋譯》中所說不大準確。其說見於此書頁一〇四，佛光出版社一九九六年八月版。❹四際分明　佛陀昔日成道，時四大天王各以金缽、銀缽以及其他寶物所成之缽奉獻給佛陀。佛陀默然而不接受，以為出家人不宜使用貴重食具。四大天王各自還宮，奉持石缽，重新獻給佛陀。佛陀接受了四大天王的奉獻，並且將其次第重疊，按壓為一個石缽，因而佛陀昔日所使用的石缽外側有四道痕跡。法顯所說佛缽「四際分明」，正是指此而言的。❺斛　中國古代的度量單位，十斗為一斛，南宋末年改五斗為一斛。

【語　譯】釋迦牟尼佛使用過的石缽就供奉於弗樓沙國。古時，月氏王大兵壓境，前來討伐此國，想奪取佛缽。降伏弗樓沙國之後，因為月氏王虔誠地信仰佛法，因此很想將此佛缽帶回其故地供養。月氏王先在此城舉行大型法會，供養完三寶之後，月氏王令人將大象作了一番裝飾，然後將佛鉢置放於大象的背上。不料，大象卻因此而伏地不能行走。於是，月氏王又令人製作四輪大車以裝載佛鉢，用八頭大象一起牽引此車，仍然不能將車拉動。月氏王知道自己與佛鉢的緣分還沒有到，心裡充滿慚愧與遺憾，於是下令在此城修建寶塔和佛寺，並且留人鎮守佛鉢，以種種寶物供養佛鉢。

修成的佛寺之中總共有七百多位僧人。每日天將正午時，僧人們將佛鉢奉出，與俗人一起用種種供物供養。供養完畢，僧人纔去食用中飯。至晚間燒香時，又如法供養一番。佛鉢可以容納二斗多，顏色駁雜而以黑色居多，四層邊沿清晰可見，大致有二分厚，非常光滑明淨。貧窮的人以很少的花束投於佛鉢中便可將其裝滿，而富裕的人想用更多的花束供養，但是即便投入千百萬斛鮮花，最終也不能裝滿此鉢。

分手

寶雲、僧景只供養佛鉢便還，慧景、慧達、道整先向那竭國供養佛影、佛齒及頂骨。慧景病，道整住看，慧達一人還，於弗樓沙國相見。而慧達、寶雲、僧景遂還秦土。慧應在佛鉢寺❶無常❷。由是，法顯獨進，向佛頂骨所。

【章　旨】與法顯一同從長安出發的有四人，與法顯在張掖鎮相遇而一起結伴西行的又有五人，在于闐加入的一人。七人先後返回，慧應在弗樓沙國圓寂。至此，只餘法顯、慧景、道整三人仍然繼續前行。由於慧景、道整已經先往那竭國，所以，法顯一人獨自向那竭國行進。

【注　釋】❶佛缽寺　此寺即前述月氏王所建之寺院。❷無常　本義為一切事物都是由因緣和合而成，是遷流不息的，沒有固定不變的東西。在此則指死亡。

【語　譯】寶雲、僧景本來就打算在弗樓沙國供養完佛缽便返回中土，慧景、慧達、道整早先已經去那竭國供養佛影、佛齒、頂骨。慧景在那竭國生病，道整就留在那裡照看他，慧達一人又返回弗樓沙國，我們得以相見。這樣，慧達、寶雲、僧景於是一起返回中土。慧應在此國的佛缽寺圓寂。由於這種情況，法顯一人獨自前往供養佛頂骨的地方。

那竭國佛頂骨

西行十六由延❶，便至那竭國❷界。醯羅城❸中有佛頂骨❹精舍❺，盡以金薄、七寶校飾。

國王敬重頂骨，慮人抄奪，乃取國中豪姓八人，人人持一印，印封守護。清晨，八人俱到，各視其印，然後開戶。開戶已，以香汁❻洗手，出佛頂骨置精舍外高座上，以七寶圓碪碪❼下，琉璃鍾❽覆上，皆珠璣❾校飾。骨黃白色，方圓四寸，其上隆起。

每日出後，精舍人則登高樓，擊大鼓，吹螺，敲銅鈸❿。王聞已，則詣精舍，以華、香供養。供養已，次第頂戴⓫而去。從東門入，西門出。王朝朝如是供養禮拜，然後聽國政。居士⓬、長者亦先供養，乃修家事。日日如是，初無懈倦。供養都訖，乃還頂骨於精舍中。

有七寶解脫⓭塔，或開或閉⓮，高五尺許，以盛之。精舍門前，朝朝恆有賣華、香人，凡欲供養者，種種買焉。諸國王亦恆遣使供養。精舍處方四十步，雖復天震地裂，此處不動。

【章 旨】由弗樓沙國西行到達那竭國地界。法顯在此敘述了醯羅城對佛頂骨的崇拜情況。

【注 釋】❶由延 印度古代用來衡定里程的長度單位，為梵文Yojana的音譯，也譯為由旬、踰繕那、踰闍那。由延的一般含義為「套一次牛，車所行的路程」，並無確定的長度。玄奘在《大唐西域記》卷二〈印度總述〉中說：「踰繕那者。自古聖王一日軍程也。舊傳一踰繕那四十里矣。印度國俗乃三十里，聖教所載唯十六里。」又，日本學者足立喜六經過研究認為，《佛國記》所說「由延」，在印度北部及西部為每一由延平均合四點六里，在以摩竭提國為中心之中印度地方則每一由延平均合六點五里（足立喜六著《法顯傳——中亞、印度、南海紀行之研究》，頁三三三—三四一，東京，一九四〇年版）。❷那竭國　古代北印度的一個國家，《洛陽伽藍記》卷五作「那迦羅訶」，《大唐西域記》卷二作「那揭羅曷國」，均為梵文Nagarahāra的音譯。故址在今阿富汗的賈拉拉巴德(Jelalabad)，位於喀布爾河南岸，西起亞格達拉克山隘(Jagdalak Pass)，東至開伯爾山隘(Khyber Pass)，南臨塞費德科山脈(Safed Koh)。❸醯羅城　梵文名為Hiḍḍa，意思為「骨」，因該地供養的佛頂骨得名，位於賈拉拉巴德以南約五英里處。昔日為一佛教聖地，五世紀中葉，即法顯離開印度不久，此地遭受嚈噠人（即白匈奴）的嚴重破壞，近代此城更是淪為一個荒涼小村。法國考古學家曾經在此地發掘，出土了不少文物。❹佛頂骨　即佛的頭蓋骨。到印度巡遊的許多僧人都曾供養過此枚佛頂骨。《洛陽伽藍記》卷五曰：「佛頂骨，方圓四寸，黃白色，下有孔，受人手指，閔然似仰蜂窠。」按：各本均作「閃然」，此據周祖謨考辨改之。周祖謨說：「云閔然者，指孔穴之多，故云似仰蜂窠也。」（《洛陽伽藍記校釋》，頁二二一，中華書局，一九六三年五月版）《大唐西域記》卷二：「骨週一尺二寸，髮孔分明，其色黃白，盛以寶函，置窣堵波中。」❺精舍　為梵文Vihāra的音譯，本來指佛教僧尼修行時的居住地，與寺院有很大的不同。但法顯在本書中未作嚴格區分，以之泛指佛教寺廟。❻香汁　以花瓣或香木浸泡所成之水。❼磓磓　前一個「磓」為名詞，後一個為動詞。磓，磓石。❽琉璃鐘　以琉璃製作的鐘形的器皿，這大概是法顯以自己之意揣度的說法，並非此器皿的正式名稱。從法顯的敘述看，此「琉璃鐘」實際上應該是一座微型塔，形制為印度常見的覆缽形，法顯則以「鐘形」描述之。琉璃，此有二義：一是指天然的透明或半透明的寶石；二是指人工製作的一種不透明或顏色暗淡、半透明的彩色玻璃，以此作原材料可以吹製出日用的器皿來。法顯這裡所說無疑應該是指後者。❾珠璣　珠寶。珠，蚌殼內所生的珍貴的圓形顆粒。璣，不太圓的珠子。❿銅鈸　一種敲擊樂器。為兩個圓形銅片，中部隆起為半球形，穿孔以革繩繫之，兩片合擊以發聲。⓫頂戴　即頂禮，五體投地以自己之頭禮拜尊者之足也。這是常見的拜佛禮儀，這裡的禮拜對象是佛頂骨。⓬居士　本來是指未做官的士人，後來以之專門稱呼在家佛教徒。如吉藏《維摩經義疏》卷二曰：「居士有二：一，廣積資產，居財之士，名為居士；二，在家修道，居家道士，名為居士。」（《大正藏》卷三八，頁九三三上）佛教居士分為優婆塞和優婆夷兩種，前者指在家男性佛教徒，後者指在家女教徒。⓭解脫　梵文Mokṣa的意譯，音譯「木叉」。離縛而得自在，脫離三界之苦果，也就是擺脫生死輪迴，與涅槃的意思很接近。⓮或開或閉　印度的寶塔都是覆缽形的，這一放置佛頂骨的寶塔大概是可以打開也可以關閉的那種類型。參照法顯上述描述，可以大致推定，先將佛頂骨放置於碪石與琉璃鐘合體的器皿裡，再將其放置於開合自如的高五尺的寶塔之中。器皿是置放於寶塔之中的。

【語譯】由弗樓沙國出發西行十六由延的路程，法顯便進入了那竭國的國境。此國的醯羅城中有一座佛頂骨精舍，精舍全部用金箔、七寶作裝飾。

此國國王非常敬重佛頂骨，很害怕別人搶掠佛頂骨。於是，從國中八家豪門大姓中各選擇一人，讓他們每人各持一印，以印封守護佛頂骨。每日早晨，八個人全部到達，各自檢查印封，然後方纔打開大門。開門之後，這些人用香汁洗了手，然後捧出佛頂骨，放置於精舍的高檯之上，用以七寶裝飾的圓形碪石鋪墊在佛頂骨底下，其上再以琉璃鐘將其蓋住。碪石、琉璃鐘都是用珠璣裝飾起來的。佛頂骨呈黃白色，方圓四寸，上部隆起。

每天太陽剛剛出來，精舍裡的人們就登上高樓，擊播打鼓，吹起螺號，擊起銅鈸。國王聽見之後，就立即帶領大臣來到精舍以花、香等供養佛頂骨。國王和大臣依次頂禮佛頂骨，然後纔離開精舍。國王從精舍的東門進來，從西門出去。國王每天早晨都是如此供養、禮拜，然後纔處理國家政務。居士、長者也是首先供養佛頂骨，然後纔回去處理家庭中的事務。國王和全國的所有臣民每天都是如此，從來沒有懈怠過。全體國民都供養完畢之後，方纔將佛頂骨重新放置到精舍之中。

精舍內有以七寶裝飾雕刻的開合自如的解脫塔，高五尺多，置放佛頂骨的琉璃鐘放置於此塔之中。精舍門前，每天早晨都有賣花賣香的人，凡來供養佛頂骨的人都可以買到各種鮮花和香。其他國家的國王也都經常派遣使者前來供養。精舍之外方圓四十步以內的地方，即便天震地裂，此精舍仍然紋絲不動。

那竭國城

從此北行一由延，到那竭國城❶，是菩薩本以銀錢貿五莖花供養定光佛處❷。城中亦有佛齒塔❸，供養如頂骨法。

城東北一由延，到一谷口，有佛錫杖❹，亦起精舍供養。杖以牛頭旃檀❺作，長丈六七許，以木筒盛之，正復百千人舉不能移❻。

入谷口四日，西行，有佛僧伽梨❼精舍供養。彼國土亢旱時，國人相率出衣禮拜供養，天即大雨。

【章 旨】那竭國國都內有佛陀作菩薩行時見定光佛的故址以及佛齒塔。國都東北的谷口的精舍內供奉有佛陀的錫杖。入谷再行走四日的路程，有供奉佛僧伽梨的精舍。

【注 釋】❶那竭國城 即那竭國的國都，其遺址在現今賈拉拉巴德西南約二英里處的柏格蘭(Begram)略西。此城燃燈佛遺跡非常多，因此，《大慈恩三藏法師傳》卷二稱其為「燈光城」（孫毓棠、謝方點校本，頁三十八，中華書局，一九八三年二月版），即「燃燈佛城」。❷菩薩本以銀錢句 這是佛陀的本生故事之一。定光佛，也譯「錠光佛」、「燃燈佛」，是梵文Dipaṃkara的意譯。《大智度論》卷九說：「生時一切身邊如燈，故名然燈太子，作佛亦名然燈。」（《大正藏》卷二五，頁一二四中）據《佛說太子瑞應本起經》卷上說：定光佛之時，菩薩即後來的釋迦是一名儒童（學童）。此儒童菩薩遇見燃燈佛時，花了五百錢從一位賣花少女處買來五莖青蓮花奉獻給燃燈佛。定光佛預言儒童：「汝自是後九十一劫，劫號為賢，汝當作佛，名釋迦文。」儒童菩薩「稽首佛足。見地濯濕，即解皮衣，欲以覆之。不足掩泥，乃解髮布地，令佛蹈而過。」（《大正藏》卷三，頁四七三上）法顯在此所見正是當初儒童菩薩得到燃燈佛受記的地方。❸佛齒塔 即供奉佛陀遺留的牙齒之塔。《洛陽伽藍記》卷五所錄〈道榮傳〉說：「那竭城中有佛牙、佛髮，並作寶函盛之，朝夕供養。」顯然，道榮並未見到「佛齒大塔」。而道榮西行，據道宣《釋迦方志》卷下〈遊履篇〉言，在後魏太武末年，大約西元四五一年，也就是後於法顯五十年。不過，玄奘在《大唐西域記》卷二又說：「城內有大窣堵波故基。聞諸先志曰：昔有佛齒，高廣嚴麗。今既無齒，唯餘故基。」可見，此國確實曾經有過佛齒大塔。將法顯、道榮、玄奘三人所記綜合起來考慮，可以推定法顯所說「佛齒塔」應該是指與盛放佛頂骨相似的小塔，其下文所說「供養如來頂骨法」，也應如此理解。至於玄奘所說古來相傳的大塔，應該是在道榮離開印度之後某個時期修建的。❹佛錫杖 梵文

Khākhara的意譯，又稱聲杖、智杖、德杖、金錫等，是僧尼所用器具，比丘十八物之一。錫杖的原始用途可能是驅除蛇或惡犬等，其他功能則有：生病或高齡者可以依之支撐身體，僧尼乞食時可以在其門前搖動，法師雲遊時皆隨身執持錫杖。佛教發展至密教階段後，錫杖又成了阿闍梨行道作法的重要法器。如《錫杖經》所說：「是錫杖者，名為『智杖』，亦名『德杖』。彰顯聖智故，名『智杖』。行功德本故，曰『德杖』。」（《大正藏》卷一七，頁七二四中）因此，中國佛教將名僧掛單某處稱之為「住錫」或「卓錫」。此處所言「佛錫杖」是指佛陀生前所使用過的錫杖。❺牛頭旃檀　從梵文Gośīrṣa-candana以音譯與意譯結合而譯出。旃檀，樹名，為主要生產於印度半島的香木，共有赤檀、白檀和牛頭旃檀三種。旃檀木有香味，其自身的油質可起防腐作用，所以是雕刻或製作高檔建築、家具的上好材料，也可以作為香料使用。牛頭旃檀為淡紅色，生長於北俱盧洲。據《翻譯名義集》卷三說：「此洲有山名曰高山，高山之峰多有牛頭旃檀，以此山峰狀如牛頭」（《大正藏》卷五四，頁一一〇四中），故名牛頭旃檀。❻百千人舉不能移　關於這枚錫杖，道榮、玄奘都曾經瞻禮過。《洛陽伽藍記》卷五引〈道榮傳〉說：「此杖輕重不定，值有重時，百人不舉，值有輕時，一人勝之。」此可與法顯所說互參。❼僧伽梨　梵文Saṃghāṭī的音譯，意譯為大衣、復衣、重衣、雜勝衣、高勝衣、入王宮聚落衣等。此衣穿於最外面，是僧尼的禮服，凡說法、見尊長、奉召入王宮、外出托缽乞討布施之時，必須穿著，因而又被稱為「祖衣」。因穿著時別具威儀，因而又稱作「莊嚴衣」。它由九條到二十五條布縫製而成，分為三品九等，條數越多，著衣者的身分就越高貴。

【語　譯】從醯羅城向北行走一由延的路程，便到了那竭國的國都。這裡是佛陀修行菩薩行時以銀錢買五莖花供養定光佛的地方。此城中還有佛齒塔，其供養的方式和盛況與佛頂骨的情形相同。

從那竭城向東北走一由延的路程，就到了一個山谷的入口。這裡有佛陀用過的錫杖，也同樣修建了精舍供養。此枚錫杖是用牛頭旃檀製作的，杖身全長六、七丈，盛放在一個木桶之中。即使幾百、近千人，也無法將此錫杖舉起來，或者移動。

進入谷口再向西行走四日的路程，有佛陀使用過的僧伽梨衣，也在精舍內供養。那竭國遇上大旱時，國民就聚集起來奉出此衣，禮拜供養，天就會立即下起大雨。

那竭城南佛影

那竭城南半由延有石室，搏山❶西南向，佛留影❷此中。去十餘步觀之，如佛真形，金色相❸、好❹，光明炳著，轉近轉微，髣髴如有。諸方國王遣工畫師模寫，莫能及。彼國人傳云：「千佛盡當於此留影❺。」影西百步許，佛在時剃髮剪爪。佛自與弟子共造塔，高七、八丈，以為將來塔法，今猶在。邊有寺，寺中有七百餘僧。此處有諸羅漢、辟支佛❻塔，乃千數。

【章旨】那竭城南有佛影石窟以及佛陀的髮爪大塔。這座大塔據說是佛陀與弟子一起修建的。塔旁邊也有佛寺以及千座羅漢塔。

【注釋】❶摶山　摶，有些版本也作「博」，章巽校本均作「摶」，可從。此字難於準確解釋。磧砂藏《法顯傳》所附「字音」注其為「附近也」，似乎並不確切。因為在古代漢語中，「摶」字這樣使用的例子極為罕見。而足立喜六則以為「博山」為山名，並說「佛影窟」在「法顯、宋雲時仍甚鮮明；但因內外情形漸變，故至玄奘時似已未能充分認識，於是博山之名終無從探究矣！」（《法顯傳考證》，頁一一一，商務印書館，一九三六年版）其實，《佛國記》中類似的用法有四例，均不能解釋為山名。筆者以為，從訓詁學的原則出發，「摶」只能以比喻意義來理解，即「摶」可近似地解釋為「沿著」、「順著」。❷佛留影　即佛影窟，位於賈拉拉巴德南方絕壁Chahar-bagh村之南的黑色岩石間。《洛陽伽藍記》卷五、《大唐西域記》卷二等都有記載，但玄奘說：「昔有佛影，煥若真容，相、好具足，儼然如在。近代以來，人不徧睹，縱有所見，髣髴而已。」日本學者足立喜六在《法顯傳考證》中說：「石窟在石山之絕壁，西南向，入口狹小，內深，有不完全之採光窗，斜陽射入，津滴內壁，故投映影像。法顯、宋雲時仍甚鮮明；但因內外情形漸變，故至玄奘時似已未能充分認識。」（《法顯傳考證》，頁一一一，商務印書館，一九三六年版）其實，此佛影在法顯之時已經只能於十步之外遠觀，至近處只能「髣髴如有」。❸相　即「三十二相」，也就是「三十二大人相」、「四八相」，指釋迦牟尼佛所具有的與常人不同的三十二種最為顯著的特徵。依照三十二相的描繪，釋迦佛的形象一般是頂有肉髻，螺髮特徵明顯，雙耳垂肩，眉目修長，雙眼微睜，眉間有白毫，背有身光和頭光。三十二相有十二、三個「相」可以在塑像中得到了體現。❹好　即「八十種好」，也就是「八十隨形好」、「八十微妙種好」、「八十種小相」，指釋迦容貌的八十種微細隱祕，難於一眼看出而須待指明的特徵，主要涉及頭、面、鼻、口、眼、耳、手、足各處的奇特長相，其中在造像上可以得到體現的有十多項。❺千佛盡當於此留影　佛教稱過去為莊嚴劫，未來為星宿劫，現在為賢劫。「劫」指大時分，即宇宙由構成到毀滅的整個過程，佛教認為可分為成、住、壞、滅四個階段。賢劫即我們現在所生活的時空，佛教說此劫當有一千個佛出世，現在已經有四百個佛出現過。關於佛影的來歷，據《大唐西域記》卷二說，有「牧牛之士供王乳酪，進奉失宜。既獲譴責。心懷恚恨，即以金錢買花供奉受記窣堵波，願為惡龍，破國害王。即趣石壁，投身而死。遂居此窟，為大惡龍，便欲出穴，成本惡願。適起此心，如來已鑒，愍此國人為龍所害，運神通力自中印度至。龍見如來，毒心遂止，受不殺戒，願護正法。因請如來：『常居此窟，諸聖弟子恆受我供。』如來告曰：『吾將寂滅，為汝留影，遣五百羅漢常受汝供。正法隱沒，其事無替。汝若毒心奮怒，當觀吾留影，以慈善故，毒心當止。此賢劫中，當來世尊亦悲愍汝，皆留影像。』」此故事又見於《阿育王經》、《阿育王傳》等經典。❻辟支佛　為梵文Pratyekabuddha之音譯，辟支迦佛陀的略稱，意譯為「緣覺」、「獨覺」等，與聲聞、菩薩合稱「三乘」。緣覺，指出生於無佛之時，但天才獨悟而觀悟十二因緣之理而得道成佛。

【語譯】那竭城南半由延距離的地方，靠山西南方向有一座石洞，佛陀將形象留在了此洞中。從距離此洞十多步觀察，如同佛陀真容的影像便清晰可見，佛陀的金色的相、好十分鮮明而熠熠發光，愈走近則愈來愈模糊，感覺佛陀好像真的是在那裡。四方國王派遣擅長繪畫的工匠前來描摹，卻不能將佛影傳神地表現出來。那個國家的民眾傳言：「賢劫千佛都會在此留影。」

距離佛影窟西邊一百步遠，供奉有佛陀在世時剃下來的頭髮和指甲。此處還有佛陀與其弟子一起建造的寶塔，通高七、八丈。佛陀製造這座大塔的意圖是想使後人建塔時有做法的對象。這座寶塔現在還存在。塔旁邊有一座佛寺，佛寺中有七百多個僧人。此處還有上千座羅漢、辟支佛之塔。

【研析】此部分最可注意者如下：

一、翻越葱嶺至其南麓方纔算到達北天竺，而法顯的最終目的地是佛教的發源地，所以，他仍然將此段歷程當作「路途六年」。

二、法顯所遊歷的北天竺諸國之中，重要的佛教聖跡有「慈氏菩薩像」、「四大塔」以及「佛缽」、「佛足跡」、「佛頂骨」、「佛影」、「佛錫杖」等等。「慈氏菩薩像」是陀歷國的國寶，「佛缽」供養於弗樓沙國，烏萇國有佛陀遺留的足跡，那竭國則有「佛頂骨」、「佛影」、「佛錫杖」、「佛僧伽梨」等聖跡。其中，供養最為隆重的要數弗樓沙國的「佛缽」與那竭國的「佛頂骨」。「四大塔」均為佛陀本生之塔，具體為：「割肉貿鴿處塔」、「以眼施人處塔」、「以頭施人處塔」、「投身餧餓虎處塔」。「割肉貿鴿處塔」在宿呵多國，「以眼施人處塔」在犍陀衛國，而「以頭施人處塔」和「投身餧餓虎處塔」在竺刹尸羅國。

三、與法顯隨行的十人，在弗樓沙國再次分流。寶雲、僧景在弗樓沙國供養完佛缽便想返回中土。慧達在那竭國供養佛影、佛齒及頂骨返回弗樓沙國以後，便與寶雲、僧景一起結伴返回中土。慧應不幸在弗樓沙國佛缽寺圓寂。這樣，只有慧景、道整和法顯三人仍然繼續在天竺巡遊。

四、法顯所經歷的最危險的路段是，由陀歷國西南行，前往烏萇國的路程。法顯對其作了形象地描寫：「其道艱阻，崖岸險絕，其山唯石，壁立千仞，臨之目眩，欲進則投足無所。下有水，名新頭河，昔人有鑿石通路施傍梯者，凡度七百。度梯已，躡懸絙過河。」漢代的使者、大旅行家張騫、甘英未能到達這裡。這段文字精練而有相當感染力，值得仔細欣賞。

第四部分　西天竺記遊

【題解】法顯、道整與慧景三人翻越小雪山，向西天竺進發。慧景由於大病初癒，身體虛弱，在攀登小雪山北坡時，因不堪狂風暴雪而寂滅，法顯撫屍痛哭。至此，與法顯一同從長安出發的四人，在張掖鎮相遇結伴的五人，在于闐加入的一人，共計十一人，或返回，或圓寂，只剩下法顯、道整二人。

法顯、道整悲痛告別同道慧景，二人奮力前行，終於翻越小雪山頂，到達其南麓。小雪山南麓附近的國家是羅夷國。法顯在羅夷國度過他到達天竺的第二次夏坐，時為西元四〇三年。解夏之後，法顯、道整南下，到達跋那國。此國有三千多僧人，都修習小乘佛法。由跋那國東下，到達毗荼國。毗荼國佛教很興盛，國民對待法顯、道整非常友好，為其提供了繼續遊行所須的用品。

度小雪山

住此冬三月❶，法顯等三人南度小雪山❷。雪山冬夏積雪，山北陰中，遇寒風暴起，人皆噤戰。慧景一人不堪復進，口出白沫，語法顯云：「我亦不復活，便可時去，勿得俱死。」於是遂終。法顯撫之悲號：「本圖不果，命也！奈何？」復自力前，得過嶺南❸。

【章　旨】法顯在那竭國度過了三個月的冬季，即從十月十六日至正月十五日。然後，他與慧景、道整一起起程翻越小雪山，慧景不幸於雪山北坡圓寂。法顯與道整則奮力前行，到達小雪山南麓。

【注　釋】❶冬三月　據玄奘在《大唐西域記》卷二說，印度有分一歲為四時的習慣，其四時的具體劃分則與中土有所不同。春三月是正月十六日至四月十五日，夏三月是四月十六日至七月十五日，秋三月是七月十六日至十月十五日，冬三月則從十月十六日至次年的正月十五日。此處法顯所說「冬三月」應該是跟從印度的說法。❷小雪山　一般認為此處所說的小雪山指今賈拉拉巴德城以南的塞費德科山脈。❸嶺南　即小雪山的南麓。章巽校注本及吳玉貴釋譯本均將「嶺」與「南」斷開，未必妥當。前面言慧景在「山北陰」圓寂，此處再言「得過嶺南」，正好互相對應。

【語　譯】法顯、慧景、道整在那竭國度過了冬季。在春季剛剛開始之時，我們三人結伴從那竭城出發向南前進，準備翻越小雪山。雪山冬夏兩季都有積雪，常年白雪皚皚。在雪山的北坡，我們突然遇到了大風暴，都凍得渾身發抖。慧景大病初癒，此時再也無法前進，口中吐出白沫，對法顯說：「我已經不能活下去了，你們可以趕快離去，不要等著一起死掉。」就這樣，慧景在小雪山的北陰圓寂了！法顯撫摩著慧景的身體放聲大哭：「你的本來意願還沒有達到呵！命運怎麼會如此呢？」後來，法顯與道整兩人又奮力向前，最終翻越了山嶺，到達小雪山的南麓。

羅夷國

到羅夷國❶。近有三千僧，兼大小乘學。住此夏坐❷。

【章旨】法顯和道整到達羅夷國，並在此國夏坐。

【注釋】❶羅夷國　據英國學者Smauel Beal研究，自阿富汗東部蘇萊曼諸山(Solimāni Hill)直至印度河間主要諸部落，總稱為羅哈尼人(Lohanis)。昔日印度地理學者所稱的羅哈(Lohàs)與法顯所說的「羅夷」大概就是前述的羅哈尼人。❷夏坐　這是法顯離開長安後的第五次夏坐，時為西元四〇三年。

【語譯】法顯與道整翻越小雪山到達了羅夷國。此國有三千僧人，兼修大乘、小乘。法顯又在此度過了離開長安的第五個夏坐。

跋那國

坐訖，南下，行十日，到跋那國❶，亦有三千許僧，皆小乘學。

【章　旨】在羅夷國度過夏坐之後，法顯與道整南下行走十日，到達跋那國。此國位於西天竺。

【注　釋】❶跋那國　一般認為，此國即今巴基斯坦北部的邦努(Bannu)，也就是《大唐西域記》卷一一所說的「伐刺拏國」。

【語　譯】在羅夷國度過夏坐之後，繼續向南行走了十日，到達了跋那國。此國也有三千多名僧尼，都修習小乘佛法。

毗茶國

從此東行三日，復度新頭河，兩岸皆平地。過河有國名毗茶❶。佛法興盛，兼大、小乘學。見秦道人往，乃大憐愍，作是言：「如何邊地人能知出家為道，遠求佛法？」悉供給所須，待之如法。

從此東南行減❷八十由延，經歷諸寺甚多，僧眾萬數。

【章　旨】從跋那國繼續向東行走三日，再次渡過印度河，法顯、道整得以到達毗茶國。此國佛教興盛，對待法顯等甚厚。從此東南行，所過之處，佛寺眾多，僧人上萬。

【注　釋】❶毗茶　據英國學者Smauel Beal研究，此國位置有兩種可能：其一，毗茶可能是梵文Pañcanada音譯的略稱，原名意為「五河地區」，一般譯作旁遮普，主要部分在今巴基斯坦東北部，小部分在今印度北部。其二，毗荼也可能是紲魯姆河(Jhelam River)邊毗達城(Bhida)的音譯，此城在一段時間內為旁遮普幾個婆羅門國王的都城，其位置處於邦努(Bannu)與摩頭羅(Mathurā)間的直通道路上。❷減　通「咸」。

【語　譯】從跋那國向東行走三日，再次渡過新頭河，這裡的河岸兩邊都是平地。過河之後，到達了一個叫毗荼的國家。這個國家佛法很興盛，僧人則兼修大、小乘。毗荼國的人看到中土的人竟然能夠來到這裡，感到很欽佩。他們這樣說道：「怎麼連邊地之人也知道出家修道，而且不遠萬里來此尋求佛法？」緣於此，他們為法顯、道整提供了所須的物品，並且依照儀軌接待了法顯和道整。

法顯等又從這裡出發，向東南行走了八十由延的路程，所過之處，佛寺眾多，僧人上萬。

【研　析】法顯在西天竺巡遊了羅夷、跋那、毗荼三個國家，記述相對比較簡略。在這段文字中，最可留心的是法顯兩處富有感情色彩的記述。

最為感人的應該是寫慧景不幸圓寂的一段文字。引述如下，共為欣賞：「山北陰中，遇寒風暴起，人皆噤戰。慧景一人不堪復進，口出白沫，語法顯云：『我亦不復活，便可時去，勿得俱死。』於是遂終。法顯撫之悲號：『本圖不果，命也！奈何？』復自力前，得過嶺南。」短短數語，將慧景的自我犧牲精神、法顯對同伴的深厚感情以及法顯、道整二人化悲痛為力量繼續前進的精神風貌，寫得活靈活現，深切感人。

第二處富有感情色彩的記述是毗荼人見到法顯、道整之後，所發出的感嘆：「見秦道人往，乃大憐愍，作是言：『如何邊地人能知出家為道，遠求佛法？』」這裡，貫注於中的是天竺人民對於中土佛教徒的深切敬意以及對於法顯等人不遠萬里、不畏艱險的求法精神的衷心感喟。

第五部分　中天竺記遊（上）

【題　解】法顯、道整二人離開西天竺諸國來到了中天竺。中土的佛教徒在古代習慣上將中天竺稱之為「中國」。這個地域是佛教發源地，也是印度政治、經濟、文化的中心地帶。法顯在中天竺不但行程漫長，而且停留的時間接近六年。依照法顯當時的觀念，到達中天竺即「中國」纔算到了目的地。在《佛國記》的結語中，他明確說：「法顯發長安，六年到中國，停六年，還三年」。所以，這一部分記述，是《佛國記》最核心的內容所在。為使眉目更為清晰，便於讀者閱讀，我們分為上、下兩大部分作譯介。

依據法顯行進的方向，可以將法顯由摩頭羅國至拘夷那竭城的這段歷程分為三個階段來概括其主要內容：

第一階段，由西天竺的毗荼國進入中天竺之後，法顯大致沿著朝東略微偏南的方向前進。沿途經過的國家和城市有摩頭羅國、僧伽施國、罽饒夷城、沙祇大國。摩頭羅國僧眾威儀嚴整，引起法顯的無限感慨。可能是出於這個原因，法顯在摩頭羅國章節之下，總敘了其所見天竺仍舊流傳實行的諸多威儀法則。僧伽施國有昔日佛陀昇入忉利天為其母摩耶夫人說法後又下降到世間的故址。法顯在此國的龍精舍度過其離開長安後的第六個夏坐，也是其到達天竺國境的第三個夏坐。

罽饒夷城即著名的「曲女城」，城中有佛陀當初為弟子說法的故址。城中僧眾全部修習小乘佛法。在沙祇大國城中，佛陀當初咀嚼過的齒木落入地上，重新發芽、抽枝，長成大樹。

第二階段，由沙祇大國北上，法顯和道整到達拘薩羅國舍衛城。舍衛城是釋迦牟尼佛長期講經說法的地方，此城中重要的聖跡有大愛道故精舍、得眼林、影覆寺、調達欲以毒爪害佛而墮入地獄之處以及佛陀當初與外道辯論的地方。舍衛城最著名的聖跡就是須達長者所捐獻的祇洹精舍，此精舍中供養著波斯匿王令人製作的世間第一尊佛像。在舍衛城的外圍還有過去三佛的故跡。

第三個階段，法顯由舍衛城出發向東到達迦維羅衛城、藍莫國和拘夷那竭城。迦維羅衛城是佛陀的故鄉，是佛陀未出家前生活過的地方。法顯在迦維羅衛城瞻禮過的聖跡有：淨飯王宮殿故址、太子出城見病人而回車處、太子觀耕處以及太子與阿難、調達比武的地方，太子成道後返回故土而五百釋迦族弟子出家處。迦維羅衛城東邊五十里的「論民園」是釋迦太子誕生之地，法顯前往瞻禮了摩耶夫人入池洗浴、東向生太子、二龍王洗浴太子處等。可惜，法顯見到的迦維羅衛城呈現出一片荒涼破敗的景象。法顯從迦維羅衛城繼續向東到達藍莫國。藍莫國是釋迦太子當初出家遣返隨侍車匿和白馬的地方。此國有「八王分舍利」建造的「十大塔」之中阿育王唯一未能開啟的「藍莫塔」。「藍莫塔」下的寺院，很久以來都由沙彌任寺主。在藍莫國首都東邊不遠處也有瘞埋火化佛陀遺體所遺留之灰炭的大塔，即「炭塔」。藍莫國以東的拘夷那竭城是佛陀涅槃的地方，這裡有世尊涅槃焚屍以及八王分取佛舍利的故址。法顯所見的拘夷那竭城也呈現出一片衰敗景象。

摩頭羅國

過是諸處已，到一國，國名摩頭羅❶。有遙捕那河❷，河邊左右有二十僧伽藍，可有三千僧，佛法轉盛。

【章　旨】法顯從毗荼國東南行八十由延到達中天竺的摩頭羅國。此國佛法興盛，有佛寺二十所，僧人三千名。

【注　釋】❶摩頭羅　梵文Mathurā的音譯，《大唐西域記》卷四作「秣兔羅國」。在今朱木拿河(Jumna River)西岸的馬特那(Muttra)西南五里處的馬霍里(Maholi)，為古代印度與西方通商之路上的重要地點。❷遙捕那河　此句各個版本差異甚多，應以章巽之校改為是。遙捕那河，《大唐西域記》卷五作「閻牟那河」，今名為朱木拿河，印度五大河之一。發源於喜馬拉雅山的卡梅特峰，穿過濕婆里克(Sivalic)山脈和迦爾瓦爾(Garhtal)，流入北印度平原，向南與恆河平行奔流，在「摩頭羅國」以下流向東南，至阿拉哈巴德(Allāhābād)與恆河匯合。

【語　譯】瞻禮了毗荼國諸多佛寺之後，我們來到了一個叫摩頭羅的國家。此國有一條叫遙捕那的河流從中穿過，河的兩岸有二十所佛寺，共有三千僧眾，佛法非常興盛。

中國概述

凡沙河已西，天竺諸國，國王皆篤信佛法。供養眾僧時，則脫天冠❶，共諸宗親羣臣，手自行食❷。行食已，鋪氈於地，對上座❸前坐，於眾僧前，不敢坐床❹。佛在世時，諸王供養法式相傳至今。

【章　旨】法顯在此處概述沙河以西，西域、天竺諸國供養僧眾的法式。

【注　釋】❶天冠　指非常特殊美妙的寶冠，非人間所有，故名天冠。❷行食　勸人飲食。如《宋詩鈔》孔平仲〈清江集鈔・上元作〉有詩云「侍斛行食皆官妓，目貽不言語或偷。」❸上座　對出家時間較為久長者的尊稱，道宣在《行事鈔》中云：「從無夏至九夏是下座，十夏至十九夏名中座，二十夏至四十九夏名上座。五十夏已去，一切沙門、國王所尊敬，是耆舊長老。」（《四分律刪繁補闕行事鈔》卷下之三，《大正藏》卷四〇，頁一三三中）中土佛寺之中則專門設置上座一職，作為全寺僧眾修行的楷模，有時也擔負維護寺院綱紀的責任。❹床　這裡指用繩索製作的一種摺疊自如的坐具。

【語　譯】從沙河以西的西域諸國以及天竺諸國，國王都虔誠地信仰佛法。當供養僧眾時，國王則脫去天冠，與王室宗親大臣一起，勸導僧人進食。僧眾進食完畢，地上就鋪設氈毯，國王在上座的前方就坐於氈毯之上。國王在僧眾面前是不敢坐在床上的。這是佛陀在世時供養僧眾的儀軌法式，一直流傳到現在。

從是以南，名為中國❶。中國寒暑調和，無霜雪，人民殷樂，無戶籍官法，唯耕王地者乃輸地利，欲去便去，欲住便住。王治不用刑罔❷，有罪者但罰其錢，隨事輕重；雖復謀為惡逆，不過截右手而已。王之侍衛、左右皆有供祿。

舉國人民，悉不殺生，不飲酒，不食蔥、蒜，唯除旃荼羅❸。旃荼羅，名為惡人，與人別居。若入城市，則擊木以自異，人則識而避之，不相搪揬❹。國中不養豬、雞，不賣生口❺，市無屠、估❻及酤酒❼者，貨易則用貝齒❽，唯旃荼羅、漁獵師賣肉耳。

【章　旨】此章概括敘述中印度諸國政治、經濟、社會生活的總體情況。

【注　釋】❶中國　即中天竺。❷刑罔　指刑罰之網。罔，通「網」。❸旃荼羅　又作「旃陀羅」，為梵文Caṇḍāla的音譯，印度種姓之中最低賤的亞種姓之一。《摩奴法典》稱，旃荼羅是人中最低賤者，是首陀羅男子與婆羅門女子逆婚所生的混雜種姓。旃荼羅的常見或曰「法定」職業為屠夫。首陀羅，賤民。❹搪揬　即「唐突」，突然地衝撞。❺生口　指戰俘、奴隸或能夠被販賣的人口。❻估　諸版本或寫作「估」，或寫作「沽」等。章巽據思溪圓覺藏本《法顯傳字音》校改為「酤」，可以信從。酤，買酒或賣酒。沽，通「酤」。❼及酤酒　此三字為衍字，因「無屠估」文意已足。❽貝齒　古代一般以貝殼作為貨幣，此處所言以「貝齒」為貨幣，未詳所指。

【語　譯】從摩頭羅國往南就叫作中國。中國氣候溫和，寒、冷適中調和，沒有霜雪。人民殷富快樂，沒有戶籍和官法，只有耕種國王土地的人才需要交納土地上生長出來的一部分物產。不過，租耕國王土地的人也是自由的，想耕種就耕種，想離去就離去，來去自由。國王不使用刑罰之網來治理國家，對於那些有罪之人只是視其犯罪的輕重罰款了事。即便是對於犯了謀逆大罪的人，也只不過截斷其右手而已。國王的侍衛和大臣都有俸祿供給。

全國人民除旃荼羅之外，都不殺害生命，不飲酒，不喫蔥和蒜。旃荼羅也叫惡人，與其他人不在一處居住。如果旃荼羅進入城市則需要敲擊木棍，以便將自己與其他人分隔開來。而其他人聽到擊木之聲，也可以知曉而迴避之，兩類人由此而不會互相撞見。摩頭羅國中不飼養豬和雞，也不販賣戰俘、奴隸等人，市場之中沒有屠夫、賣酒的人，買賣則使用貝齒作貨幣，只有旃荼羅和獵人纔以賣肉為職業。

自佛般泥洹後，諸國王、長者、居士，為眾僧起精舍供養，供給田宅、園圃❶、民戶、牛犢。鐵券❷書錄後，王王相傳，無敢廢者，至今不絕。眾僧住止房舍、床褥、飲食、衣服都無缺乏。處處皆爾。

【章　旨】從此章開始，法顯用了三百五十餘字的篇幅總敘佛陀涅槃之後，一直在天竺流行的威儀法則。此章則敘述國王以及長者、居士供養僧眾的情況。

【注　釋】❶園圃　種樹木的地方叫「園」，種蔬菜的地方叫「圃」。此處偏指「園」。❷鐵券　古代國王頒賜給功臣等人授以世代享受某種特權的以金屬（鐵）製作的契約文書。此處指天竺國王在布施給寺院以及僧眾的田園物品的同時所頒發的相關文證。

【語　譯】自從釋迦牟尼佛涅槃以後，各國的國王、長者、居士們為僧眾修建精舍供養，並且為僧眾供給田地、住宅、園林、民戶、牛犢等等。所有這些供養布施都一一書寫在鐵券書契上，由國王一代一代地傳承下去，沒有敢於廢除的國王，因此這些供養至今仍然未曾斷絕。僧眾居住的房屋、使用的床褥、飲用的食物以及衣物等等日常用品，從來沒有缺少過。天竺各國到處都是如此。

眾僧常以作功德為業，及誦經坐禪❶。客僧往到，舊僧迎逆，代擔衣鉢，給洗足水、塗足油，與非時漿❷。須臾息已，復問其臘數❸，次第得房舍、臥具，種種如法。眾僧住處作舍利弗❹塔，目連❺、阿難塔，并阿毗曇❻、律、經塔。

【章　旨】此章較為集中地敘述了摩頭羅國以及天竺諸國僧眾的修行以及對待客僧的禮儀。

【注　釋】❶坐禪　佛教傳統的一種修行方法。禪，即禪那，靜坐而靜慮以達到心一境性的境界。❷非時漿　佛教有過午不食的規定，即每日超過正午以後原則上不再進食。但在某種特殊情形下，也可以以方便之法處理。這種在戒律規定的進食時間之外的進食稱之為「非時漿」。非時所飲用只限於酥油、蜜、石蜜、菓漿等等湯汁飲品，為四藥中之非時藥（又作更藥）。❸臘數　即僧臘之數，指僧尼出家的年齡。❹舍利弗　為梵文Śāriputra的音譯之略稱，全譯為「舍利弗多羅」、「舍利富多羅」，意譯為「鶖鷺子」，又稱「舍利子」，從其母得名。舍利弗是釋迦牟尼佛的十大弟子之一，號稱智慧第一。起初與目連一起跟從外道出家修道，後於途中遇到馬勝比丘誦「因緣所生法」之偈而改變信仰信奉佛教。❺目連　為梵文Mahamaudgalyana的音譯之略稱，全稱為「大目犍連」，意譯為「採菽氏」。原來屬於婆羅門種姓，後來皈依釋迦牟尼佛，為佛陀的十大弟子之一，號稱神通第一。❻阿毗曇　為梵文Abhidharma的音譯，或作「阿毗達磨」、「阿鼻達磨」等。如玄應《一切經音義》卷一七所說：「阿毗曇，或言阿毗達磨，或云阿鼻達磨，皆梵言轉也。此譯云勝法，或言無比法，以詮慧故也。或云向法，以因向果；或名對法，以智對境也。」總括而言，「阿毗曇」可有二義：一是指解說佛教義理的一種特定體裁，以條分縷析為特徵；二是泛指佛教經典之論藏。前者是小乘佛教與初期大乘佛教所常見，後者之意義則係晚出。

【語　譯】僧眾常常以作功德為自己修行的本業，此外就是誦經、坐禪。若有外來的僧人到達，寺內原來的僧人就會出來迎接，為遠道而來的客僧代拿衣物、缽盂，並且供給客僧洗足水、塗足油以及非時漿等等。稍事休息之後，再詢問客僧的法臘，然後依照相應的規定供給房舍、臥具等等用品。僧眾所住的地方修建有舍利弗塔、目連塔、阿難塔，以及阿毗曇、律、經塔。

安居後一月❶，諸希福之家勸化供養僧，作非時漿。眾僧大會說法❷。

說法已，供養舍利弗塔，種種香華，通夜然燈，使伎人作樂❸。舍利弗本婆羅門❹，時詣佛求出家，大目連、大迦葉❺亦如是。諸比丘尼❻多供養阿難塔，以阿難請世尊聽女人出家故。諸沙彌❼多供養羅雲❽。阿毗曇師❾者供養阿毗曇。律師❿者供養律。年年一供養，各自有日。摩訶衍人⓫則供養般若波羅蜜⓬、文殊師利⓭、觀世音⓮等。

眾僧受歲竟，長者、居士、婆羅門等，各持種種衣物沙門所須以布施僧，眾僧亦自各各布施。

佛泥洹以來，聖眾所行威儀⓯法則，相承不絕。

【章　旨】此章對安居期三個月中的最後一個月的活動作了概括敘述。從行程考察，法顯並未在摩頭羅國度安居，因而只能將此章所記視為對前述安居經歷的總敘。此可與義淨《南海寄歸內法傳》卷二所記古印度佛教僧人度安居的過程相互印證，殊為珍貴。此章最後一句為這一總敘的結束。

【注　釋】❶安居後一月　從下文文義並參照義淨在《南海寄歸內法傳》卷二中的記述可推知，這是指安居期的最後一個月。所謂下文文義是指：一是「大會說法」為解夏前的一日夜，二是「眾僧受歲竟」是指解夏之日。從敘述時間的先後考慮，故作如此推論。這是前人注釋未曾說清楚的地方，因而須特別加以說明。❷眾僧大會說法　應該是指安居期最後一個月的十四日夜所舉行的誦經大會。義淨《南海寄歸內法傳》卷二云：「凡夏罷歲終之時，此日應名隨意，即是隨他於三事之中任意舉發，說罪除愆之義。舊云自恣者，是義翻也。必須於十四日中夜請一經師，昇高座，誦佛經。於時俗士雲奔，法徒雲集，燃燈續明，香花供養。明朝忽出，旋繞村城，各並虔心，禮諸制底。棚車輿像，鼓樂張天，幡蓋縈羅，飄揚蔽日，名為『三摩近離』，譯為『和集』。凡大齋日悉皆如是，即是神州行城法也。」將義淨的這一記述與法顯所說相對照，其義自現。如前文所注，古印度之安居因各地雨季時日不一而有「前三月」與「後三月」之別。若是「前三月」，大會說法應為八月十四日夜；若是「後三月」，大會說法應為九月十四日夜。❸伎人作樂　此句各本差別較大且均不很清楚。伎人，或作「彼人」，應從「伎人」。各本中，唯日本鎌倉初期的古鈔本「作」字後有「樂」字。今據文義從鎌倉本。請參看章巽校注本的相關注解（頁五十九注㊶、㊷）。❹婆羅門　梵文Brāhmaṇa的音譯，意譯為「清淨」，印度第一等種姓，是古代印度社會的專職祭祀人員。據《梨俱吠陀》及《摩奴法典》等文獻說，婆羅門是從「原人」的頭生出，所以最為高貴。❺大迦葉　又為「摩訶迦葉波」，是梵文Mahākāśyapa音、義結合而成的漢譯，是釋迦牟尼佛的十大弟子之一，被稱為「十二頭陀」第一。十二頭陀，十二種苦行。❻比丘尼　梵文Bhikṣuṇi的音譯，同音異譯有「苾芻尼」，意譯為「乞士女」。比丘尼是指出家並且受過具足尼戒的女子，原則上年滿二十歲方可由式叉摩尼受具足戒成為比丘尼。式叉摩尼，學法女；正學女。❼沙彌　為梵文Śrāmaṇera的音譯，意譯有兩種：舊譯是「息慈」，是息惡行善的意思；新譯是「勤策」，意為接受大比丘僧勤加策勵的意思。義淨三藏常以「求寂」來稱呼沙彌，意為求取涅槃之道與圓寂之果的意思。準確而言，沙彌是指出家並且受過十戒的男子，是出家求道的第一個階梯。沙彌的年齡最低不能低於七歲，最高不能超過七十歲。❽羅雲　又作「羅睺羅」，為梵文Rāhula的音譯。他是釋迦牟尼佛的兒子，隨佛陀出家作沙彌，後來成為釋迦牟尼佛的十大弟子之一。羅睺羅為佛教僧團第一位沙彌。❾阿毗曇師　指專門研修阿毗曇論典的比丘、比丘尼。❿律師　指專門研修、弘揚戒律的比丘、比丘尼。⓫摩訶衍人　指修習大乘佛法的人。摩訶衍，即「摩訶衍那」的略稱，為梵文Mahāyāna的音譯，意譯為「大乘」。⓬般若波羅蜜　為梵文Prājnaparamitā的音譯。「般若」是「智慧」的意思，指理解、領悟佛法所應該具有的一種特殊智慧，具有直觀或直覺的特性。意譯為「到彼岸」，指大乘佛教解脫輪迴到達彼岸的方式、方法，共有六波羅蜜（六度）。合起來言之，般若波羅蜜是指開啟智慧以到達解脫之彼岸的意思。⓭文殊師利　為梵文Mañjuśrī的音譯，又作「曼殊師利」，即習稱的文殊菩薩。意譯為「妙德」、「妙音」、「妙吉祥」之義。據《文殊師利般涅槃經》所說，文殊生於婆羅門家庭，後隨佛陀出家。釋迦滅度之後，文殊來到雲山為五百仙人講十二部經，最後又轉回出生地，在尼拘陀樹下入於涅槃。在大乘佛教中，文殊菩薩的地位很高，為眾菩薩之首，是智慧的化身。⓮觀世音　為梵文Avalokiteśvara的意譯，又作「觀自在」、「觀世自在」、「光世音」等。唐代時為避李世民的諱而簡稱為「觀音」，後來沿用至今。觀世音菩薩在中國信仰者甚多，地位非常高。據《法華經・觀世音菩薩普門品》說，眾生在碰到各種困厄災難時，只要信奉觀世音菩薩，並且一心稱念觀世音名號，觀世音菩薩就會「觀其音聲」而前來解救，故稱「觀世音」。觀世音菩薩能夠顯現出許多化身來解救眾生，因而其造像非常豐富。觀世音菩薩又是西方極樂世界的教主——阿彌陀佛的左脅侍。⓯威儀　僧眾坐、作、進、退不但具有威德，而且有既定規則可以遵循，所以稱之為「威儀」。威，容貌儀態美觀大方。儀，軌度有法則可循。佛教有行、住、坐、臥四種主要威儀和「三千威儀」、「八萬威儀」之說，「四威儀」可以容攝「三千威儀」、「八萬威儀」。「三千威儀」、「八萬威儀」也叫「細行」。

【語　譯】安居期的最後一個月，那些祈求福報的家庭便勸化供養僧眾，為僧人奉獻非時漿。僧人於十四日夜召集大會說法講經。說法結束之後，僧人用各種各樣的香花供養舍利弗塔，整夜燈火通明，並讓藝人演奏佛教音樂。舍利弗，本來出身於婆羅門，後來來到佛陀那裡請求出家成為佛陀的弟子。大目連、大迦葉也是如此。比丘尼們大多供養阿難塔，那是因為阿難曾經請求佛陀允許女子出家的緣故。沙彌們大多供養羅雲。阿毗曇師則供養阿毗曇。律師則供養律。這種供養活動每年舉行一次，各自都有具體的供養日期。信仰大乘佛法的人則供養般若婆羅蜜、文殊師利菩薩、觀世音菩薩等等。

眾僧們受歲結束之後，長者、居士、婆羅門等各自奉持衣物及沙門所須的其他物品前來布施給僧尼。眾僧之間也互相布施。

自從佛陀涅槃之後，諸多聖僧所實行的威儀法則，一直相傳至今，從來未曾斷絕。

自渡新頭河❶，至南天竺迄於南海，四、五萬里，皆平坦，無大山川，止有河水耳。

【章　旨】此章概述印度河以南地區的地理狀況，屬於追敘的性質，並非法顯在此地此時所眼見。

【注　釋】❶渡新頭河　據上文，法顯初渡新頭河是在陀歷國，再渡則是在跋那國。不過，於陀歷國所渡為新頭河的支流，而在跋那國所渡方為新頭河的幹流，因此，這裡所說「渡新頭河」應該是指跋那國的那一次。

【語　譯】自從於跋那國渡過新頭河之後，一直到南天竺，再至南海，四、五萬里，土地相當平坦，沒有高山大河，只有小的河流。

僧伽施國

從此東南行十八由延，有國名僧伽施❶。佛上忉利天❷三月為母說法❸來下處。

【章　旨】法顯與道整由摩頭羅國繼續東南行，到達僧伽施國。此國有佛陀當初上忉利天為其母摩耶夫人說法之後又下生世間的遺址。

【注　釋】❶僧伽施　關於此國之國名，《雜阿含經》卷一九作「僧迦舍」，《增一阿含經》卷二八作「僧迦尸」。上述三名均為梵文Saṃkāśya的音譯。而《大唐西域記》卷四的「劫比他國」則係梵文Kapitha的音譯。一般均認為，此國國都位於現今印度的北方邦法魯迦巴德(Ḍarrukhābād)縣德桑吉沙村(Sankīsa)。此村位於今庫達爾柯特(Kudārkot)以北三十六英里，阿里甘傑(Aligañji)東南四十英里處。❷忉利天　為梵文Trāyastriṃsa的音譯之縮略語。是印度神話中的天堂，又稱「三十三天」，為佛教所說「欲界」的第二層天。忉利天位於須彌山山巔，中央為帝釋天所居。以須彌山為中心四方有四峰，各峰有八天，連同帝釋所居，共成三十三天之數。❸為母說法　指釋迦牟尼成道之後昇至忉利天宮為其生母摩耶夫人宣說佛法。摩耶夫人，全稱為「摩訶摩耶」。相傳為天臂國善覺王之女，迦維羅衛國淨飯王的王后。在生下釋迦太子七日後就亡故，傳說其死後至忉利天安住。

【語　譯】從摩頭羅國向東南行走十八由延的路程，有一個名叫僧伽施的國家。這裡有佛陀當初昇入忉利天宮為其母摩耶夫人說法三個月之後重新降臨世間的遺址。

佛上忉利天，以神通力，都不使諸弟子知。未滿七日，乃放神足，阿那律❶以天眼❷遙見世尊，即語尊者大目連：「汝可往，問訊❸世尊。」目連即往，頭面禮足，共相問訊。問訊已，佛語目連：「吾卻後七日，當下閻浮提。」

目連既還，於時八國大王及諸臣民，不見佛久，咸皆渴仰，雲集此國，以待世尊。時優鉢羅比丘尼❹即自心念：「今日國王、臣民皆當奉迎佛，我是女人，何由得先見佛？」即以神足化作轉輪聖王❺，最前禮佛。

佛從忉利天上東向下。下時，化作三道寶階。佛在中道七寶階上行；梵天王❻亦化作白銀階，在右邊執白拂❼而侍；天帝釋化作紫金階，在左邊執七寶蓋而侍，諸天無數從佛下。佛既下，三階俱沒於地，餘有七級現。

【章旨】法顯在此較為詳細地敘述了當初佛陀昇入忉利天為其母說法，後來又降臨世間的盛景。

【注釋】❶阿那律　梵文Anueuddha的音譯，又作「阿尼律陀」等，意譯為「如意」、「無貪」，為佛陀的十大弟子之一。阿那律為迦維羅衛國人，甘露飯王之子，釋迦牟尼佛的堂弟。跟從佛陀出家後，因為貪睡受到釋迦牟尼佛的斥責，後來覺悟而精進修行，立誓不再睡覺，後來得到天眼通，被稱為天眼第一。❷天眼　即天眼通，佛教六種神通之一，能見到一切眾生在六道之中生生死死以及苦樂境況，並且能夠洞察一切世間的形色。❸問訊　即問候，佛教禮儀之一。有三種情況：一是兩僧相見而問安；二是卑下者問候尊貴者；三是長者問候卑下者。其具體禮儀為：兩手相屈，屈腰至膝，操手向上下，再合掌向上，兩手齊眉而拱。❹優缽羅比丘尼　優缽羅，為梵文Utpala的音譯，意譯為青蓮花或紅蓮花。《大唐西域記》作「蓮花色比丘尼」，蓮花色為梵文Utpalavarṇā的意譯。據《五分律》卷四和《毗奈耶雜事》卷三二所載，蓮花色尼昔日嫁至夫家，在其生產期間，其夫與其母通姦。蓮花色忍恨撫養其女至八歲，然後離開了丈夫。接著，蓮花色又嫁與一長者。八年之後，此長者至外地討債而另娶一女為妾。二位女子相見，發現她們實際上是母女關係。蓮花色因此因緣而皈依佛陀，出家為尼。❺轉輪聖王　又作「轉輪王」、「輪王」，為梵文Cakravartua的意譯。「轉輪王」是佛教吸收印度傳統神話而形成的四大洲的統治者，有金、銀、銅、鐵四輪王之別。金輪王統治毗提訶洲、贍部洲、瞿陀尼洲、拘盧洲四大洲，銀輪王統治除拘盧洲的其他三大洲，銅輪王統治毗提訶洲、贍部洲二大洲，鐵輪王則僅僅統治贍部洲。四大輪王皆係從天感得輪寶而可降伏四方，也都是以各自所得輪寶得名。❻梵天王　梵文Brahmā的意譯，「梵」的意思是「清淨」、「離欲」。梵天本來是婆羅門教的大神，是世界萬物以及人類的創造者和統治者。佛教後來將其吸收進自己的神靈體系，梵天便成為佛教的護法神，並且作為釋迦牟尼佛的右脅侍，手持白色的拂塵，跟隨著佛陀。梵天王又是色界初禪天之主，稱為「大梵天王」。❼拂　為梵文Vyajana和Vaálavyajana的意譯，又作「拂」、「拂塵」，是由獸毛、棉、麻、樹皮等捆束加柄而成。在印度原是用來揮除灰塵或者清除蚊蟲的工具。在中國禪宗之中，拂又成為禪師說法談禪的一種威儀，超出了實用的範圍。

【語　譯】當初，佛陀上昇到忉利天宮之時，使用神通之力，不讓其弟子知曉。距離佛陀打算返回的日子還有不到七日時，佛陀釋放出神足之力。阿那律因這一因緣而以天眼通看到了遙遠的天上的世尊。阿那律對大目連說：「你可以去向佛陀請安。」目連隨即前往忉利天宮向佛陀問安。問訊完畢之後，佛陀對目連說：「從今天起七日後，我將下降到閻浮提。」

目連返回世間的時候，恰逢八個國家的國王和臣民因為很久未能見到佛陀，都生起想念仰慕佛陀之心念，紛紛雲集在摩頭羅國等待佛陀從忉利天下降世間。這時，有一位優缽羅比丘尼想到：「今日國王、臣民都來此地迎奉佛陀，我是女人，怎麼做纔能夠首先見到佛陀呢？」這位優缽羅比丘尼立即以神足通之力化作轉輪聖王，到最前面向佛陀致敬。

佛陀從忉利天面東向下。當佛陀降臨世間時，空中變化出了三道寶階。佛陀自己變化出七寶階，在中道上行走；梵天王變化出白銀階，在佛陀的右邊執持白拂而侍奉佛陀；天帝釋則變化出紫金階，在佛陀的左邊執持七寶蓋而侍奉佛陀，無數神跟隨佛陀降下。佛陀下地之後，三道寶階都陷沒於地下，地面上只留下七級臺階。

後阿育王欲知其根際，遣人掘看，下至黃泉❶，根猶不盡。王益信敬，即於階上起精舍，當中階作丈六立像。精舍後立石柱，高三十肘❷，上作師子，柱內四邊有佛像，內外暎徹，淨若琉璃。

【章　旨】阿育王在佛陀從忉利天下降世間之處修建精舍和佛陀立像，並且在精舍後樹立石柱。

【注　釋】❶黃泉　地下深處的泉水，呈黃色。古人將其當作墓穴的代名詞，這裡指地下深處。❷肘　梵文Hasta的意譯，印度的計量單位。肘，本來是指人體上臂與前臂相接處向外突起的部分，古代印度人將其當作尺度的名稱。《大唐西域記》卷二說：「窮微之數，分一踰繕那為八拘盧舍。拘盧舍者，謂大牛鳴聲所極聞，稱拘盧舍。分一拘盧舍為五百弓，分一弓為四肘，分一肘為二十四指。分一指節為七宿麥，乃至虱、蟣、隙塵、牛毛、羊毛、兔毫、銅水，次第七分以至細塵。細塵七分為極細塵。極細塵者，不可復析，析即歸空，故曰極微也。」而《翻譯名義集》卷三則曰：「二肘，人一尺八寸，佛三尺六寸。」（《大正藏》卷五四，頁一一〇七下）

【語　譯】阿育王知曉這個故事之後，就想知道這三道寶階到底有多長。於是，阿育王派遣人掘開地面查看。一直深挖到黃泉，仍舊未能找到寶階的根底。阿育王於是更加信仰佛法，隨即令人在臺階之上修建精舍，並且在中間臺階所在的位置製作了一尊一丈六尺高的佛陀立像。阿育王又令人在精舍後面樹立石柱，石柱高達三十肘，上面雕刻著獅子圖案，柱子四面雕刻有佛像。這根石柱內外清澈透明，如同琉璃一樣。

有外道❶論師與沙門諍此住處，時沙門理屈，於是共立誓言：「此處若是沙門住處者，今當有靈驗。」作是言已，柱頭師子乃大鳴吼見證。於是外道懼怖，心伏而退。

佛以受天食三月故，身作天香，不同世人，即便浴身。後人於此處起浴室，浴室猶在。優鉢羅比丘尼初禮佛處，今亦起塔。佛在世時，有剪髮、爪作塔，及過去三佛❷並釋迦文佛❸坐處、經行❹處及作諸佛形象處，盡有塔，今悉在。天帝釋、梵天王從佛下處，亦起塔。

【章　旨】此章敘述佛陀從忉利天下降處的神奇以及僧伽施國所具有的修建於佛陀曾經活動過的地方的寶塔。

【注　釋】❶外道　佛教以為自己契合真理，故稱自己的學說為「內學」；又認為其他宗教與學說均心遊道外，故稱其為「外道」。❷過去三佛　指釋迦牟尼佛以前的三佛，即拘留孫佛(Krakucchanda)、拘那含牟尼佛(Kanaka-muni)、迦葉佛(Kāśyapa)。❸釋迦文佛　即釋迦牟尼佛的別稱。muni音譯為「牟尼」，意譯為「仁」，又可譯為「文」，是一種尊稱。❹經行　以養身為目的的散步。義淨《南海寄歸內法傳》卷三云：「五天之地，道俗多作經行，直去直來，唯遵一路，隨時適性，勿居鬧處。一則痾；二能銷食。」

【語譯】曾經有外道論師與僧人在佛陀重新降臨世間之處爭奪住處，當時僧人語拙辭窮，於是雙方共同立誓說：「此處如果真的是僧人住處現在應當有靈驗顯現出來。」這一誓言剛剛說完，阿育王所立石柱柱頭上的獅子就大聲吼叫作出見證。於是，外道論師大為恐懼，心中折伏而退走。

佛陀在忉利天宮享用了三個月天上的食品，身體上散發出不同於世間之人而在天上纔有的香氣。所以，佛陀從天宮一下來就洗浴了身體。後來，人們在佛陀洗浴的地方建起了浴室。這個浴室現在仍然存在。優缽羅比丘尼當初禮敬佛陀之處現在也修建了大塔。佛陀在世時剪髮、剪指甲的地方也修有大塔，過去三佛、釋迦文佛坐過以及散步的地方都一一修建了大塔，而且現在都還存在。天帝釋、梵天王侍從佛陀從天宮下降世間的地方同樣修建了大塔。

此處僧及尼可有千人，皆同眾食，雜大小乘學。住處一白耳龍，與此眾僧作檀越，令國內豐熟，雨澤以時，無諸災害，使眾僧得安。眾僧感其惠，故為作龍舍，敷置坐處，又為龍設福食❶供養，眾僧日日眾中別差三人到龍舍中食❷。每至夏坐訖，龍輒化形作一小蛇，兩耳邊白。眾僧識之，銅杅❸盛酪，以龍置中，從上座至下座行之，似若問訊，偏便化去，年年一出。

其國豐饒，人民熾盛❹，最樂無比。諸國人來，無不經理❺，供給所須。

【章　旨】僧伽施國有僧尼一千人，大小乘都有人修習，此國富裕，人民好客。法顯與道整住於龍精舍。因為此寺有一白耳龍與僧同住，故名龍精舍。

【注　釋】❶福食　指供品，即祭祀神靈用的食品。❷中食　即正午的齋食。❸杅　本義為「浴盆」。這裡則與「盂」相通，指盛湯漿或食物的一種盆狀器皿。❹熾盛　繁盛，一般指人丁興旺。❺經理　料理，此處可引申為「照料」。

【語　譯】僧伽施國有僧尼一千多人，與俗家眾人食用一樣的食物，有修習大乘佛法的，也有修習小乘佛法的。

我們所住的龍精舍內有一條白耳龍，為這裡的僧眾充當施主。此龍使僧伽施國莊稼豐收，風調雨順，沒有自然災害發生，使僧人們能夠安定地修行。眾僧們都很感激白龍給予的恩惠，專門為牠修造了龍舍，為其敷設了坐的地方，並且奉獻供品供養白龍。眾僧每日從中派遣三名僧人來到龍舍中食用正午的齋飯。每年夏安居結束之時，白龍就化作一條小蛇。這條小蛇，兩隻耳朵的邊緣部分都是白色的。眾僧都知道這條小蛇就是那條白龍。僧眾們用銅盂盛上奶酪，並將白龍變成的小蛇置放在銅盂之中。將此銅盂從上座僧一直傳送到下座僧。此小蛇在銅盂的樣子就好像向僧人問安一樣，等到問候完每一個僧人後，小蛇便變化形狀飛走了。這條白龍每年出現一次。

僧伽施國物產豐富，國土豐饒，人丁興旺，人民非常快樂。其他國家的人來，都能夠得到照料，供給客人生活所須的物品。

寺北五十由延[1]，有一寺，名火境。火境者，惡鬼名也。佛本化是惡鬼，後人於此處起精舍，以精舍布施阿羅漢。以水灌手，水瀝滴地，其處故在。正復掃除，常現不滅。

此處別有佛塔，善鬼神常掃灑，初不須人工。有邪見國王言：「汝能如是者，我當多將兵眾住此，益積糞穢，汝復能除不？」鬼神即起大風，吹之令淨。此處有百枚小塔，人終日數之，不能得知；若至意欲知者，便一塔邊置一人已，復計數人，人或多或少，其不可得知。

有一僧伽藍，可六、七百僧。此中有辟支佛食處、泥洹地，大如車輪，餘處生草，此處獨不生；及曬衣地處，亦不生草。衣條著地跡，今故現在。

法顯住龍精舍夏坐❷。

【章　旨】法顯關於「火境寺」的記述大有疑點：一是此寺與僧伽施國國都的距離竟達五十由延；二是此寺未見於玄奘等人的記述；三是法顯是否可能往返合計一百由延去瞻禮此寺？因此，此章文字很可能只是傳聞，法顯並未親歷。

【注　釋】❶五十由延　以中天竺每一由延平均合六點五里計算，五十由延達三百二十五里。❷夏坐　這是法顯西元三九九年離開長安西行之後的第六次夏坐，到達天竺之後的第三次夏坐，時為西元四〇四年。

【語　譯】龍精舍以北五十由延，有一座佛寺名叫「火境」。所謂「火境」是惡鬼的名字。佛當時化度了這個惡鬼。後來人們在此處修建了精舍，並且將此精舍布施給阿羅漢。佛陀化度此惡鬼時，用手朝惡鬼身上灌水，有一部分水灑在了地上。這一遺址現在仍然存在。儘管不斷地掃除，水滴滴地留下的印痕卻怎麼也掃不去。

這個地方還有一座佛塔，有一位良善鬼神常常前來灑掃，因而起初並不需要人去灑掃。後來，有一位想法邪惡的國王說：「既然你能這樣灑掃，我將派遣很多士兵駐紮於此地，積纍更多的糞穢，你還能夠掃除掉嗎？」鬼神於是刮起大風，將汙穢吹走使此地乾淨。這地方還有一百多枚小塔，即使讓人整天去數，也無法得知其準確數量。有人執意想知道小塔的數量，但即便採用在一座塔前各站一人，然後再清點所置人數的辦法，也自然無濟於事。每次清點所置人數，不是多就是少，其塔的準確數目還是不能得知。

此地還有一座佛寺，裡面有六、七百名僧人。這個佛寺中，有辟支佛進食的遺址以及其涅槃的地方。涅槃之處如同車輪一樣大。周圍其他地方都生長青草，惟獨這個地方寸草不生。辟支佛晾曬衣服的地方也不長草，衣服之布條著地的痕跡現在還能看見。

法顯住在龍精舍度過夏坐。

罽饒夷城

坐訖，東南行七由延，到罽饒夷城❶。城接恆水❷，有二僧伽藍，盡小乘學。去城西六、七里，恆水北岸❸，佛為諸弟子說法處。傳云：說無常❹、苦❺，說身如泡沫❻等。此處起塔猶在。度恆水南行三由延，到一村，名呵梨❼。佛於此中說法、經行、坐處，盡起塔。

【章旨】法顯在僧伽施國度過夏坐之後，又向東南行走，到達罽饒夷城。此城中有佛陀為其弟子說法的遺址。

【注釋】❶罽饒夷城　又作「羯若鞠闍」(Kanyākubja)，意譯為「曲女城」，其故址在今印度北方邦西部的卡瑙季(Kanauj)城。據《大唐西域記》卷五說，此城得名於一則神話。當初，有位大樹仙人向國王之女求婚。國王徵求其女的意見。其九十九位公主都不願出嫁，惟有其最少之公主願意承擔重任。不料，大樹大仙認為國王不將最美的女兒嫁出，有輕慢之嫌，於是發出咒語：「九十九女一時窯曲，形既毀弊，畢世無婚。」「王使往驗，果已背傴。從是之後，便名曲女城焉。」❷恆水　即恆河，又作「殑伽」、「強伽」等，梵文名為Gaṅgā，今名為Ganges，意譯為「從天堂來」。玄應《一切經音義》卷八說：「強伽，舊名恆河是也。亦名殑伽。從阿耨大池東面象口流出，入東海。其沙細，與水同流也。」因而佛教典籍中常以「恆河沙數」來比喻無窮之數量。恆河實際上發源於喜馬拉雅山南麓，流經印度、孟加拉國，最後注入孟加拉灣。❸恆水北岸　關於罽饒夷城與恆河之間的方位，中外學者意見不一。法顯在前文未言及罽饒夷城究竟是在恆河的東岸還是西岸，但在此說「去城六、七里，恆水北岸」有佛陀說法遺跡，顯然表明恆水在此城之西。這與玄奘在《大唐西域記》卷五中的記載一致：「羯若鞠闍國周四千餘里，國大都西臨城殑伽河。」如今，恆河確實在卡瑙季城之東，這很可能是河流改道的緣故。因為北宋高僧繼業到此巡禮時已經看到：「大曲女城，南臨陷牟那河，北背恆河。」(繼業所撰〈西行記遊〉收於宋范成大《吳船錄》之中）此中，已顯現河流改道跡象。章巽依據Cunningham以及足立喜六等人的考據，認為「此恆水可能指當時在罽饒夷城西面的一條恆水支流。」(《法顯傳校注》，頁六十九）這一看法是缺乏充分根據的。此可參見張毅《〈往五天竺國傳〉箋釋》，頁二十三，中華書局，一九九四年十一月版。❹無常　佛學名詞。佛教認為世間一切事物都是因緣和合而成的，緣聚則有，緣散則無，萬物始終處在遷流不息的生滅變化之中，絕對沒有常住不變的東西。這就叫無常。❺苦　指原始佛教教義的「苦諦」。佛陀在宣講「四諦」時說人生有八苦：生苦、老苦、病苦、死苦、怨憎會苦、愛別離苦、所求不得苦、五盛陰苦。❻身如泡沫　泡沫，水漚，大者為「泡」，小者為「漚」。佛陀在宣講「無常」的道理時多次用過「泡沫」的比喻，如《雜阿含經》卷一〇云：「世尊告諸比丘：譬如恒河大水暴起，隨流聚沫，無所有，無牢，無實，無有堅固。所以者何？彼聚沫中無堅實故。」❼呵梨　即《大唐西域記》卷五所記的「納縛提婆矩羅城」。「呵梨」一詞，係梵文Hari的音譯。這是一種較為可信的解釋，此外還有數種不同說法。Hari即婆羅門教的毗瑟笯天神，玄奘說，此城「有一天祠，重閣層臺，奇工異制」（《大唐西域記》卷五），即可證明此「村」的得名與佛教無甚關係。此城遺址一般認為位於現今卡瑙季城東南三十五公里的般葛爾冒(Bangarmau)以北的奈瓦爾(Netal)。

【語譯】在僧伽施國的龍精舍度過夏坐之後，法顯繼續向東南方向行走了七由延的路程，到達了罽饒夷城。此城與恆水相臨，有兩座佛寺，寺中僧眾全部修習小乘佛法。

距離罽饒夷城六、七里，在恆水北岸，有佛陀當初為其弟子說法的遺址。傳說佛陀在此處宣說了諸行無常、一切皆苦以及身體如同泡沫的道理。在此遺址之上修建的寶塔現今仍然存在。

渡過恆水，再向南行走三由延的路程就到達了一個叫呵梨的村莊。在佛陀於此村中說法、散步、坐過的遺址之上，全部修建了寶塔。

沙祇大國

從此東南行十由延，到沙祇大國❶。

出沙祇城南門，道東，佛本在此嚼楊枝❷，刺土中，即生長七尺，不增不減。諸外道婆羅門嫉妒，或斫或拔，遠棄之，其處續生如故。此中亦有四佛❸經行、坐處，起塔，故在。

【章　旨】法顯由罽饒夷城繼續東南行十由延到達了沙祇大國。此國是佛陀所用過的齒木棄之又復生的遺址所在，此外還有過去四佛經行和坐處之遺址。

【注　釋】❶沙祇大國　「沙祇大」為梵文Sāketa的音譯，但對於此國的所在，現在學者未能取得一致意見，主要有兩種說法：第一種，「沙祇大」即是古代印度北部拘薩羅(Kosala)國的首都，而此國首都先後變遷過三地——阿踰陀(Ayodhyā)、娑枳多(Sāketa)和舍衛(Śrāvastii)。阿踰陀和娑枳多的故址都位於今印度北方邦中部法扎巴德(Faizabad)以東約六里的哥格拉河(Gogra River)旁的阿約底(Ajodhyā)。娑枳多的梵文原名與沙祇大讀音相近，因此學者大多數贊成「沙祇大」即現今阿約底的說法。但是，由於玄奘的記述，又有了第二種說法。玄奘在《大唐西域記》卷五中說，他是在鞞索迦(Viṣaka)國看到佛齒木再生之遺址的，因而也有人認為，鞞索迦國應該就是法顯所說的沙祇大國。要之，在古代印度，佛齒木再生之遺址不止一處，法顯與玄奘所見並非一地。❷嚼楊枝　古人有以咀嚼楊樹之嫩枝以清潔口腔和牙齒的習慣，佛教並且將以齒木淨齒列入戒律之中。義淨在《南海寄歸內法傳》卷一中說：「每日旦朝，須攢齒木。揩齒刮舌，務令如法。」其齒木「長十二指，短不減八指，大如小指。一頭緩須熟嚼，良久淨刷牙關。」至於這一佛陀所嚼齒木又生長楊枝的故事，玄奘在印度也曾聽聞過。❸四佛　即過去四佛：拘留孫佛、拘那含牟尼佛、迦葉佛和釋迦牟尼佛。這四位佛與毗婆尸佛(Vipaśyin)、尸棄佛(Śikhin)、毗舍浮佛(Vlśvabhu)一起組成「過去七佛」。其中，「過去四佛」都先後在現在賢劫之中出世，而釋迦牟尼佛是離我們最近的佛。

【語　譯】從呵梨村向東南行走十由延的路程，法顯到達了沙祇大國。

出沙祇大城南門，在道路的東面，當初佛陀曾經在此咀嚼過楊樹的嫩枝以清潔口腔和牙齒。佛陀將咀嚼過的楊枝順手插進土中，後來便生長出了高七尺的楊樹。此樹不高不低，剛好七尺，不再繼續長高。那些外道婆羅門非常嫉妒，有人砍，有人拔，並將其扔到很遠的地方，但此處仍然能重新長出新的楊樹來。這裡也有過去四佛散步和坐過的遺址，當初在這些遺址上修建的大塔仍然存在。

拘薩羅國舍衛城

從此南行❶八由延，到拘薩羅國❷舍衛城❸。城內人民稀曠，都有二百餘家。即波斯匿王❹所治城也。

大愛道❺故精舍處，須達長者❻井壁，及鴦掘魔❼得道、般泥洹、燒身處，後人起塔，皆在此城中。諸外道婆羅門生嫉妒心，欲毀壞之，天即雷電霹靂，終不能得壞。

【章　旨】從沙祇大國北行，法顯和道整到達了拘薩羅國的舍衛城。此城曾經是波斯匿王的治所，佛陀傳道的遺址甚多。

【注　釋】❶南行　傳世各種版本都作「南行」，但現今所有注家都主張應該改為「北行」。原因正如足立喜六所說：「南行為北行之誤，不言自明。緣舍衛城確為今Balrāmpur之Sāhet-Māhet地，倘法顯由Kanauj東南行十三由延後更向南行，則無論如何，必不能到達舍衛城。舍衛城(Balrāmpur)在Ajodhyā之北（五十里），八由延則與五十二里略等也。」（足立喜六《法顯傳——中亞、印度、南海紀行之研究》，頁八十六，東京，一九四〇年出版。轉引自章巽《法顯傳校注》，頁七十四）❷拘薩羅國　又稱為「憍薩羅國」，為梵文Kosala的音譯，佛陀時代印度大國之一，釋迦族國家迦毗羅衛當時也處於其控制之下。拘薩羅國的首都先後有三個，即阿踰陀、娑枳多和舍衛。在佛陀活動的時代，拘薩羅國的國都在舍衛城。❸舍衛城　玄奘在《大唐西域記》卷六中作「室羅伐悉底國」，都是梵文Śrāvastī的音譯。此城在印度古代文化史上有十分重要的地位，是當時的商業和文化中心。釋迦成道後在此傳教二十五年，婆羅門教和耆那教的著名祖師也長期在此城從事弘教活動。關於此城的位置，學者未能取得一致意見，但Cunningham的考訂得到大多數人的認可。Cunningham認為，舍衛城的故址位於現今印度北方邦奧德(Oudh)境內的貢達(Gonda)與巴赫雷奇(Bahraich)二縣交界處的沙赫特—馬赫特（Sāheṭh-Māheṭh）村。沙赫特—馬赫特村位於拉普提(Rāpti)河南岸，在此古城遺址發掘出一尊碩大的佛像，上有銘文Śrāvastī，足以為證。馬赫特為王城遺址，沙赫特為祇洹精舍遺址。❹波斯匿王　《大唐西域記》作「鉢邏犀那恃多王」，都是梵文Prasenajit的音譯，意譯為「勝軍」、「勝光」、「和悅」、「月光」等，為西元前六世紀時拘薩羅國的國王。在佛陀時代，拘薩羅國是可與摩竭提國相對峙的大國。波斯匿王贊助佛教，敬慕釋迦牟尼佛，對佛教的發展作出了很大的貢獻，佛經中有許多他與釋迦牟尼佛交往和談話的記載。波斯匿王後期與摩竭提國王發生衝突，但雙方誰也未取得決定性優勢。後來，在波斯匿王前往與佛陀會晤之時，波斯匿王的一個重臣背叛了國王，廢棄了波斯匿國王，宣布波斯匿之子「琉璃」為新國王。波斯匿王聞訊立即前往王舍城向阿闍世王求助，不料，剛至王舍城下便氣竭而亡。拘薩羅國的琉璃王立即向釋迦族的迦毗羅衛國發動進攻。迦毗羅衛國就此滅亡。不過，由於拘薩羅國軍隊的大部分士兵被洪水淹死，摩竭提國的阿闍世王後來輕易地兼併了拘薩羅國。❺大愛道　為梵文Mahāgautamī的意譯，《大智度論》卷二二作「摩訶憍曇彌」。《大唐西域記》卷六作「缽邏闍缽底」(Prajāpatī)，意譯為「生主」。釋迦的生母摩耶夫人在生下佛陀七日後病亡，釋迦由摩耶夫人之妹即姨母撫養成人。據《大愛道比丘尼經》言，大愛道曾三次請求佛陀允許其出家。因為當時佛教僧團並無女子出家的先例，佛陀未答應。後經阿難替其請求，佛陀方纔同意她出家的要求。這是女子出家之始。大愛道就成為佛教第一位比丘尼。❻須達長者　《大唐西域記》卷六作「蘇達多」，均為梵文Sudatta的音譯，意譯為「善施」、「善與」、「善授」。須達是舍衛城的長者，家庭特別富有，樂善好施，經常拯濟貧困之人，被人稱為「給孤獨長者」(Anātha-piṇḍka)。後來，他專門修建了一座精舍獻給佛陀。❼鴦掘魔　為梵文Angulimāla的音譯，意譯為「指鬘」。傳說其本為波斯匿王的丞相之子，因受婆羅門蠱惑而以殺人取其手指來裝飾其頭髮，並相信殺滿一千人便可生於「善處天」，而殺母、殺沙門可生梵天。後經佛陀點化而悔悟，皈依佛陀為佛弟子，證羅漢果。有《鴦掘魔羅經》專敘其事。

【語譯】從沙祇大國北行八由延的路程，法顯和道整到達了拘薩羅國的舍衛城。城內人口稀少，總共只有二百餘家。這就是昔日波斯匿王的治所。

大愛道比丘尼過去所住的精舍，須達長者井壁以及鴦掘魔得道、圓寂以及燒身火化的地方，後人都於其故址之上修建了大塔。這些塔現在仍然在此城之中。許多外道婆羅門生起嫉妒心，曾經想毀掉這些塔，天空隨即雷電轟鳴，霹靂陣陣，因此這些塔纔能保存至今，未被毀壞。

出城南門千二百步，道西，長者須達起精舍。精舍東向開門，門戶兩廂有二石柱，左柱上作輪形，右柱上作牛形。池流清淨，林木尚茂，眾華異色，蔚然可觀，即所謂祇洹精舍❶也。

佛上忉利天為母說法九十日，波斯匿王思見佛，即刻牛頭旃檀❷作佛像，置佛坐處。佛後還，入精舍，像即避出迎佛。佛言：「還坐，吾般泥洹後，可為四部眾❸作法式。」像即還坐。此像最是眾像之始，後人所法者也。佛於是移住南邊小精舍，與像異處，相去二十步。

祇洹精舍本有七層，諸國王、人民競興供養，懸繒幡、蓋，散華燒香，然燈續明，日日不絕。鼠銜燈炷，燒華、幡、蓋，遂及精舍，七重都盡。諸國王、人民皆大悲惱，謂旃檀像已燒。卻後四五日，開東小精舍戶，忽見本像，皆大歡喜。共治精舍，得作兩重，還移像本處。

【章　旨】舍衛城中最為著名的建築就是須達長者為佛陀所建的祇洹精舍，此精舍中還供奉著波斯匿王以牛頭旃檀雕造的佛陀造像。這是傳說中的佛像雕造之始。這尊佛像歷經一場大火而獨存，彌足珍貴。

【注　釋】❶祇洹精舍　又稱「逝多林給孤獨園」，為梵文Jetavanāthapiṇḍikārāma的漢譯，是須達長者與逝多太子一起奉獻給佛陀的住所和園林。據說，當初須達長者發願為佛陀修建一座精舍。他遍觀舍衛城，唯太子逝多的園林最合適。須達長者向太子請購，太子戲言：以金鋪滿地面纔會答應。須達長者果然照此辦理。在還差一部分未鋪滿時，逝多太子被須達的誠心所感動，二人遂即同心協力，共同建成了這一座精舍。園地為須達所買，林樹為太子逝多所獻，故合而名之曰「逝多林給孤獨園」。❷牛頭旃檀　參見那竭國之注❺。❸四部眾　即「四部弟子」、「四眾」，有「佛弟子四眾」和「出家四眾」兩種說法。「佛弟子四眾」包括比丘、比丘尼、優婆塞、優婆夷，「出家四眾」包括比丘、比丘尼、沙彌、沙彌尼。

【語　譯】從舍衛城南門出來向前行走一千二百步，在道路的西側有須達長者為佛陀修建的精舍。精舍的大門朝東開，大門的兩邊有兩個大石柱，左邊石柱上方為輪形，右邊石柱上方作牛形。精舍內池水清澈，林木茂盛，百花爭奇鬥妍，煞是好看。這就是著名的祇洹精舍。

當初，佛陀昇上忉利天為其母摩耶夫人宣說佛法九十日，波斯匿王非常思念佛陀，隨即令人用牛頭旃檀雕刻了一尊佛像將其放置於佛陀原來經常坐的位置上。佛陀後來從忉利天下降重回精舍，佛像立即從座位起來出去迎接佛陀。佛陀對佛像說：「回去仍然坐在那裡。我涅槃之後，你就可以作為四部眾製作造像的法式。」佛像隨即回去仍舊坐在那裡。這尊佛像是佛像雕造的最初起源，也是後人倣法的對象。而佛陀則移居南邊小精舍內，與此佛像不在一個地方，二者相距二十步。

祇洹精舍原來有七層。各國的國王、人民競相前來供養，在精舍內懸掛起用絲綢製作的幡、蓋，精舍內到處都供養著鮮花，燃香裊裊，燈火通明，日日持續到天明。一日，老鼠口中銜著燈燭點燃了花、幡、蓋，大火燃遍了整個精舍，七重閣樓全部燒毀了。諸國國王、人民都非常悲痛、苦惱，都以為旃檀佛像也已經燒毀。大火燒過之後的五、六日，人們打開東邊小精舍的大門，出人意料地看見了佛像，所有的人都欣喜若狂。於是，僧俗齊心協力，共同修建了二層的精舍，並且將佛像重新移回原來的位置。

法顯、道整初到祇洹精舍，念昔世尊住此二十五年，自傷生在邊夷，共諸同志❶遊歷諸國，而或有還者❷，或有無常者❸，今日乃見佛空處，愴然心悲。

彼眾僧出，問顯等言：「汝從何國來？」答云：「從漢地來。」彼眾僧嘆曰：「奇哉！邊地之人乃能求法至此。」自相謂言：「我等諸師和上❹相承以來，未見漢道人❺來到此也。」

【章　旨】法顯歷經千辛萬苦方纔得以瞻禮祇洹精舍，真是百感交集。想起同行西往的同伴，或返回，或圓寂，如今只剩自己和道整二人，更是愴然心悲。而舍衛城的僧眾看到不遠萬里而來求法的中土僧人，油然而生欽佩之情。

【注　釋】❶同志　古人對志向相同者的泛稱。與法顯一同從長安出發的有慧景、道整、慧應、慧嵬等四人，於張掖鎮相遇而加入西行行列的有智嚴、慧簡、僧紹、寶雲、僧景等五人，慧達大致在于闐以後加入。法顯在此所指的「同志」有十人。❷還者　法顯一行十一人中，中途返回的共有七人。❸無常者　指在弗樓沙國佛缽寺圓寂的慧應以及在小雪山北坡圓寂的慧景。❹和上　即「和尚」，我國古代對僧人的泛稱。唐代以前，二者通用。後來，「和上」一語罕用。❺道人　即得道之人。唐宋之前僧人自稱「道人」，唐宋以後成為道教出家者的專門稱呼。

【語　譯】法顯、道整剛剛到達祇洹精舍的時候，想到昔日世尊在此住了二十五年，我們自己只能悲嘆出生於邊遠之地，與諸位有共同志向的僧人結伴遊歷這些國家，但是有些中途返回了，有些卻在路途圓寂。今日我們終於見到了佛世尊當年生活、傳法的地方，禁不住感慨萬千，傷悲不由從心中生起。

祇洹精舍負責接待的僧人出來問法顯和道整：「你們是從什麼地方來的？」我們回答：「從漢地而來。」那幾位僧人互相感嘆說：「我們師徒數代相承以來，都沒有看見過能夠到達這裡的漢地僧人！」

精舍西北四里有榛❶，名曰得眼。本有五百盲人❷，依精舍住此。佛為說法，盡還得眼。盲人歡喜，刺杖著地，頭面作禮。杖遂生長大，世人重之，無敢伐者，遂成為榛，是故以得眼為名。祇洹眾僧中食後，多往彼榛中坐禪。

祇洹精舍東北六、七里，毗舍佉母❸作精舍，請佛及僧，此處故在。

【章　旨】在祇洹精舍西北方向有「得眼」叢林，在其東北方向則有毗舍佉母為佛陀和僧人造的精舍。

【注　釋】❶榛　雜木叢生之林，即灌木也。《大唐西域記》卷六作「得眼林」。❷五百盲人　《大唐西域記》卷六說：「昔此國羣盜五百，橫行邑里，跋扈城國。勝軍王捕獲已，抉去其眼，棄於深林。羣盜苦逼，求哀稱佛。」佛陀為其說法，盡得其眼而去。此可補充法顯在此所記之簡。❸毗舍佉母　梵文Visākhā的音譯，是彌伽羅(Migāra)長者之母。彌伽羅被誤作「彌羅伽」(Mṛga)。而Mṛga為「鹿」的意思，因而又將「毗舍佉母」稱之為「鹿母」、「鹿子母」。毗舍佉母皈依佛教，在祇洹精舍東北不遠處為佛陀建造了精舍，請釋迦牟尼佛去說法。所建精舍稱之為「東園精舍」(Pūrvārāma)或「鹿母講堂」。

【語　譯】在祇洹精舍西北四里的地方有一處叢林，名之為「得眼」。這裡原來有五百位盲人依傍著祇洹精舍住了下來。佛陀為他們說法，他們竟然全部重見光明。盲人們歡天喜地，將導盲的手杖插入地面，以頭、面叩拜佛陀足面。杖後來就逐漸生根長大。世人很看重這件事情，因此沒有人去砍伐這些樹木，於是最終就形成了大片叢林。由於上述因緣，這一片叢林就被稱之為「得眼」。祇洹精舍中的僧人用過正午的齋飯後，大多都前往那片叢林之中去坐禪。

在祇洹精舍東北六、七里遠的地方，毗舍佉母曾經在此為佛陀建造精舍，邀請佛陀和僧人來此安住。這個遺址，現在還能夠看到。

祇洹精舍大援落❶有二門：一門東向，一門北向。此園即須達長者布金買地處也。精舍當中央，佛住此處最久。說法、度人、經行、坐處亦盡起塔，皆有名字。乃孫陀利殺身謗佛❷處。

【章　旨】祇洹精舍由園林和位於園林中央的精舍兩部分組成。在此園中，當時婆羅門殺害孫陀利圖謀以此誹謗佛陀的地方，現今仍可以看到。

【注　釋】❶大援落　內學院本作「院落」，可從。大院落，是指整個園林。❷孫陀利殺身謗佛　孫陀利為梵文Sundarī的音譯，為一妓女。外道婆羅門陰謀誹謗佛陀，派遣孫陀利經常到祇洹精舍聽聞佛陀說法，後來又將其殺掉，埋於祇洹精舍。外道由此揚言佛陀與孫陀利私通而殺人滅口。幸賴天神伸張正義，外道陰謀最終未能得逞。這一件事是佛陀住進祇洹精舍第二十年時發生的，也是佛陀所受「十難」之一。

【語　譯】整個祇洹精舍大院落有兩個大門：一門朝東開，一門朝北開。此園林就是須達長者布金於地買來的。精舍位於園林的中央，佛陀在此精舍住錫的時間最長。佛陀當時說法、度人、散步、坐過的地方全都修建了大塔，並都有不同的塔名。殺死孫陀利以誹謗佛陀的地方，也在此園林之內。

出祇洹東門，北行七十步，道西，佛昔共九十六種外道❶論議，國王、大臣、居士、人民皆雲集而聽。時外道女名旃柘摩那❷起嫉妒心，及懷衣著腹前，似若妊身，於眾會中謗佛以非法。於是天帝釋即化作白鼠，嚙其腰帶斷，所懷衣墮地，地即劈裂，生入地獄。及調達❸毒爪欲害佛❹，生入地獄處。後人皆標識之。又於論議處起精舍，精舍高六丈許，裡有坐佛。

【章　旨】祇洹精舍東門外道西有旃柘摩那女因嫉妒而誹謗佛陀最終墮入地獄之處以及調達圖謀殺害佛陀而墮入地獄的故址。

【注　釋】❶九十六種外道　佛陀創立佛教之時，在印度思想界於婆羅門教之外有見解不同的六種大的思想流派，總稱為「六師外道」，而「六師」之中據說各有十五種異說。合上述「六師」及其異說派別即稱「九十六種外道」。❷旃柘摩那　為梵文Ciñcāmānavikā的音譯，《大唐西域記》卷六作「戰遮」(Ciñcā)，為婆羅門女，其謗佛之事見於法顯的敘述。此說又見於《大唐西域記》卷六和《生經》卷一、《經律異相》卷四五、巴利文《本生經》第四七二等等，唯細節互相略有出入。❸調達　又作「提婆達多」，為梵文Devadattra的音譯，意譯為「天授」，是淨飯王之弟斛飯王之子，阿難的兄長，與佛陀是堂兄弟。傳說他曾經修行十二年，誦八萬法，得五神通，在阿闍世王的支持下，欲得到教權，因而與佛陀產生衝突。佛教經典都說其以破壞佛法為能事。實際上，調達與佛陀持有不同見解，後來另立教團，其性質與當時的外道相同。法顯、玄奘以及義淨至天竺都看到過其信奉者。❹毒爪欲害佛　此事據《大唐西域記》卷六記載：「提婆達多惡心不捨，以惡毒藥置指爪中，欲因作禮以傷害佛。」後來未遂而直接墮入地獄。佛經中所記調達害佛的事情甚多，這只是其中之一。

【語　譯】從祇洹精舍東門出去向北走七十步，在道路西側，有佛陀與當時的九十六種外道辯論的故址。當時，國王、大臣、居士、人民都雲集此精舍觀聽。而有一位名叫旃柘摩那的外道女子生起了嫉妒心，於是在腹部綁了許多衣服假裝著懷孕的樣子。旃柘摩那來到辯論會場，在人羣中誹謗佛陀對她非禮而使其懷孕。天帝釋看到這種情況，隨即化作一隻白鼠，鑽入旃柘摩那的衣服裡，噛斷了其腰帶。旃柘摩那懷中綁紮之衣立即全部掉落在地上。大地隨即裂開一條大裂縫，旃柘摩那就這樣墮入了地獄。調達陰謀以指爪所塗毒藥謀害佛並因而墮入地獄的故址也在此地。後人在這兩處地方都作了標記。後人還在佛陀與外道曾經辯論的地方修建了一座精舍，精舍高達六丈多，裡面供養著坐佛像。

其道東有外道天寺，名曰影覆❶，與論議處精舍夾道相對，亦高六丈許。所以名「影覆」者，日在西時，世尊精舍則映外道天寺；日在東時，外道天寺影則北映，終不得映佛精舍也。外道常遣人守其天寺，灑掃、燒香、然燈供養。至明旦，其燈輒移在佛精舍中。婆羅門恚言：「諸沙門取我燈自供養佛。」為爾不止。婆羅門於是夜自伺候❷，見其所事天神持燈繞佛精舍三匝，供養佛已，忽然不見。婆羅門乃知佛神大，即捨家入道。傳云：近有此事❸。

【章　旨】祇洹精舍東門外道東有一座被稱為「影覆」的婆羅門教寺院，天神夜裡常常將外道供養其寺的燈移至祇洹精舍。

【注　釋】❶影覆　《大唐西域記》卷六說：「次東有天祠，量等精舍。日旦流光，天祠之影不蔽精舍。日將照落，精舍之陰隨覆天祠。」❷伺候　候望；等待。伺，等待。❸近有此事　法顯敘述的這則故事應該是發生在佛陀生前，而「近有此事」的意思應該是近來這種移燈之事還發生過。

【語　譯】在祇洹精舍東門外大道的東邊，有一座被稱為「影覆」的婆羅門教寺院。此寺與在佛陀議論處的精舍，隔著一條大道相對峙，也有六丈多高。之所以把它叫作「影覆」，是因為太陽在西邊天空時，世尊所在之精舍的影子就映照在外道的寺院上；而當太陽在東邊天空時，外道寺院的影子則映照在北面，但是其影子始終不能映照在佛所在之精舍上。外道常常派遣人守護其寺院，掃灑、燒香、燃燈供養。到天明之時，其供養的燈卻總是已經移到了佛所在之精舍中。婆羅門憤恨地說：「那些和尚取我們的燈，私自用來供養佛。」這種事情常常發生。婆羅門於是在夜中隱藏起來等待，只見外道所供養的天神自己親自持燈環繞佛所住精舍三周供養佛。供養完畢之後，這位天神突然就消失了。婆羅門從這件事中，領悟到佛陀的神通要大得多，隨即捨棄家庭，出家皈依佛陀。據傳說，這種移燈供養佛的事情近世還發生過。

繞祇洹精舍有九十八僧伽藍，盡有僧住處，唯一處空。此中國有九十六種外道，皆知今世後世，各有徒眾。亦皆乞食，但不持鉢。亦復求福，於曠路側立福德舍，屋宇、床臥、飲食，供給行路人及出家人、來去客，但所期異耳。調達亦有眾在，供養過去三佛，唯不供養釋迦文佛。舍衛城東南四里，琉璃王❶欲伐舍夷國❷，世尊當道側立❸，立處起塔。

【章　旨】法顯在此章敘述了四個方面的內容：一是中天竺外道活動的基本情況；二是舍衛城至今仍有調達的徒眾活動；三是圍繞著祇洹精舍有九十八座佛寺，九十七座都有僧人居住；四是舍衛城外四里處，有佛陀阻攔琉璃王出征舍夷國的故址及於其址上所建大塔。

【注　釋】❶琉璃王　梵文Virūḍhaka的漢譯，《大唐西域記》卷六作「毗盧擇迦王」，並有自注言「舊曰毗琉離王，詘也。」據記載，勝軍王（即法顯所言的波斯匿王）即位後，向釋迦族求婚，釋迦王族的公主都不願出嫁，釋迦王就以奴婢冒充公主嫁與波斯匿王。後來波斯匿王竟將其立為王后，不久生出一男，即為後來的琉璃王。波斯匿王的這位太子曾經前往釋迦國，結果在半道上遭受釋迦族人的侮辱。太子勾結重臣，乘其父王不在舍衛城而自立，波斯匿王因此而病死。琉璃王一經即位，就發兵復仇，大舉向釋迦國進攻。得手之後，殺人無數，佛陀的故國就此滅亡。❷舍夷國　即釋迦牟尼佛的故國，下文所言的「迦維羅衛城」。據足立喜六研究，「舍夷」可能為巴利語Sakki的音譯，意為「證者」、「聖人」，「舍夷國」也就是證得聖位者之國，即釋迦牟尼佛之國也。❸世尊當道側立　關於這次勸諫，《大唐西域記》卷六有較為詳細的記載，其文曰：「時有苾芻聞以白佛。世尊於是坐枯樹下，毗盧擇迦王遙見世尊，下乘禮敬，退立言曰：『茂數扶疏，何故不坐？枯株朽蘖，而乃遊止？』世尊告曰：『宗族者，枝葉也。枝葉將危，庇陰何在？』王曰：『世尊為宗親耳，可以回駕。』於是睹聖感懷，還軍返國。」這裡，與法顯所說「當道側立」已經有所出入，至於勸諫是否如玄奘所說的這般有效，也是可以再行討論的。不過，有一點卻是確定無疑的，琉璃王最終還是發兵滅掉了釋迦牟尼的故國，法顯下文就講到了這一結局。

【語　譯】圍繞著祇洹精舍總共有九十八座佛寺，除過一處空閒之外，其他九十七座都有僧人居住。

在中天竺有九十六種外道，都宣稱知曉今世和後世，各自都有自己的信徒。九十六種外道信徒也都以乞食為生，但是，乞食的時候並不持缽。他們也都追求福德，並在大道的空曠地帶建立福德舍，設有屋宇、床和臥具以及飲食等等，供給過路人以及出家人和來來往往的旅客。但是，他們各自所期望的福報是不同的。

調達也有信徒存在，供養過去三佛，只是不供養釋迦牟尼佛而已。

在舍衛城東南四里，有一處聖地。它就是世尊勸阻琉璃王，使其停止進攻自己故國的故址。世尊聞聽琉璃王發兵進攻舍夷國的消息，急忙立於大道中間，試圖阻止琉璃王的行動。佛陀當時站立的地方，建有大塔。

過去三佛大塔

城西五十里，到一邑，名都維❶，是迦葉佛❷本生處，父子相見處、般泥洹處悉皆起塔。迦葉如來❸全身舍利❹亦起大塔。

從舍衛城東南行十二由延，到一邑，名那毗伽❺，是拘樓秦佛❻所生處，父子相見處、般泥洹處，亦有僧伽藍，起塔。

從此北行減❼一由延，到一邑，是拘那含牟尼佛❽所生處，父子相見處、般泥洹處，亦皆起塔。

【章旨】法顯在此以舍衛城為中心方位集中敘述過去三佛的本生故址。

【注釋】❶都維　據Cunningham的考證，「都維」即今日的沙赫特－馬赫特以西九里的Taḍta村。而關於迦葉佛的本生城，據《摩訶僧祇律》卷二三作「都夷聚落」，《大唐西域記》卷六則說，「大城西北六十餘里有故城，是賢劫中人壽二萬歲時，迦葉波佛本生城也。」此中所說「大城」即舍衛城。據法顯說，迦葉波佛的本生城應該位於舍衛城西五十里，而玄奘則說在舍衛城西北六十餘里，二人所說雖略有差異，但庶幾相近些。而Cunningham的考證顯然與法顯、玄奘所說相差太大。可見，這一問題仍然沒有解決。❷迦葉佛　又作「迦葉波佛」，均為梵文Kāśyapa的音譯，為過去七佛之一。❸如來　梵文Tathāgata的意譯，諸佛的通號之一。「如」指真如，即佛教的最高真理，佛達到了最高覺悟，領悟擁有這最高真理，所以名為「如來」。「如來」也可以從三身去說明。《翻譯名義集》卷一〈十種通號篇〉曰：「多陀阿那陀，亦云怛闥阿竭，後秦翻為如來。《金剛經》云：無所從來，亦無所去，故名如來。此以法身釋也。《轉法輪論》云：第一義諦名如，正覺名來。此以報身釋。《成實論》云：乘如實道，來成正覺，故名如來。此約應身釋也。」（《大正藏》卷五四，頁一〇六三下）❹舍利　為梵文Śarītra的音譯，本義為「身體」，又指遺骨、骨灰。在佛教中是指佛、菩薩以及羅漢涅槃或圓寂後，經過火化即毗荼之後所遺留下來的身體的某些部分，而全部身體遺留下來則稱為全身舍利。❺那毗伽　具體所指不詳。然《大唐西域記》卷六說，拘留孫佛、拘那含牟尼佛本生處在劫比羅伐窣堵國國都「劫比羅城」城南五十餘里處，而拘那含牟尼佛的本生處則位於拘留孫佛本生城的東北方向三十餘里處。❻拘樓秦佛　又作「拘留孫佛」，均為梵文Krakucchanda的音譯，是過去七佛之一。❼滅　同「咸」。都。下文的「滅」含義與此處相同。❽拘那含牟尼佛　為梵文的音譯，過去七佛之一。

【語　譯】從舍衛城向西走五十里，法顯到達了一處叫作「都維」的村莊。這裡是迦葉佛本生之處。迦葉佛本生之處、成道之後與其父相見之處以及迦葉佛涅槃的地方，都修建起了大塔。這裡還建有迦葉佛全身舍利大塔。

從舍衛城向東南方向行走十二由延的路程，就可到達一個名叫「那毗伽」的村莊，這裡是拘樓秦佛出生的地方。拘樓秦佛出生之處、成道之後與其父相見的地方以及拘樓秦佛涅槃之處，也都修建了寺院，並且建有大塔。

從拘樓秦佛本生處向北行走一由延的路程就到達一個村莊，這裡是拘那含牟尼佛出生的地方。拘那含牟尼佛出生的地方、成道之後與其父相見之處以及拘那含牟尼佛涅槃的地方，都修建起了大塔。

迦維羅衛城

從此❶東行減一由延，到迦維羅衛❷城。城中都無王、民，甚如丘荒，只有眾僧、民戶數十家而已。

白淨王❸故宮處，作太子母❹形像，乃太子乘白象入母胎❺時。太子出城東門，見病人回車還❻處，皆起塔。阿夷相太子❼處，與難陀等扑象❽、捔、射❾處，箭東南去三十里入地，令泉水出，後世人治作井，令行人飲之。佛得道還見父王處。五百釋子出家，向優波離作禮❿，地六種震動處。佛為諸天說法，四天王⓫守四門，父王不得入處。佛在尼拘律樹⑫下東向坐，大愛道布施佛僧伽梨處，此樹猶在。琉璃王⑬殺釋種子，釋種子先盡得須陀洹⑭，立塔，今亦在。

【章　旨】法顯從拘那含牟尼佛本生處出發東行，到達了釋迦牟尼佛的故國，瞻禮了迦維羅衛城之中所有的釋迦牟尼佛曾經活動過的地方。

【注　釋】❶從此　從上下文推斷，法顯去迦維羅衛城的出發地應該是拘那含牟尼佛本生之地，而非如吳玉貴先生所理解的「舍衛城」（吳玉貴《〈佛國記〉釋譯》，頁一五八）。玄奘在《大唐西域記》卷六中說：「從此東南行五百餘里，至劫比羅伐窣堵國」，顯然不可能是吳先生理解的「一由延」距離。❷迦維羅衛　梵文Kapilavastu的音譯，又作「迦毗羅衛」、「劫比羅伐窣堵國」等等，意譯為「蒼城」、「黃赤城」、「妙德城」等等。此城為釋迦牟尼佛的故國。傳說迦維羅衛國是日族英雄喬達摩(Gautama)所建立。在西元前六世紀前後，為迦維羅衛國的強盛時期，釋迦族人口日益興旺，幾達百萬，分居十城，佛陀的故鄉劫比羅(Kapila-nagara)城位居諸城之首。阿育王曾經至此地瞻禮，並且樹立石柱作紀念。此後該城日益衰落，法顯所見正是如此。玄奘、義淨所見也是如此。關於此城的地理位置，現今仍未能取得完全一致，有兩種意見可以考慮：其一，迦維羅衛城位於尼泊爾南部的提勞拉柯特(Tilaura Koṭ)，此地距塔賴(tarai)首府陶里伐(Tauliva)以北兩英里。其二，迦維羅衛城位於現今印度北方邦東北部巴斯提(Basti)區北部的比普拉瓦(Piprāṭā)。兩種看法都有考古發掘的成果作依據。❸白淨王　即「白飯王」，釋迦牟尼之父Śuddhodana，迦維羅衛國的國王。❹太子母　即釋迦牟尼佛之母，釋迦未成佛時為迦維羅衛國的太子，故將釋迦牟尼之母稱之為「太子母」。太子母全稱為「摩訶摩耶」(Mahāmāyā)，簡稱為「摩耶夫人」。Mahā意思為「大」，māyā意思為「術」、「不可思議之力」，因此，Mahāmāyā又可意譯為「大術」。❺乘

白象入母胎 關於佛陀受胎，佛教典籍均認為：佛陀本是兜率天之中的菩薩，從空中乘六牙白象進入摩耶夫人之腹。在受胎這天，摩耶夫人徵得淨飯王同意，登上宮殿頂樓受戒七夜。摩耶夫人在睡眠中，夢見一頭六牙白象進入自己腹中。法顯所說「乘白象入母胎」正指此事。❻見病人回車還 在佛陀的諸種本生經集中，都講到佛陀作為太子時，分別走出四個城門出遊。出東門遇見老人，出南門遇見病人，出西門遇見死人，最後出北門遇見出家之沙門，遂決意出家。這就是「四門出遊」的故事。法顯在此所說「見病人回車還」是指乘車走出城南門而看見病人隨即回車還歸王宮之事。❼阿夷相太子 阿夷，又作「阿私陀」、「阿斯陀」、「阿私多」，為梵文Asita的音譯，意譯為「無比」、「不白」、「端嚴」，是一位具有五種神通，能自由出入三十三天的大仙。據《佛本行集經》、《佛所行贊》等經典記載，釋迦牟尼誕生之後，摩耶夫人由藍毗尼花園(Lumbini)還宮，淨飯王召來阿夷為太子看相。據《瑞應本起經》卷上記載，阿夷的預言是：「我相法曰：王者生子，而有三十二大人相者，處國當為轉輪聖王，主四天下，七寶自至，行即能飛，兵仗不用，自然太平。若不樂天下，而棄家為道者，當為自然佛，度脫萬姓。」(《大正藏》卷三，頁四七四上)❽與難陀等扑象 難陀，為梵文Nanda的音譯，為釋迦牟尼佛之姨母的兒子，也就是佛陀的弟弟。扑，擊。佛經中記載了許多佛陀作太子時與釋迦族的其他子弟比武的故事。與難陀、提婆達多扑象就是其中之一。據記載，提婆達多將前來迎接太子的大象殺死，置於當路，而難陀則拽著象尾將大象的屍體拖至路邊，太子則伸足用大腳趾夾住象尾將大象的屍體拋到空中。死象越過七重城牆和壕溝，墜落郊外，在地上砸出一個大深坑。此坑就叫「象墮坑」。❾捔射 捔，競力。射，射箭。在釋迦族王子的前述比武活動中，「扑象」只是一個小插曲。在正式比賽中就有捔鬥和射箭兩項。據說，在捔鬥中，難陀和阿難衝上來，太子只是用手一碰，他們二人便仆倒於地。提婆達多猛衝過來，太子用右手提起提婆達多，將其拋向空中。如此三次，以挫其銳氣而並不傷害其身體。接著舉行射箭比賽，以鐵鼓為靶。阿難射中二拘盧舍遠的鐵鼓，提婆達多射中四拘盧舍遠的鐵鼓，難陀射中六拘盧舍遠的鐵鼓。太子每次挽弓，弓弦都斷裂了。於是，人們將供養在神廟中的弓抬了出來供太子使用。太子左手執弓，右手挽開弓弦，放箭射中十拘盧舍遠的鐵鼓，箭並穿透鐵鼓鑽入地下，便有泉水從孔中湧出。至於這次比武的目的，佛經中有兩種不同說法：一是太子依照慣例，比武娶妻；二是為打消釋迦族人對於太子武藝的懷疑。另外，吳玉貴在《〈佛國記〉釋譯》中（頁二十一、一六三）否定了章巽的標點而將「捔」與「射」看作同一件事，這是不妥當的。❿向優波離作禮　「優波離」為梵文Upāli的音譯，意譯為「近取」、「近執」。優波離原為釋迦王宮的理髮師，在佛陀回鄉省親時出家皈依佛陀。後來成為佛陀的十大弟子之一，因為持戒謹嚴，被稱為「持律第一」。與釋迦王族相比，優波離為低種姓即吠舍。傳說，佛陀為了去除釋迦族人出家後可能存在的傲氣，先接受了優波離的皈依，然後纔接受釋迦族子弟的皈依。依照佛教儀軌，先出家者為長，所以，釋迦族出家的子弟應該禮拜優波離。⓫四天王　即一般所說的「四大天王」、「四大金剛」。佛教分宇宙為三界，即欲界、色界、無色界，而欲界有六重天即「六欲天」，其中第一重就是「四大天王」的居所。據說，在須彌山腰有一座叫作犍陀羅的山峰，此山有四峰，稱為「須彌四寶山」，各高三百三十六萬里，四天王各居一山峰。四天王的職責為各各護持一方世界，即東勝神洲、南贍部洲、西牛貨洲、北俱盧洲。四天王手下又有八位大將幫助天王管理各處山河、森林以及地方上的小神。四大天王分別是：東方持國天王(Dhṛitarāṣṭra)，南方增長天王(Virūḍhaka)，北方多聞天王(Dhandda)，西方廣目天王(Virūpākṣa)。⓬尼拘律樹　又稱為「尼瞿陀」、「尼俱陀」、「尼拘尼陀」、「尼拘類陀」等，梵文Nyagrodha的音譯，即「多根樹」、「縱廣樹」之義，現代稱其為榕樹(Ficus Indica)。慧琳《一切經音義》卷一五曰：「尼拘陀，此樹端直無節，圓滿可愛，去地三丈餘，方有枝葉。其子微細如柳花子，唐國無此樹，言是柳樹者訛也。」⓭釋種子　即釋迦族的子弟。⓮須陀洹　小乘佛教的四種修行果位之一，為梵文Srotāpanna的音譯，意譯為「預流果」，意思為初步取掉凡夫之妄執，剛剛步入「聖道」之法流。

【語　譯】法顯、道整從拘那含牟尼佛本生之地出發走了一由延的路程就到達了迦維羅衛城。此城中現在已經沒有國王，也沒有多少人口，就如同荒丘一樣，僅僅有一些僧人以及數十家附屬於寺院的民戶而已。

在淨飯王王宮的故址上雕造了太子之母摩耶夫人的形象，描繪的是釋迦太子乘白色大象進入母胎時的情景。我們還瞻禮了太子當初所出的東城門，以及出城南門看見病人而掉轉車頭回宮的地方。這裡並且修建了大塔。城裡還有阿夷為太子相面預示前程的地方。佛陀作太子時與難陀、提婆達多等人擊象、競力、射箭的地方，也還可以看到。太子所射出的箭穿過鐵鼓，向東南飛出三十里後插入地下，泉水便從孔中噴湧而出。後來的人在此地鑿了一口井，供過往行人飲用。在此城還可以看到佛陀得道後，回歸故里，與父王相見的地方。在佛陀歸鄉期間，五百釋迦族子弟出家，向優波離作禮，大地發出六種震動聲音的地方。佛陀曾經在此城為諸位天神說法，四大天王替佛陀守衛四方大門，淨飯王前來也未能進入。這次說法的地方還能夠看到。當初，佛陀正在尼拘律樹下面向東方趺坐，佛陀的姨母大愛道上前向佛陀布施僧伽梨。這一遺址，現在也能夠看到，那棵尼拘律樹也仍然生長在原地。在此城還有琉璃王殺害釋迦族人的地方。當琉璃王下令殺人時，釋迦族人早就證得了須陀洹。在這個地方，修建有大塔，現今還存在。

城東北數里有王田，太子樹下觀耕❶者處。

城東五十里有王園，園名論民❷。夫人入池洗浴，出池北岸二十步，舉手攀樹枝，東向生太子❸。太子墜地，行七步，二龍王浴太子身❹。

浴處遂作井，及上洗浴池，今眾僧常取飲之。

【章　旨】此章敘述位於迦維羅衛城東北的太子觀耕遺址和城東太子誕生之地的有關情況。

【注　釋】❶太子樹下觀耕　據記載，佛陀未出家之前，其父淨飯王舉行耕種儀式，將太子安置在閻浮樹下的臥榻之上。後來，侍奉太子的宮女都去觀看耕種儀式。太子見周圍無人，便起身趺坐，進入初禪。當時，別的樹影都隨著日光一再移動，惟獨太子頭上的樹影一直保持不動，在地上形成圓圈。這是一種較為流行的說法，玄奘在《大唐西域記》卷六中也有敘述。❷園名論民　「論民園」即釋迦牟尼佛的誕生地，「論民」為梵文Lumbini的意譯，音譯有「藍毗尼」、「嵐毗」、「流彌尼」等，《大唐西域記》作「臘伐尼林」。據慧琳《一切經音義》卷二五所說：「此云樂勝園光，是天女名也。昔因遊此，故得名耳。」《大唐西域記》卷六說，「臘伐尼林」有阿育王所建大塔和石柱。西元一八九七年發現的阿育王石柱上刻有銘文曰：「天愛善見王即位二十年，因釋迦牟尼佛誕生是地，親來敬禮。王命刻石，上作一馬。是為世尊誕生地，故免藍毗尼村之一切租稅，以示惠澤。」其故址在尼泊爾南部的魯明臺(Rummindei)。❸東向生太子　傳說，摩耶夫人臨近分娩時徵得淨飯王同意前往藍毗尼園。在藍毗尼園，摩耶夫人洗浴完畢，走上岸邊，右手扶住無憂樹(Asoka)枝，東向站著從右脅生下太子。❹二龍王浴太子身　佛教傳說，釋迦太子從摩耶夫人右脅生下之後，有二龍王為太子洗身。由於這一傳說，又將佛誕節稱為「浴佛節」。在紀念佛陀誕生的法會中，往往有洗浴佛像的做法。

【語　譯】迦維羅衛城東北數里有國王的田地，這就是當年太子坐在樹下觀看耕作儀式的故址。

迦維羅衛城以東五十里的地方有一所國王所屬的花園，名字叫「論民」。當初，摩耶夫人入池洗浴，從浴池北岸出浴之後走了二十步，摩耶夫人抬起手來攀住樹枝，面朝東站立，生下了太子。太子墜地之後就走了七步，隨即有二龍王前來為太子洗身。後來，在洗浴佛身的地方開鑿了一口井。這口井，連同上面摩耶夫人洗浴的浴池，成為僧人飲用水的供應之所。

凡諸佛有四處常定❶：一者成道處❷，二者轉法輪處❸，三者說法論議伏外道處❹，四者上忉利天為母說法來下處❺。餘則隨時示現焉。

迦維羅衛國大空荒，人民希疏，道路怖畏白象、師子，不可妄行。

【章　旨】此章總述佛陀遺址之中最為重要的四處，並且補敘迦維羅衛國的荒涼程度。

【注　釋】❶常定　從上下文看，「常定」可能是佛陀常常在此顯現應身、化身的意思。❷成道處　即佛陀成佛的地方，位於摩竭提國，法顯下文將提及。❸轉法輪處　即初轉法輪處，佛陀在菩提樹下悟道之後，至波羅㮈城的鹿野苑中為五位比丘說法。法輪，是梵文Dharmacakra的意譯，佛教以佛陀的教法為法輪，轉法輪就是宣說佛法的意思。❹說法論議伏外道處　即指前述舍衛城祇洹精舍東門外道西的精舍。❺為母說法來下處　此故址位於僧伽施國。

【語　譯】佛陀總共有四處經常出現的地方：第一處是佛陀成道的地方；第二處是佛陀初轉法輪的地方；第三處是佛陀與外道辯論的地方；第四處是佛陀為其母在忉利天說法完畢之後重降世間的地方。其餘的故址是隨著機緣而顯示的。

迦維羅衛國十分空曠荒涼，人民很少。道路上經常有令人恐怖的白象和獅子出沒，不能擅自胡亂走動。

藍莫國

從佛生處東行五由延，有國名藍莫❶。此國王得佛一分舍利，還歸起塔，即名藍莫塔❷。塔邊有池，池中有龍，常守護此塔，晝夜供養。阿育王出世，欲破八塔作八萬四千塔❸，破七塔已，次欲破此塔，龍便現身，持阿育王入其宮中。觀諸供養具已，語王言：「汝供若能勝是，便可壞之持去，吾不與汝爭。」阿育王知其供養具非世之有，於是便還。

此中荒蕪，無人灑掃，常有羣象以鼻取水灑地，取雜華香而供養塔。諸國有道人來，欲禮拜塔，遇象大怖，依樹自翳❹，見象如法供養，道人大自悲感：「此中無有僧伽藍可供養此塔，乃令象灑掃！」道人即捨大戒❺，還作沙彌，自挽草木，平治處所，使得淨潔，勸化國王作僧住處，己為寺主❻。今現有僧住。此事在近，自爾相承至今，恆以沙彌為寺（ㄙˋ）主（ㄓㄨˇ）。

【章　旨】法顯從迦維羅衛國東行至藍莫國。藍莫國有著名的藍莫塔，它是阿育王唯一未曾開啟的大塔，一度荒涼，後賴之於一僧人捨大戒而以沙彌身分守護供養。這一傳統，延續至今。

【注　釋】❶藍莫　為梵文Rāma的音譯，意思為「村社」、「聚落」，《大唐西域記》卷六作「藍摩國」。具體地點，學術界未能取得一致意見，比較多的學者認為應該是位於印度北方邦奧德(Oudh)境內的巴斯提(Basti)縣的拉姆浦爾·德奧里亞(Rampur Deoriya)。此地從前是拘利(Koliya)族的居留地。佛陀時代，拘利族與釋迦族人曾經因共同使用羅希尼(Rohini)河水灌溉土地而長期存在糾紛。佛陀曾經調解過這一糾紛，其經過見巴利文《本生經》等經典。❷藍莫塔　釋迦牟尼佛涅槃之後，眾弟子將其遺體火化，有八個國家分取佛陀遺留的舍利，帶回本國建塔供養，藍莫國是八國之一。藍莫塔也就是佛陀涅槃之後不久所建的。❸欲破八塔作八萬四千塔　阿育王崇信佛教，欲取出當初八國國王分別供養的佛舍利再作更廣大的供養。由於藍莫塔特別堅固而未能全部開啟，但阿育王還是實現了自己的願望。這一大規模的建塔供養佛舍利的活動，對佛教的進一步廣泛傳播起了很大作用，並且影響到了中土。佛典中經常以「八萬四千」表示極其眾多的意思，並非實指。❹翳　障蔽；隱藏。❺大戒　指比丘具足戒。❻寺主　佛教寺院的最高管理者，並非表示財產所屬關係。中土又稱「寺主」為住持、方丈等等。

【語　譯】從佛陀誕生的地方向東行走五由延的路程，就到達了一個叫藍莫的國家。此國國王曾經分得一份佛舍利，帶回來以後修建大塔供養，命名為「藍莫塔」。這座寶塔旁邊有一片水池，池中有一隻龍，常常守護這座寶塔，晝夜供養，從不懈怠。後來，阿育王出世，想開啟佛陀涅槃之後不久各國所修建的八座寶塔，取出佛舍利再建造更多的塔加以供養。開啟了其他七塔之後，阿育王便令人著手開啟這座藍莫塔。這時，龍便現身謁見阿育王，並將阿育王帶到自己的宮殿之中。龍讓阿育王參觀完自己用來供養佛舍利塔的物品後，對阿育王說：「你的供養品如果能夠超越我所準備的，便可以開啟佛塔，帶走佛舍利，我不與你爭奪。如果比不上我，就不要開啟此塔。」阿育王知曉龍宮中的供養品並非人間可以具備，於是便放棄了開啟此塔的打算，空手而歸了。

後來，此塔四周一片荒涼，沒有人灑掃。常有一羣大象用鼻子取水灑地，取各種鮮花和香木來供養佛舍利塔。有一個國家的僧人來此地想禮拜舍利塔。看見這羣大象，非常恐懼，靠在大樹旁邊將自己隱藏起來。一會兒，他看到大象能夠依照儀軌供養佛塔，感動之餘又非常悲傷。他心中暗自思忖：「這裡竟然沒有寺院用來供養此塔，以至於落到了依靠大象灑掃的地步！」這位僧人隨即放棄了大戒，重新作沙彌。他以沙彌的身分自己拔除雜草，砍除叢木，平整土地，使周圍變得非常潔淨。他又到處奔走，勸化國王修建僧人的住處，並自己親自作寺主。這座佛寺現在仍然有僧人居住。這件事情發生的時間並不太遠，從那時起到現在，這座寺廟一直以沙彌作為寺主。

從此東行三由延，太子遣車匿❶、白馬還處，亦起塔。

從此❷東行四由延，到炭塔❸，亦有僧伽藍。

【章　旨】藍莫國以東有釋迦太子遣返車匿、白馬的地方以及供養佛陀涅槃焚屍之後所餘灰炭的塔。

【注　釋】❶車匿　梵文Chandaka的漢譯，又作「闡鐸迦」、「闡那」、「闡陀」，釋迦太子的僕人，後皈依佛教。一天夜裡，釋迦太子吩咐車匿備馬，並且與車匿一起踰牆出城。在羅摩村附近，太子解下服飾，並將白馬交給車匿，讓其帶回交與父王。太子用劍削去頭髮，出家去修苦行。❷從此　從上下文義推斷，這是指由遣返車匿之處再行向東。❸炭塔　炭，指佛陀涅槃焚屍後所遺留的灰炭。據《根本說一切有部毗奈耶雜事》卷三九記載，佛陀涅槃火化，所遺留舍利已經分完之後，「有摩納婆名畢缽羅亦在眾中告諸人曰：『釋迦如來恩無不普，於仁聚落而般涅槃，世尊舍利非我有分，其餘炭燼幸願與我。』於畢缽羅處起塔供養。」（《大正藏》卷二四，頁四〇二中）這就是此地炭塔的由來。此中，「摩納婆」指外道中人。

【語　譯】從藍莫塔往東行三由延的路程，有太子遣返車匿、白馬返回王宮的故址。這裡也修建了寶塔。

從這個地方再向東行走四由延的路程，就到達了炭塔，這裡也修建有佛寺。

拘夷那竭城

復東行十二由延，到拘夷那竭城❶。城北雙樹間❷希連河❸邊，世尊於此北首而般泥洹。乃須跋❹最後得道處，以金棺供養世尊七日❺處，金剛力士❻放金杵處，八王分舍利❼處。諸處皆起塔，有僧伽藍，今悉現在。

其城中人民亦稀曠，止有眾僧、民戶。

【章　旨】法顯從藍莫國東行到達拘夷那竭國，此國為佛陀涅槃焚屍的地方。此地現今卻很荒蕪。

【注　釋】❶拘夷那竭城　又作「拘尸那羅國」、「拘尸那伽羅國」、「鳩尸那」，為梵文Kuśinagara的音譯，意譯為「上茅城」、「香茅城」、「茅堂城」。此城是末羅(Malla)人的住地。此國在佛陀時代實行共和政體。當時末羅人信仰佛教，對佛教的發展貢獻很大。佛陀八十歲時在此地涅槃。對於此國國都的地理位置，現代學者仍然難於取得共識。諸說之中，以威爾遜的考證最有說服力。他認為此城應該位於廓拉克浦爾(Gorakhpur)以東三十五英里的迦西亞(Kasia)村。由於後來在此村附近的涅槃寺後面的塔址下出土了一銅盤，上有「般泥洹寺銅盤」的銘文，接受這一考證的學者日漸增多。不過，這一說法與法顯、玄奘等人的記載並不一致。❷雙樹間　釋迦牟尼佛最後在拘夷那竭國西北隅的娑羅林中，於兩棵娑羅樹間設置繩床，佛陀頭枕右手側身而臥，進入涅槃。娑羅樹，梵文Śala的音譯，學名為Shorea robusta，槲樹類，樹幹甚高。❸希連河　《大唐西域記》卷六作「阿恃多伐底河」，即現在印度的小甘達克(Little Gandak)河。❹須跋　又作「須跋陀羅」、「蘇跋陁羅」，為梵文Subhadra的音譯，意譯為「善賢」、「快賢」。本為婆羅門教徒，聽聞佛陀將要涅槃的消息，須跋急急忙忙趕來欲皈依佛陀。佛陀為其說法，授具足戒，須跋便成為佛的最後一位弟子。須跋不忍見佛入大涅槃，即於眾中入火界定而自焚，先於佛陀涅槃。❺供養世尊七日　佛陀涅槃後，末羅族人與佛弟子一起依照火化轉輪聖王的儀禮，以香湯洗身，纏氎五百張，納入金棺，供養七天，最後以香木焚屍。❻金剛力士　即「執金剛」，為梵文Vajrapāṇi的意譯，是佛教的護法神，以手持金剛杵，懲惡護法為己任。此時，金剛力士因見佛陀涅槃，金剛力士捨金剛杵，悲痛欲絕。❼八王分舍利 佛陀涅槃後，八個國家的國王派人來分取佛舍利，經過協調最後分為三大份：一份給予諸天，一份給予龍眾，一份給予人間。人間的部分再行分為八份。不過，八國的名稱，經典記載不一。據《長阿含經》卷四載，八國有：其一，拘尸國，即法顯所說的拘夷那竭城；其二，波婆國；其三，遮羅國；其四，羅摩伽國，即法顯所說的藍莫國；其五，毗留提國；其六，迦維羅衛國，即釋迦的故土；其七，毗舍離國，法顯曾經瞻禮過；其八，摩竭國，即法顯所說的摩竭提國。八國將舍利還歸本國後，都建塔供養。

【語 譯】從藍莫國向東行走十二由延，法顯到達了拘夷那竭城。在此城北邊，瀕臨希連河的雙樹間，佛陀當年面向北方而進入涅槃。此處也是須跋最後得道的地方。當時，末羅人就在此地以金棺供養佛陀七日。金剛力士聽聞佛陀將入涅槃，急忙趕來。金剛力士放置金剛杵的地方也在此地。此地還有八王分取舍利的故址。這些地方，都修建了大塔和寺院。塔與佛寺現今都還存在。

拘夷那竭城現在也很空曠，人口稀少，只有僧人和寺院的民戶。

【研 析】這一部分，法顯較為詳細地敘述了其在八個中天竺國家的所見所聞，最可注意者如下：

一、法顯在摩頭羅國章節之下對天竺佛教所作的概括敘述。現有的數種《佛國記》注解之類的書籍均將其僅僅看作是對摩頭羅國佛教戒律、威儀等方面情況的敘述，因而漠視了此段文字的普遍價值。實際上，法顯於此所說的許多內容，是他回到中土寫作此書時，對其在天竺，特別是中天竺所見所聞的綜合敘述。例如，從行程考察，法顯並未在摩頭羅國度安居，但他卻在此節用了數百字記述天竺安居的儀禮與經過。這些材料是研究印度佛教，特別是五世紀印度佛教史的珍貴文獻，應該引起高度重視。

二、迦維羅衛城、拘薩羅國的舍衛城。這是此部分之中，法顯敘述最詳細的兩個國家。迦維羅衛城是佛陀的故國，而舍衛城則是佛陀傳教時期活動最多的城市。迦維羅衛城內以及周邊地區有佛陀出生以及作太子時活動的故址，還有釋迦成佛之後回故鄉省親時講法收徒的故址。舍衛城佛陀傳法的故址非常多，法顯敘述了十餘處聖跡，其中對祇洹精舍敘述尤為詳細。

三、僧伽施國、沙祇大國、藍莫國也有值得特別注目的聖跡。僧伽施國有與佛陀上昇忉利天為摩耶夫人說法之事有關的聖跡多處，沙祇大國所有的從佛陀咀嚼過的齒木上長出的大樹，藍莫國所擁有的未曾被阿育王所開啟的「藍莫塔」，如此等等，都是印度佛教重要的聖跡。

四、佛陀涅槃之地——拘夷那竭城當然是非常重要的佛教聖跡。法顯在此簡單提及了佛陀涅槃之後，眾弟子以及佛教信眾在當時所舉行的各種活動。

五、從考據方面言之，法顯對「火境寺」的敘述有若干疑問。法顯很可能沒有親自前往瞻禮，只是依據傳聞記錄了有關情況。

六、法顯敘述祇洹精舍情況的段落之中，關於天竺「外道」信眾的記述也有重要的歷史價值，特別是對於「提婆達多」即「調達」之信徒的記載，彌足珍貴。因為據佛教經典所記，提婆達多本人由於誹謗佛法，並且多次謀害佛陀，已經墮入地獄，當然也就不會有多少信徒了。但法顯在中天竺卻見到了調達的信徒。這說明，所謂「提婆達多派」至西元五世紀時仍然存在。法顯原文為：「調達亦有眾在，供養過去三佛，唯不供養釋迦文佛。」這三句話，很受學術界重視。

七、法顯、道整在瞻禮祇洹精舍之時，又一次「愴然心悲」，此處之天竺僧人對於法顯、道整爬山涉水西行求法的行為表示了驚奇與敬意。

第六部分　中天竺記遊（下）

【題解】從拘夷那竭城南下之後，法顯在中天竺的活動主要是圍繞著四大佛教聖地進行的。這四大聖地就是毗舍離、巴連弗邑、王舍城以及迦尸國波羅㮈城。其中，巴連弗邑是法顯停留時間最長的地方，他先後兩次返回巴連弗邑，最後又從巴連弗邑東下到達東印度。

法顯的這一大段歷程可以分為五個階段來說明：

第一階段，法顯、道整從拘夷那竭城南下到達毗舍離國。在佛陀時代，毗舍離城是跋耆國的首都，而梨車族人是組成跋耆國的八大部族之一。當初，梨車族人聽聞佛陀要前往拘夷國涅槃，舉族追趕挽留佛陀。從拘夷那竭城出發向東南方向行進，法顯、道整瞻禮了佛陀贈予梨車族人佛鉢的故址。由這個故址東行，法顯、道整到達了毗舍離城。毗舍離城是當初佛陀傳教說法的重要地區。毗舍離城北有佛陀說法傳教的「大林重閣精舍」以及阿難半身塔；城南有「菴婆羅女」布施給佛陀的園林；城西北三里，有著名的「放弓仗塔」；城東三、四里處，是舉行第二次結集的故址，建有大塔。

第二階段，法顯、道整從毗舍離城南下到達摩竭提國。摩竭提國是佛陀時代天竺最強大的國家，王舍城是當時的國都，巴連弗邑則是孔雀王朝阿育王的首都。法顯至天竺時，正是笈多王朝的「黃金時期」，而笈多王朝的首都就是巴連弗邑。正因為當時的巴連弗邑是印度政治、經濟、文化以及宗教的中心，所以，法顯纔兩次離開巴連弗邑，又兩次回到巴連弗邑。法顯、道整從毗舍離城東的結集大塔東行，首先到達「五河合口」，這裡是阿難圓寂分身的地方。從「五河合口」渡河南下，就到達了摩竭提國的巴連弗邑。法顯在文中較為詳細地敘述了摩竭提國以及巴連弗邑的基本情況。法顯瞻禮了巴連弗邑城中阿育王修建的舍利塔、佛足跡精舍以及阿育王所造地獄的故址，並且分別前往城外東南方的小孤石山和城外西南方的那羅聚落瞻禮了天帝釋問佛時的石窟和舍利弗本生、涅槃的地方。法顯並且在巴連弗邑瞻禮了隆重的行像儀式。從那羅聚落西行，法顯到達了王舍新城，新城南邊四里就是五山環繞的王舍舊城。舊城五山上都有佛陀及其親隨弟子活動過的故址。法顯一一前去瞻禮，因為聖跡太多，無法一一具名，請參看正文。

第三階段，法顯、道整離開王舍舊城南下，到達伽耶城。伽耶城南二十里處，是佛陀當初放棄苦行成道的地方，後來此地被稱為「佛陀伽耶城」。從佛陀放棄苦行的地方向西行三里，有佛陀洗浴的故址；再向北行，有佛陀得乳糜以及食用乳糜的故址；再朝東北方向行走就到達了佛陀結跏趺坐成道的地方。從佛陀成道的故址向南行走三里就可到達雞足山大迦葉圓寂之處。瞻禮了雞足山後，法顯又北上返回了巴連弗邑。

第四階段，法顯、道整又從巴連弗邑出發西行，瞻禮「曠野」、迦尸國波羅㮈城以及拘睒彌國。「曠野」也是昔日佛陀住過的地方，而波羅㮈城則是佛陀初轉法輪的地方。法顯、道整在波羅㮈城瞻禮了初轉法輪的鹿野苑精舍以及佛陀為彌勒授記之處等。拘睒彌國位於鹿野苑的西北方向。此國中有瞿師羅長者捐獻給佛陀的園林以及佛陀度惡鬼處所立的大塔和僧伽藍。法顯瞻禮了拘睒彌國的聖跡後，本欲前往達嚫國瞻禮龍樹精舍，但卻未能成行，只是將傳聞錄之於文中。

第五階段，法顯從拘睒彌國東行，第二次返回巴連弗邑。法顯西行本意為尋求戒律文本，而天竺其他地方並沒有寫本律文，法顯只得又返回巴連弗邑。法顯在此城停留三年，學習梵文、抄寫經律文本。道整看到中天竺僧人威儀可觀，戒律嚴整，決定留在巴連弗邑。法顯則出於強烈的將律本傳入漢地的願望，決心獨自返回中土。至此，先後加入西行行列的十位僧人，或圓寂，或中途返回，或留居天竺，只剩下法顯隻身一人繼續前行。西元四〇七年，法顯獨自離開巴連弗邑，順著恆河東下，到達瞻波大國，瞻禮佛陀在此地傳法的故址以及過去四佛的聖跡。

諸梨車欲逐佛處

從此東南行十二由延，到諸梨車❶欲逐❷佛般泥洹處。而佛不聽，戀佛不肯去，佛化作大深塹，不得渡。佛與鉢作信❸遣還。其處立石柱，上有銘題。

【章　旨】法顯從拘夷那竭城出發東南行到達梨車族人追趕挽留佛陀的故址。

【注　釋】❶梨車　又作「離車」、「栗呫婆子」，梵文原名為Licchavi。在西元前六世紀，印度十六個大國之中有一個叫跋耆(Vṛji)的國家，由八個部落聯盟組成，實行的是共和制。八部落中，最為強大的就是梨車族。跋耆國的首府就是毗舍離城(Vaisālī)。此部落信仰佛教，與佛陀的交往甚多。西元前六世紀後半期，摩竭提國的阿闍世王兼併了跋耆國。梨車人就此衰落了。❷逐 跟隨；追隨。❸信 信物；憑據。

【語 譯】從拘夷那竭城出發向東南方向行走十二由延的路程，法顯和道整到達了梨車族人追隨佛陀去涅槃處的故地。當時，佛陀不允許他們跟隨，梨車人緊追不捨，留戀著佛陀不肯離去。佛陀於是變化出一道巨大的壕塹，使梨車人不能渡過。佛陀將自己使用的缽盂留給梨車族人作為紀念的信物。後人在這個地方樹立了石柱，石柱之上還有題銘記載此事。

毗舍離國

自此東行❶五由延，到毗舍離國❷。毗舍離城北，大林重閣精舍❸，佛住處，及阿難半身塔❹。其城裡，本菴婆羅女❺家，為佛起塔，今故現在。城南三里，道西，菴婆羅女以園施佛，作佛住處。佛將般泥洹，與諸弟子出毗舍離城西門，回身右轉，顧看毗舍離城，告諸弟子：「是吾最後所行處。」後人於此起塔。

【章 旨】法顯從梨車族人追趕佛陀的地方東南行到達毗舍離國。此城中有阿難半身塔以及菴婆羅女為佛陀奉獻的住所。當初，佛陀最後一次離開此城回頭觀望之處也修建了大塔。

【注釋】❶東行　據現在較為一致的看法，準確言之，此處的「東行」應該改為「東南行」。❷毗舍離國　又作「吠舍離國」，為梵文Vaiśālī的音譯，意譯為「廣博」、「莊嚴」。毗舍離國為古代印度著名的大國，為恆河中游的交通中心。向西有大道可以通向迦維羅衛城，向東有大道可以通向摩竭提國王舍新城。此國為釋迦牟尼佛重要的遊化之地。其故址在現今印度比哈爾(Bihār)邦北部木扎伐浦爾(Muṇaḍḍarpur)地區的巴沙爾(Basāṛh)。西元一九〇三至一九〇四年曾在此地發掘出許多珍貴文物，證明此城確實為毗舍離古城遺址。❸重閣精舍　《大唐西域記》卷七作「重閣講堂」，以為此處為佛陀宣說《普門陁羅尼》等經的故址。《長阿含經》第二《遊行經》並說，佛陀在預知自己將要涅槃的情況下，還在重閣講堂為弟子說法。吳玉貴先生將其翻譯為「多層樓閣式精舍」(《《佛國記》釋譯》，頁一七二)，恐怕並不很恰當。「重閣」應該是此精舍的名稱。❹阿難半身塔　事情詳見下文「五河合口」章。❺菴婆羅女　又作「菴沒羅女」，為梵文Āmrapālī的音譯，āmra為芒菓的意思，pālī的意思為「女守護者」。她是毗舍離國的著名妓女，十分美貌，後來皈依佛教，將自己的住所奉獻給佛陀居住。

【語　譯】從梨車族人追趕佛陀的地方東南行五由延就到達了毗舍離國。毗舍離城以北樹林之中，有一處叫「重閣」的精舍，這是佛陀曾經住過的地方。阿難的半身塔也在這裡。在毗舍離城裡，於本來是菴婆羅女家的地方為佛陀修建了大塔，這座塔現今尚在。城南三里，在大道西側，有菴婆羅女當年布施給佛陀的園林。這座園林當時就成為佛陀的住處。在此園林不遠，有佛陀將要涅槃之時，與弟子告別毗舍離城的地方。當時，佛陀帶領弟子出了毗舍離城西門。然後，佛陀回身右轉，仔細地看著毗舍離城，對弟子們說：「這是我最後所經過的地方。」後人在此處修建了大塔。

城西北三里，有塔，名放弓仗[1]。以名此者：恆水上流有一國王，王小夫人生一肉胎，大夫人妒之，言：「汝生不祥之徵。」即盛以木函，擲恆水中。下流有國王遊觀，見水上木函，開看，見千小兒端正殊特，王即取養之。

遂使長大，甚勇健，所往征伐，無不摧伏。次伐父王本國，王大愁憂。小夫人問：「王何故愁憂？」王曰：「彼國王有千子，勇健無比，欲來伐吾國，是以愁耳。」小夫人言：「王勿愁憂，但於城東作高樓，賊來時，置我樓上，則我能卻之。」王如其言。

至賊到時，小夫人於樓上語賊言：「汝是我子，何故作反逆事？」賊曰：「汝是何人？云是我母？」小夫人曰：「汝等若不信者，盡仰向張口。」小夫人即兩手勾兩乳，乳各作五百道，墮千子口中。賊知是我母，即放弓仗。二父王於是思惟，皆得辟支佛，二辟支佛塔猶在。後世尊成道，告諸弟子：「是吾昔時放弓仗處。」後人得知，於此立塔，故以名焉。千小兒者，即賢劫❷千佛❸是也。

佛於放弓仗塔邊告阿難：「我卻後三月，當般泥洹。」魔王❹嬈固❺阿難，使不得請佛住世。

【章　旨】在毗舍離城西北有佛陀前生放下弓仗的地方。就在此地，佛陀暗示阿難自己將要進入涅槃，可惜阿難因受魔鬼的蒙蔽沒有理解清楚佛陀的意思。

【注　釋】❶放弓仗　《大唐西域記》卷七作「千子見父母處」。《雜寶藏經》卷一說，此事發生在波羅㮈國，而《長阿含經》卷一一作「多子塔」。此事各經所載於細節方面有出入，法顯所說只是其中一種版本。❷賢劫　佛教將不能以通常的年月日來計算的極為長遠的時間用「劫」(Kalpa)來度量，意譯為「大時」或「長時」。佛教以為三世即過去、現在、未來，每一世又可分為成、住、壞、空四劫。而現在世的住劫有一千個佛出世，因而將其稱之為「賢劫」(Bhadra-Kalpa)，也可稱之為「善劫」。❸千佛　關於賢劫千佛，佛教中沒有統一的說法。法顯這裡所說僅為其中之一。❹魔王　即欲界第六天——「他化自在天」的魔王波旬(Pápiáyas)。關於魔王迷惑阿難的故事，各種經典所載互相之間有些差別，但基本情節大體一致。一般都說，佛陀向阿難暗示自己將要涅槃，而阿難因為被波旬所控制，未能領會佛陀之意。後來波旬請求佛陀進入涅槃，佛陀就同意以三月為期。阿難知曉後，再去請求佛陀住世，已經來不及了，因為佛陀不能食言。❺嬈固　嬈，煩擾。固，固著。指長時間或很深地受某種情緒所控制。

【語　譯】距離毗舍離城西北三里有一座寶塔名叫「放弓仗」，起這樣的名字是有因緣的。很久遠以前，恆河上游有一位國王，國王的妃子生下一個肉胎。王后非常嫉妒，就對這位妃子說：「你生的這個肉胎是不祥的徵兆。」隨即，王后將此肉胎盛放在一個木製的盒子裡，扔進了恆河水中。在恆河的下游恰好有一位國王在水邊巡遊。國王看到在水上漂浮的木盒子，就令人將其撈取上來。打開一看，原來木盒子裡面裝有一千個五官端正、面貌出眾的嬰兒。這位國王就將這一千個嬰兒帶回宮廷撫養。

這些孩子長大以後，非常勇敢健壯，上戰場征討敵人，無往而不勝。當輪到征討其父王的國家之時，面臨戰爭的國王非常憂愁。王妃看見國王愁眉不展，就問國王：「您是為了什麼事情而憂慮呢？」國王回答說：「那個國家有一千個王子，勇猛健壯無比，將要前來攻伐我國。我正是為這個事情犯愁吶！」王妃對國王說：「大王您無須憂愁。您只要在城東建造一座高樓。敵人到來時，您只要將我送上高樓，我自有退敵良策。」國王於是就依照妃子所說做了準備。

當敵人到達高樓附近時，王妃在高樓上對敵人大聲喊道：「你們是我的兒子，為什麼還要做出這等反叛謀亂的事情呢？」敵人在樓下說：「你是什麼人，竟敢說是我們的母親？」王妃說：「你們如果不相信，請抬起頭，張開嘴巴。」王妃用兩隻手擠壓兩個乳房，只見每隻乳房都射出五百道乳汁，墜入千子口中。敵人立即知道高樓上的女子確實是他們的母親，隨即放下了手中的武器。這兩個敵對的國王因為這一事變而反省思考，最後都得到了辟支佛的果位。後來修建的兩座辟支佛塔現在仍然存在。

後來，世尊成道，告訴他的弟子說：「這是我昔日放下武器的地方。」後來的人得知這個事情，就在此地修建了大塔，並且以「放弓仗」來命名這座寶塔。一千個小兒，實際上就是賢劫的千佛。

佛陀在「放弓仗塔」邊告訴阿難說：「我離開這地方三個月後將涅槃。」可惜，魔王波旬控制了阿難，使阿難無法抓緊時機請求佛陀仍然住於世間。

從此東行三、四里，有塔。佛般泥洹後百年，有毗舍離比丘錯行戒律，十事證言❶，佛說如是。爾時諸羅漢及持戒律比丘凡夫者，有七百僧，更檢校律藏❷。後人於此起塔❸，今亦在。

【章旨】在毗舍離城以東有佛陀涅槃之後，其弟子舉行第二次結集即「毗舍離結集」的故址。

【注釋】❶十事證言　又稱「十事」。據記載，世尊涅槃後百年，毗舍離所屬的跋耆族比丘在毗舍離城宣布「十事」是當時得到佛陀首肯允許的。關於「十事」，各種經典記載不一。在此以南傳《島王統史》第四章的相關內容為主，參照《根本說一切有部毗奈耶雜事》卷四〇所載概括如下：其一，角鹽淨，即普通的食物允許第二天再吃，食鹽可以儲存在角器裡供日後食用。其二，二指淨。雖然過了正午，但如果在中午太陽的影子過了兩個指頭時進食，還應該算是正午食。其三，復坐食淨。吃完之後，還可以再到附近鄉村重新進食。其四，住處淨。在一起住宿，但也可以不在一起舉行布薩。其五，贊同淨。可先在一部分比丘之中舉行表決儀式，然後徵求其他比丘贊同。其六，舊事淨。按照慣例行事，不算非法。其七，酪漿淨。不到進食時候，也可以吃酥油、蜜糖和奶酪等食品。其八，飲闍樓伽酒淨。比丘不准飲酒，但在有病時，也可以飲用一些未經發酵的酒。其九，無緣坐具淨。比丘用的坐具可以隨意大小。其十，受蓄金銀錢淨，即可以接受俗家布施的金銀財物。❷七百僧二句　跋耆比丘宣布「十事」為佛陀所首肯，遭到一些長老的反對。耶舍陀長老於是集合了七百比丘，在毗舍離城的重閣精舍舉行了佛教史上的第二次結集。結集的結果是：認為「十事」違反了佛教戒律，是非法的，並且將主張「十事」的跋耆比丘驅逐出僧團。跋耆比丘不服，又重新在毗舍離召集有一萬比丘參加的結集，確立了自己的戒律。這是佛教分裂的開始，標誌著部派佛教的正式形成。由於反對「十事」的大多數比丘為年長者，故稱其為「上座部」，贊成「十事」的大多是年輕比丘，故稱其為「大眾部」。不過，北傳佛教對這次分裂還有另外的說法，也就是「大天五事」。它不僅涉及戒律，也涉及到佛教的基本義理，比如對阿羅漢的看法等等。❸於此起塔　從法顯的敘述看，重閣精舍位於毗舍離城內，而結集處所建之塔則位於城東三、四里處。這與佛典的相關記載並不完全一致。

【語譯】從放弓仗塔東行三、四里路程，有一座大塔。佛涅槃後一百年，毗舍離城有些比丘錯誤地實行戒律，提出「十事」，並且說是佛陀當時首肯允許的。那時，那些羅漢以及普通的持戒律比丘七百僧，重新對照律藏進行討論。後人在此處修建了大塔，現今也還存在。

阿難分身處

從此東行四由延，到五河合口❶。阿難從摩竭國❷向毗舍離，欲般涅槃，諸天告阿闍世王❸，阿闍世王即自嚴駕❹，將士眾追到河上。毗舍離諸梨車聞阿難來，亦復來迎，俱到河上。

阿難思惟：前則阿闍世王致恨，還則梨車復怨，則於河中央入火光三昧❺，燒身而般泥洹。分身作二分，一分在一岸邊。於是二王各得半身舍利，還歸起塔。

【章　旨】法顯從結集大塔繼續東行到達五河合口，這裡有阿難於河中涅槃分身的故址。

【注　釋】❶五河合口　指五大河流的匯聚之處，位於從毗舍離城至摩竭提國巴連弗邑的恆河渡口，為甘達克(Gandak)、臘普提(Rāptī)、哥格拉(Gogra)、恆河、宋(Son)河五大河流合流之處，匯聚之後成為恆河下游而繼續東流。❷摩竭國　摩竭提國的略稱，詳見下文注。❸阿闍世王　《大唐西域記》卷九作「阿多設咄路王」，為梵文Ajātaśatru的音譯，其意思為「未生怨」，即「無敵者」。阿闍世王繼承其父頻毗娑羅的國王寶座以來，依靠摩竭提國優越的地理條件，積極推行擴張政策，最後征服了拘薩羅國和跋耆國這兩個強大的對手，從而在恆河流域的廣大地區建立了霸權。阿闍世王的在位年代約為西元前四九三至前四六二年，據說，佛陀涅槃於其在位的第八年。❹嚴駕　整備車馬。如曹植《曹子建集》卷五〈雜詩之五〉曰：「僕夫早嚴駕，吾將遠行遊。」嚴，整肅。駕，車馬。❺火光三昧　即「火光定」，指以神變自出火焰，焚燒自身而達到「定」境。三昧，為梵文Samādhi的音譯，意譯為「定」、「等持」，指通過一定的調節機制而使心達到專注於一境而絲毫不散亂的精神境界。

【語　譯】從毗舍離城外的結集大塔繼續東行四由延，法顯和道整就到達了五河合口。當初，阿難從摩竭提國前往毗舍離國，想在毗舍離國涅槃。諸位天神告訴了阿闍世王。阿闍世王一聽說，就整理車馬，親自帶領將士追趕挽留阿難。一直追到河上，方纔看到阿難。這時，毗舍離諸梨車族人聽說阿難要來，也已經前來迎接。雙方都到達了河的兩岸。

阿難這時候在想：繼續向前渡河，則會讓阿闍世王產生怨恨；返回摩竭提國，則會使梨車族人產生怨恨。而二者在政治、軍事上並不和睦。阿難最後決定，在河中央進入火光三昧，燒身而進入涅槃。阿難的身體則一分為二，兩岸各有一半。這樣，二位國王各自得到阿難的半身舍利，都返回本國為阿難半身舍利修建了大塔。

摩竭提國巴連弗邑

度河南下一由延，到摩竭提國❶巴連弗邑❷。巴連弗邑是阿育王所治，城中王宮殿皆使鬼神作，累石起牆闕，雕文刻鏤，非世所造，今故現在。

阿育王弟得羅漢道，常住耆闍崛山❸，志樂閑靜。王敬心請於家供養，以樂山靜，不肯受請。王語弟言：「但受我請，當為汝於城裡作山。」王乃具飲食，召諸鬼神而告之曰：「明日悉受我請，無坐席，各自賫來。」

明日，諸大鬼神各持大石來，闢方四五步，坐訖，即使鬼神纍作大石山。又於山底以五大方石作一石室，可長三丈，廣二丈，高丈餘。

【章　旨】法顯、道整渡過恆河到達了摩竭提國的巴連弗邑。此城是孔雀王朝阿育王的治所，據傳說，城中宮殿以及城內的小山都是役使鬼神所造。

【注　釋】❶摩竭提國　又作「摩揭陁國」，梵文Magadha的音譯，意譯為「無害」、「致甘露處」、「善勝」等等。其領域大致相當於現今印度比哈爾邦的巴特那(Patna)和加雅(Gayā)地方。摩竭提國是印度古代最為強大的國家之一，在印度歷史上佔據非常突出的地位。在西元前七世紀時，摩竭提國就很強大，頻毗娑羅王(Bimbisāra)在位時，國都為王舍城。頻毗娑羅王是佛教的最大保護者，但其子阿闍世王弒父繼位後卻積極扶植耆那教。阿闍世王南征北戰，兼併了四鄰幾個小國，使摩竭提國成為可與拘薩羅國對峙的大國。西元前四一三年，頻毗娑羅建立的王朝被難陀(Nanda)王朝所替代。西元前三二六年左右，摩竭提的旃陀羅笈多(Candragupta)廢除了難陀王，統一了北印度，建立了空前強大的孔雀王朝。孔雀王朝逐漸衰落，在西元前一八〇年前後，華友(Puspamitra)推翻了孔雀王朝，以摩竭提為中心建立了較為強大的巽伽王朝。後來，經過若干年的分裂，於西元三二〇年前後，旃陀羅笈多一世(Candragupta I)以摩竭提為中心又建立了強大的笈多王朝。笈多王朝的統治區域包括北印度和西印度的廣大地區。法顯到達這裡時，此國的統治者是笈多王朝的旃陀羅笈多二世(Candragupta II)。❷巴連弗邑　《大唐西域記》卷八作「波吒釐子城」，為梵文Pāṭaliputra的漢譯。Pāṭali原為樹名，學名為Bignonia suaveolens，此樹開淡紅色的花朵；putra的意思為「子」。玄奘使用的是音、意結合的譯法，並說「舊曰巴連弗邑，訛也。」該城最流行的意譯名稱叫「華氏城」。此地最初只是恆河邊的一座名叫波吒里(Pāṭaligrāma)的村莊。因為此地是摩竭提國首府王舍城通向毗舍離等地的交通要道，所以，阿闍世王派人在此村修建城堡，作為進攻毗舍離國的前哨基地。約在西元前四五〇年，在阿闍世王之子（一說為其孫）鄔陀那(Udaya)王在位時，此城纔完全建成。此後，孔雀王朝的月護王、阿育王以及難陀王朝諸王都在此建都。法顯至印度時，正值笈多王朝的全盛時期。旃陀羅笈多一世(Candragupta I)原先是貴霜王朝派駐華氏城的諸侯，在西元三二〇年，他通過與梨車族人聯姻的方式加強了實力，最後建立了笈多王朝。西元四世紀末、五世紀初，旃陀羅笈多二世繼位。這位國王即印度歷史上非常有名的「超日王」，在其統治之下，笈多王朝又恢復了孔雀王朝時期的盛況。巴連弗邑的故址位於現今印度比哈爾邦的巴特那(Patna)西北至頂那浦爾(Dinapore)的中途。近代以來，在此地發掘出不少文物。❸耆闍崛山　《大唐西域記》卷九作「姞栗陀羅矩吒山」，為梵文Gṛdhrakūṭa的音譯，意譯為「鷲頭」、「靈鷲山」等，可能是現今的Sailagiri，唯至今未能在此山發現石窟，與法顯、玄奘所記不合。

【語　譯】渡過恆河，再朝南行走一由延的路程，法顯、道整到達了摩竭提國的巴連弗邑。巴連弗邑是阿育王當年的都城。城中王宮都是役使鬼神建造的，宮殿的城闕都是用大石塊壘砌而成的，宮殿上雕刻著非常精細的花紋，簡直不是人工所能建造。這些宮殿現在仍然存在。

當年，阿育王的弟弟證得了羅漢的果位，常住於耆闍崛山，其志向在於居山而求閒靜。阿育王心存敬意地邀請弟弟回家接受供養。然而，其弟卻以喜好山裡的幽靜為理由，婉言謝絕了阿育王的邀請。阿育王對其弟說：「你只管接受我的邀請，我會為你在城裡建造一座山。」於是，第二天，阿育王準備了許多飲食，召集那些鬼神，並告訴他們說：「明日你們都是我宴請的客人。但是，我這裡沒有那麼多的坐席，請你們自帶坐席吧！」第二天，那些大鬼神果然各自帶著大石頭前來赴宴。那些石頭竟然有方圓四、五步大。宴會結束之後，阿育王讓鬼神將各自帶來的石頭疊砌成一座大石山。並且在山底放置五塊大方石疊砌成一石室。這間石室長三丈，寬二丈，高達一丈多。

有一大乘婆羅門子，名羅沃私婆迷❶，住此城裡，爽悟多智，事無不達，以清淨自居。國王宗敬師事，若往問訊，不敢並坐。王設以愛敬心執手，執手已，婆羅門輒自灌洗。年可五十餘，舉國瞻仰。賴此一人，弘宣佛法，外道不能得加陵❷眾僧。

於阿育王塔❸邊，造摩訶衍僧伽藍❹，甚嚴麗；亦有小乘寺。都合七、八百僧眾，威儀庠序❺可觀。四方高德沙門及學問人，欲求義理，皆詣此寺。婆羅門子師，亦名文殊師利❻，國內大德沙門、諸大乘比丘，皆宗仰焉，亦住此僧伽藍。

【章　旨】法顯在此章總敘當時巴連弗邑佛法的流傳情況，特別講到了一位婆羅門出身的高僧對於當地佛教的貢獻。

【注　釋】❶羅沃私婆迷　大致為Rājasvāmin的音譯，意思為「王者所尊」。據《出三藏記集》卷一五〈智猛法師傳〉記載，智猛法師至巴連弗邑後，曾經拜見過一位「大智婆羅門，名羅閱宗，舉族弘法，王所欽重，造純銀塔高三丈。沙門法顯先於其家已得六卷《泥洹》。及見猛問云：『秦地有大乘學不？』答曰：『悉大乘學。』羅閱驚嘆曰：『稀有！稀有！將非菩薩往化耶！』」猛就其家得《泥洹》梵本一部，又尋得《摩訶僧律》一部及餘經梵本。誓願流通，於是便反。」智猛於宋元嘉元年，即西元四二四年歸國，僅僅晚於法顯十幾年。日本學者足立喜六以為，此「羅閱宗」與法顯所說「羅沃私婆迷」是同一人。其說可以成立。❷加陵　加以凌辱。陵，侵犯；欺侮。❸阿育王塔　此即阿育王供養佛舍利時所建的大塔，下文還會作較為詳細說明。❹摩訶衍僧伽藍　即大乘佛教寺院。❺庠序　舉動安詳肅穆。❻文殊師利　與菩薩文殊師利同名，此文殊師利為羅沃私婆迷的師父。

【語　譯】在巴連弗邑有一位宗信大乘佛教的婆羅門出身的高僧，他叫羅沃私婆迷。此僧悟性超絕無所不知，以清淨自居。國王尊敬他，並且以王師的禮儀對待他。即使國王有事前來問訊，也不敢與他一起並排而坐。國王有時出於愛敬之心而與他握手。握過手之後，這位僧人總是要立即將手洗乾淨。此僧五十多歲，深得全國人民的崇敬。全靠了這樣一位僧人弘宣佛法，外道纔不敢欺侮眾僧。

在阿育王所修建的舍利塔旁邊，建造了一座大乘寺院，非常壯麗宏偉。此城中也有小乘佛教寺院，大、小乘僧人總共有七、八百人，戒律謹嚴，威儀舉止安詳得體，非常值得觀仰。四面八方想尋求佛教義理的道德高尚的沙門以及有學問的人，都前來這座大乘寺院居住。前述的那位婆羅門出身的高僧，他的老師也叫文殊師利。摩竭提國的高僧、所有大乘比丘，都非常敬仰他。文殊師利也住在這座大乘寺院裡。

凡諸中國，唯此國城邑為大，民人富盛，競行仁義。年年常以建卯月❶八日行像，作四輪車，縛竹作五層，有承櫨❷、揠戟❸，高二疋❹餘許，其狀如塔。以白氎纏上，然後彩畫，作諸天行象。以金、銀、琉璃莊校其上，懸繒幡、蓋，四邊作龕，皆有坐佛，菩薩立侍。可有二十車，車車莊嚴各異。

當此日，境內道俗皆集，作倡伎❺樂，華、香供養。婆羅門子來請佛，佛次第入城，入城內再宿，通夜然燈，伎樂供養，國國皆爾。其國長者、居士，各於城中立福德醫藥舍，凡國中貧窮、孤獨、殘跛、一切病人，皆詣此舍，種種供給，醫師看病隨宜，飲食及湯藥皆令得安，差❻者自去。

【章　旨】在中天竺，只有摩竭提國的城市最為富裕繁盛。此國每年一度的行像，國境之內的道俗都聚集於巴連弗邑，儀式非常隆重。

【注　釋】❶建卯月　這是法顯使用中土干支法對天竺月份的稱呼。唐人揚景風說過：「大唐以建寅為歲初，天竺以建卯為歲首。然則大唐令月皆以正月、二、三、四，至於十二。則天竺皆據白月十五日夜太陰所在宿為月名，故呼建卯為角月，建辰為氐月。則但呼角、氐、心、箕之月，亦不論建卯、建辰及正、二、三月也。此東、西二之異義。」這是說，古印度只以角、氐、心、箕稱呼由歲首開始的四個月。對於「角月」又說為「唐之二月也。斗建卯位之辰也。」可見，法顯所說的「建卯月」就是中土的二月。這位揚景風是唐釋不空的俗家弟子，受其師之命為不空所譯的《文殊師利菩薩及諸仙所說吉凶時日善惡宿曜經》作注，如其自述所說：「親承和上指揮，更為修注，筆削以了繕寫奉行。凡是門人各持一本。」應該說，他的說法是具有相當可信度的。這段注解見於不空所譯《文殊師利菩薩及諸仙所說吉凶時日善惡宿曜經》卷上，《大正藏》卷二一，頁三八七。❷承櫨　櫨，大柱柱頭承托棟梁的方木，即斗拱。因其為建築的支撐構件，所以法顯謂之「承櫨」。❸揠戟　足立喜六認為，揠戟是用竹子綁紮的塔最上部的輪盤，即「相輪」（《法顯傳考證》，頁二〇〇）。章巽認為：「『揠』是拔出的意思，『戟』有枝格的意思，『揠戟』乃一種帶叉牙的支柱。」由於法顯之語本身過於簡約，因而足立喜六和章巽二位先生只能懸測解之。不過，章巽純粹從語詞的角度解釋，過於執實。足立喜六從塔的形制考慮，庶幾更接近法顯的本意。❹疋　為「匹」的俗字。《說文解字》云：「四丈也。」❺倡伎　古代以歌舞為業的女藝人。❻差　病痊癒。後來「差」所具有的這一意義由「瘥」字承當，所以，「差」與「瘥」為古今字，可通用。

【語　譯】在中天竺所有國家之中，數摩竭提國的城市最為宏大，人民富裕繁盛，競相施行仁義。

每年常以二月八日舉行行像儀式。行像時要製作一種四輪車，並且在車上用竹子捆紮出五層高的塔狀建築，上面有斗拱和相輪，竟達八丈多高。以白布將此小塔纏裹起來，然後再在白布上畫上彩畫，畫面全都是諸位天神的形象。四輪車用金、銀、琉璃作裝飾，再於其上懸掛用絲綢製作的旌旗和華蓋。四輪車的四周都製作佛龕，龕裡均供奉有佛的坐像，佛像並有菩薩於兩旁站立侍奉。這樣的四輪車共有二十輛，每車都莊嚴宏偉，並且每車的裝飾都各不相同。

每當行像之時，國境之內的道俗都雲集在此城之中，城中各處也有女藝人唱歌跳舞，四處都是供養諸佛的鮮花和香。人稱羅沃私婆迷的婆羅門之子前來虔誠請佛，然後每輛供奉著佛像的四輪車依次入城，像車在城裡停留兩夜。其間整夜燃燈，並且以女藝人演奏的音樂供養諸佛。這種供養方式在中天竺每個國家都是一樣的。國中長者、居士各自在城中設立福德醫藥房舍。國中所有的貧窮、孤獨、殘疾以及一切病人，都可前往這些醫藥房舍。醫藥房舍可以為這些人供給種種所需的藥品和食物。醫生看病都能夠隨宜病人病情下藥，提供令病人滿意的飲食和湯藥，痊癒的病人就會自己離去。

阿育王壞七塔，作八萬四千塔。最初所作大塔在城南三里餘。此塔前有佛腳跡。起精舍，戶北向塔。塔南有一石柱，圍丈四五，高三丈餘，上有銘題❶，云：「阿育王以閻浮提布施四方僧，還以錢贖，如是三反。」塔北三四百步，阿育王本於此作泥梨城❷，中央有石柱，亦高三丈餘。上有師子，柱上有銘，記作泥梨城因緣❸，及年數、日、月。

【章旨】此章敘述阿育王所修建的舍利塔和地獄之城的有關情況。

【注釋】❶銘題 玄奘也見到過這一石柱，在《大唐西域記》卷八中說：「佛迹精舍側不遠有大石柱，高三十丈餘。書記殘缺，其大略曰：『無憂王信根貞固，三以贍部洲施佛、法、僧，三以諸珍寶重自酬贖。』」玄奘所記，與法顯所說意思大略是一致的。西元一九〇三年在Kumrahar的考古發掘中發現了此石柱，石柱已經成為碎片，銘文也已經磨滅。所以，法顯、玄奘所記尤其顯得珍貴。❷泥梨城 為梵文Niraya的音譯，意譯為「地獄城」。阿育王作地獄城的因緣請參見下文以及《大唐西域記》卷八〈無憂王地獄處〉。❸因緣 佛教用來說明事物賴以存在的各種因果關係的最為重要的理論。其中，主要依據或條件叫「因」，輔助條件叫「緣」。佛教認為，一切法都是因緣和合而生成的。因緣全部具備，事物就存在；因緣散離，事物就不存在。由於形成「法」即事物的因緣是時時處在變動之中的，所以，諸法無常，諸法皆空。

【語譯】阿育王曾經開啟了當初各國修建的七座佛舍利塔，取出佛舍利重新建造了八萬四千座佛舍利塔。阿育王在巴連弗邑最初所建造的大塔在此城以南三里多遠的地方。此塔前面有佛陀的足跡。在佛陀這處足跡之上，修建了精舍。精舍的門朝北方，正對著大塔。在舍利塔的南邊有一根石柱，石柱周長一丈四、五尺，高三丈多，上面還有銘題，其文云：「阿育王將閻浮提布施給四方僧眾，然後自己又用錢贖回來，如此反覆做了三次。」

在阿育王所修佛舍利塔的北邊三、四百步，是阿育王原來修建泥梨城的地方。在這個地方的中央也有一根石柱，高也是三丈多，上面刻有獅子像。石柱上也有銘文，記述了修建泥梨城的因緣以及修建的具體年、月、日。

小孤石山

從此東南行九由延，至一小孤石山❶，山頭有石室，石室南向。佛坐其中，天帝釋將天樂般遮❷彈琴樂佛處。帝釋以四十二事問，佛一一以指畫石，畫跡故在。此中有僧伽藍。

【章　旨】在巴連弗邑東南方的小孤石山有佛陀當初回答天帝釋提問的故址。

【注　釋】❶小孤石山　《大唐西域記》卷九稱之為「因陁羅勢羅窶訶山」，為梵文Indraśailaguhā的音譯，Indraśailaguhā為一樹名。此山因為石窟前面有Indraśailaguhā樹而得名。關於此山的所指，Cunningham認為是位於王舍城以東六英里的吉里也克(Giriyek)山。此山也稱為「帝釋窟」。❷天樂般遮　天國中的樂神，梵文名為Pancha。

【語　譯】從巴連弗邑城南三餘里處的佛舍利塔再向東南行走九由延的路程，就到達了一座叫小孤石的山。這座山的山頂有一座石室，石室門洞面朝南方。當年佛陀曾經坐於這座石窟，天帝釋帶著天上的樂神般遮來此石窟為佛演奏音樂，使佛愉悅。帝釋又提出了四十二個問題向佛陀請教，佛陀一一用指頭畫著石頭給予解答。佛陀當年留下的畫跡現在仍然可以看到。這裡現在建有佛寺。

那羅聚落

從此西南行一由延，到那羅聚落❶，是舍利弗本生❷村，舍利弗還於村中般泥洹。即此處起塔，今亦現在。

【章旨】小孤石山西南不遠處的那羅村，是舍利弗本生以及涅槃之處。這裡也建有大塔。

【注釋】❶那羅聚落　《大唐西域記》卷九作「迦羅臂拏迦邑」，梵文或作Kālapinnāka。據考證，那羅聚落就是印度現今的Sarichak。❷舍利弗本生　據《賢愚經》卷三說：「佛告阿難：過去無量阿僧祇劫，閻浮提有一大國，名波羅榛。時有一人，好修家業，意偏愛金而勤積之。因得一瓶，於其舍內掘地藏之。如是勤身，乃得七瓶悉取埋之。後遇疾終，作一毒蛇，守此金瓶。如是展轉受形，經一萬歲。最後受身，厭心忽生。見有一人通道，呼之曰：『吾今此處有一瓶金，用託君，欲供僧作福。設食時，持一阿先提（釋為草籠），來取我。』彼至日擔蛇至寺，著於眾僧前，食時已到，僧眾行立。蛇使彼人次第賦香，眾僧食終，為蛇說法。歡喜轉增，得僧之維那到埋金所，盡用餘六瓶金施僧。命終，生忉利天。佛告阿難：爾時持蛇之人則我身是也。是毒蛇，今舍利弗是也。」（《大正藏》卷四，頁三六九中）後來，聞聽佛陀將於三月後涅槃，舍利弗遂先於佛陀涅槃。

【語譯】從帝釋窟再向西南方向行走一由延的路程，就到達了那羅村。這裡是舍利弗本生的地方，舍利弗後來又回到這個村中涅槃。在這個村莊中，舍利弗本生、涅槃的地方修建了大塔，此塔現今仍然存在。

王舍新城

從此西行一由延，到王舍新城❶。新城者，是阿闍世王所造，中有二僧伽藍。出城西門三百步，阿闍世王得佛一分舍利，起塔❷，高大嚴麗❸。

【章　旨】從那羅聚落西行，法顯到達了阿闍世王所造的新國都——王舍新城，城西門外有阿闍世王建造的佛舍利塔。

【注　釋】❶王舍新城　《大唐西域記》卷九作「曷羅闍利姞呬城」，為梵文Rājagriha的音譯，意譯為「王舍」，法顯為了與舊城相區別而稱之為「王舍新城」。據玄奘所說，此城為頻毗娑羅王所建，因為國王在城未建成之前，自己就先住在此城，所以就名之為「王舍城」。而法顯則說，此城為阿闍世王所建。玄奘在《大唐西域記》卷九記述完頻毗娑羅王與王舍新城的因緣之後，又說「或云至未生怨王乃築此城。未生怨太子既嗣王位，因遂都之。」當初修建此城的目的是為了防禦毗舍離國的進攻。城的規模相當宏大堅固，有三十二個城門，六十四個瞭望樓。在頻毗娑羅王和阿闍世王在位期間，此城十分繁榮。佛陀涅槃之後二十八年，摩竭提國的王都遷至華氏城之後，王舍城纔逐漸衰落了。新王舍城距離舊城以北四里，而王舍舊城故址位於現今印度比哈爾(Bihar)邦巴特那(Patna)

以北的一個叫拉傑吉爾(Rājgir)的山村。❷塔　此塔即佛陀涅槃之後，摩竭提國阿闍世王分得佛舍利之後，奉還回國之後所建。玄奘也瞻禮過這座塔址。在《大唐西域記》卷九中，玄奘卻說此舍利塔址在舊城東北一餘里處，所言方位與法顯所說不合。❸高大嚴麗　據記載，阿育王所開啟的七大舍利塔中就有摩竭提國的佛舍利塔，而法顯卻說此塔「高大嚴麗」，不知從何而知？要之，法顯是記其所聞而非記其所見塔的丰姿？玄奘在《大唐西域記》卷九則說得很全面：「如來涅槃之後，諸王共分舍利，未生怨王得以持歸，式尊崇建而修供養。無憂王之發信心也，開取舍利，建窣堵波，尚有遺餘，時燭光景。」

【語譯】從那羅聚落向西行走一由延的路程，法顯就到達了王舍新城。新城是阿闍世王所建造。此城中有兩座佛寺。從王舍新城西門走出三百步，有阿闍世王得到一份佛舍利之後回國所修建的佛舍利塔。此塔既高大，又莊嚴宏偉。

王舍舊城

出城南四里，南向入谷，至五山❶裡。五山周圍，狀若城郭，即是芊沙王舊城❷。城東西可五、六里，南北七、八里，舍利弗、目連初見頞鞞❸處，尼犍子❹作火坑、毒飯請佛❺處，阿闍世王酒飲黑象欲害佛❻處。城東北角曲❼中，耆舊❽於菴婆羅園❾中起精舍，請佛及千二百五十弟子供養處，今故在。其城中空荒，無人住。

【章　旨】王舍舊城位於新城南邊四里處。舊城中既有菴婆羅園精舍以及舍利弗、目連悟道的遺址，也有尼犍子、阿闍世王、調達謀害佛陀的故址。

【注　釋】❶五山　環繞王舍舊城的有五座山峰：在其南邊為薩多般那求訶(Saptaparṇaguhā)山，即舉行第一次結集的七葉窟山，現今的索那山(Sonagiri)；在其東邊為帝釋窟山(Indraśailaguhā)，現名為吉里也克山(Giriyek)；在其西北為《大唐西域記》所說的「毗布羅山」(Vaibhāravaṇa)，現今的鞞婆羅(Vaibhāragiri)山；在其東北則為薩簸恕昆底迦山(Sarpikundikaparvata)，即現今的費普那山(Vipulagiri)；在其略東偏北為耆崛山(Gṛdhrakūṭa)，也就是佛教史上重要的靈鷲山，即現今的Sailagiri。❷芊沙王舊城　芊沙王即頻毗娑羅王(Bimbisāra)，也就是阿闍世王之父，其在位年代大致在西元前五四四至前四九三年。芊沙王舊城，即《大唐西域記》卷九所說的「矩奢揭羅補羅城」，其梵文名是Kuśāgrapura，意思為上等的吉祥草或香茅。這種香草是印度古代祭祀時用來墊坐用的草。玄奘說此城「多出勝上吉祥香茅，以故謂之上茅城也。」城周圍多山，著名者有五山，因而又名「山城」(Girivraja)。此城本為摩竭提國國都，在巴利文經籍中也稱其為王舍城(Rājagaha)，有時也稱為「王舍舊城」，以別於後來新建遷居的「王舍新城」。王舍舊城和王舍新城是古代印度東北部經濟、交通和文化的中心，經濟發達，商業繁榮，在佛教發展史上也佔有很重要的地位。佛陀當時在王舍城活動很多，城周圍的佛教聖跡非常多。另外，王舍城也是耆那教的聖地。王舍舊城在王舍新城以南四里處，其故址是今印度比哈爾(Bihar)邦巴特那(Patna)以北的一個叫拉傑吉爾(Rājgir)的山村。❸頞鞞　《大唐西域記》卷九作「阿濕婆恃」，梵文名為Áśvajit，又譯作「阿濕波誓」、「阿奢婆耆」等，意譯作「馬勝」、「馬師」、「馬星」、「馬宿」、「無勝」。他是釋迦牟尼成道後初轉法輪所度的五比丘之一。據記載，馬勝誦偈曰：「我師所說，法從緣生，亦從緣滅。一切諸法，空無有主」，舍利弗一經聽聞隨即開悟，並將此偈告訴目連，二人便同赴竹院精舍聽聞佛陀說法而成道。❹尼犍子　這裡指耆那教徒。耆那(Jaina)意思為「勝者」或「修行完成了的人」，耆那教就是勝者的宗教。耆那教在漢譯佛典中被貶稱為尼乾外道、無繫外道、裸形外道、無慚外道、宿作因論者等等。「尼乾」、「尼犍」大致是從耆那教祖師尼乾陀・若提子(Nirgrantha-jñataputra)之名轉讀而來，「尼犍子」的梵文對音為Nigrantha。尼乾陀大約生於西元前五九九年，死於西元前五二七年，比佛陀稍早一些，時年七十二歲。尼乾陀出身於毗舍離國的王族家庭，屬於剎帝利種姓。耆那教認為，眾生現世所受苦樂都由宿業決定，由諸種因素和合而成的諸業決定人的一切。因為耆那教所持的這一主張，佛教人士稱其為「宿作因論者」。至於如何擺脫「業」的束縛而到達解脫，耆那教主要強調兩種方法：一是修習苦行，如裸體而受日曬雨淋、絕食、長立不坐、睡刺床、以火烤身等等。二是堅守五戒：不殺生、不妄語、不偷盜、不姦淫、不蓄私財。❺作火坑毒飯請佛　《大唐西域記》卷九說，做這些事情的是耆那教信徒室利毱多。室利毱多的梵文對音為Śrīgupta，又作「尸利掘」、「尸利崛多」，意譯為「德護」、「勝密」、「吉護」。據《德護長者經》(《大正藏》卷一四）說，德護是王舍城中的一位尼犍子外道，即耆那教信徒。受其同道指使，德護假意在其家宴請佛陀。佛陀答應後，德護卻在其家門口挖掘一個大坑，裡面縱火，並在準備好的飯食裡放置毒藥。佛陀則以神通力破解了德護的陰謀。德護慚愧地聽聞佛陀說法，誠惶誠恐地皈依了佛陀。由此可以見出，佛教與耆那教在當時互相爭奪信徒的激烈程度。❻阿闍世王酒飲黑象欲害佛　《大唐西域記》卷九記之稍詳，其文曰：「提婆達多與未生怨王公為親友，乃放護財醉象，欲害如來。如來指端出五師子，醉象於此馴服而前。」玄奘說，醉象之名為「護財」，梵文對音為Dhanapāla。據記載，阿闍世王並不偏向佛教，反而對佛教有某些方面的歧視與限制，因此，佛教經典中有不少阿闍世王迫害佛陀的故事。法顯在此所說，阿闍世王與提婆達多勾結以醉象欲殺害佛陀，就是其中一例。❼角曲　指王舍城東北城牆折角彎曲之處。與法顯所說相近，玄奘在《大唐西域記》卷九中也說「山城之曲，有窣堵波」。吳玉貴將「曲」解釋為「深隱之處，也指偏僻之所」(《〈佛國記〉釋譯》，頁一九八），恐怕不妥。從法顯和玄奘的記述看，菴婆羅園是一處相當大的建築羣，應該可以容納千人左右，況且此園的施主原是頻毗娑羅王的庶子，因而其住所可能並不應算作偏僻。❽耆舊　也作「耆婆」、「侍縛迦」、「耆婆伽」，《大唐西域記》卷九作「時縛迦大醫」，均是梵文Jivaka的音譯，意譯為「童子」、「壽命童子」、「能活」、「更活」。「耆婆伽」是摩竭提國頻毗娑羅王的庶子，王舍城最著名的醫師。據《增一阿含經》卷三九、《佛說寂志果經》等所載，七月十五日夜，耆婆伽王子在宮內侍阿闍世王，勸阿闍世王至佛所向佛陀問其所疑。經佛陀點化，阿闍世王解悟，皈依佛教。當時，佛陀就住在耆婆伽所施的「耆婆伽梨園」，也就是法顯在此處所說的「菴婆羅園」。❾菴婆羅園　菴婆羅，梵文Āmra的音譯，意譯為芒菓，因而「菴婆羅園」可以意譯為「芒菓園」。這大概是以園林的特徵命名的。此園又在佛典中作「耆婆伽梨園」，這是因為此園是由耆婆伽即法顯所說的「耆舊」(Jivaka)所捐施的緣故。菴婆羅園大概是耆婆伽王子住宅裡的一處園林，捐施之後，耆婆伽可能仍然住在其故宅中，因此，玄奘在《大唐西域記》卷九中纔說：「其旁復有時縛迦故宅，餘基舊井，墟坎猶存。」

【語　譯】法顯、道整從王舍新城南門向南行走四里的路程，進入一個南北方向延伸的山谷，就到達了一處五山環繞的地方。五座山峰，環繞四周，勾勒出城郭的形狀。這就是頻毗娑羅王建都的舊城。城東西方向延伸五、六里，南北方向達七、八里。此城之中，有舍利弗、目連最初遇見馬勝比丘的地方，也有耆那教信徒挖掘火坑、準備帶毒的食物請佛赴會，陰謀害死佛陀的地方。阿闍世王用醉象謀害佛陀的地方，也在此城中。當時，阿闍世王命令象師以酒灌醉大象，並且在大象的鼻子上綁上利劍，看見佛陀托缽出來，就放出醉象，企圖藉醉象殺死佛陀。幸賴佛陀的神通，這兩起陰謀纔未能得逞。在王舍舊城東北角，耆婆伽在芒菓園中修建精舍，請佛陀與其弟子一千二百五十人一起居住，接受供養。這個精舍現在仍然存在。但是，王舍舊城現在卻很空曠荒蕪，沒有人居住。

耆闍崛山

入谷，搏❶山東南上十五里❷，到耆闍崛山❸。未至頭三里❹，有石窟，南向，佛本於此坐禪。西北三十步，復有一石窟，阿難於中坐禪，天魔波旬化作鵰鷲，住窟前恐阿難。佛以神足力隔石舒手摩阿難肩，怖即得止。鳥跡、手孔今悉存，故曰鵰鷲窟山。窟前有四佛坐處，又諸羅漢各各有石窟坐禪處，動有數百。

佛在石室前東西經行。調達於山北嶮巇❺間，橫擲石傷佛足指❻處，石猶在。佛說法堂已毀壞，止有塼壁、基在。其山峰秀端嚴，是五山中最高。

【章旨】法顯步出王舍舊城，攀登耆闍崛山，瞻禮佛陀及其弟子重要的活動場所——靈鷲山的聖跡。

【注　釋】❶搏　這是《佛國記》中此字的第二個用例。章巽先生以磧砂藏《法顯傳》所附「字音」之注為其依據，似乎並不確切。法顯顯然是從城中出發去耆闍崛山的，所以不存在從「附近」的什麼山東南行十五里的可能。從訓詁學的原則出發，「搏」只能以比喻意義來理解，即「搏」可近似地解釋為「沿著」、「順著」。❷東南上十五里　玄奘在《大唐西域記》卷九中說：「宮城東北行十四五里，至姞栗陁羅矩吒山。」與法顯所說「搏山東南上十五里」相對照，可以看出，王舍城離耆闍崛山非常近。❸耆闍崛山　可參見前面摩竭提國巴連弗邑章之注❸。耆闍崛山位於王舍舊城略東偏北方向。❹未至頭三里　指接近山頂的三里處。《水經・河水注》各種版本所引用均作「未至頂三里」，可以參照理解。❺嶮巇　顛危；險要高峻。❻橫擲石傷佛足指　調達，又稱提婆達多、提婆兜多。佛典記載，提婆達多多次圖謀害死佛陀，以便取而代之。在靈鷲山投擲石塊擊佛，就是其中一例。關於此事，《增一阿含經》卷四七記載：「爾時，世尊在耆闍崛山一小山側。爾時，提婆達兜到耆闍崛山，手擎大石長三十肘、廣十五肘而擲世尊。是時，山神金毗羅鬼恆住彼山。見提婆達兜抱石打佛，即時伸手接著餘處。爾時，石碎，一小片石著如來足，即時出血。」（《大正藏》卷二，頁八〇三中）

【語　譯】進入山谷之後，沿著向東南方向延伸的山路攀登十五里，就可以到達靈鷲山山頂。在距離山頂三里處，有一處洞口向著南方的洞窟，佛陀當初曾經在此坐禪。距離這一石窟西北方三十步，還有一處石窟，這是阿難曾經坐禪的地方。當初，阿難正在這個石窟中坐禪，天魔波旬變化成兇惡的鵰鷲，住於石窟前面恐嚇阿難。佛陀運用自己的神足力隔著石壁伸出手臂撫摩阿難的肩膀。阿難的恐懼隨即停止了。鳥跡、手孔現在仍然存在。因這一故事，此山又被稱之為鵰鷲窟山。石窟前面還有過去四佛坐禪的地方。在這座山上，各位羅漢都有石窟供其坐禪，總共有幾百個石窟。

當年，佛陀在石窟前面從東向西散步。調達在山北險要高峻的地方投擲石塊砸傷佛陀的腳趾。這塊石頭現在還可以看到。佛陀當年說法的法堂已經被毀壞了，只有磚牆以及地基還可以看到。這座山山峰秀麗巍峨，是五山之中最為高聳的一座。

法顯於新城中買香、華、油、燈，倩❶二舊比丘送法顯上耆闍崛山❷，華、香供養，然燈續明。慨然悲傷，收淚而言：「佛昔於此住，說《首楞嚴》❸。法顯生不值佛，但見遺跡、處所而已。」即於石窟前誦《首楞嚴》。停止一宿，還向新城❹。

【章　旨】法顯在佛陀當年宣說《佛說首楞嚴三昧經》的地方抒發感慨。

【注　釋】❶倩　藉助。請別人替自己做事叫「倩」。❷二舊比丘送法顯上耆闍崛山　法顯在此未敘述天竺二比丘相送的細節。然《出三藏記集》卷一五的〈法顯法師傳〉以及《高僧傳》卷三的〈宋江陵辛寺釋法顯傳〉對此事之細節有不同記載。此事對於我們理解法顯的人格魅力有重要助益，特將《出三藏記集》的文字錄之如下：「未至王舍城三十餘里，有一寺。逼暮仍停。明旦，顯欲詣耆闍崛山。寺僧諫曰：『路甚艱嶮，且多黑師子，亟經噉人。何由可至？』顯曰：『遠涉數萬，誓到靈鷲。寧可使積年之誠，既至而廢耶？唯有嶮難，吾不懼也。』眾莫能止，乃遣兩僧送之。顯既至山中，日將曛夕，遂欲停宿。兩僧危懼，捨之而還。顯獨留山中，燒香禮拜。翹感舊跡，如睹聖儀。至夜，有三黑師子來蹲顯前，舐脣搖尾。顯誦經不輟，一心念佛。師子乃低頭下尾，伏顯足前。顯以手摩之，咒曰：『汝若欲相害，待我誦竟。若見試者，可便退去。』師子良久乃去。明晨還反，路窮幽深。榛木荒梗，禽獸交橫，正有一逕通行而已。」依照常理，這一段材料應該寫入《佛國記》正文中。但法顯卻未曾採用。這一方面體現了法顯謙遜的美德，另一方面也是法顯所確定的敘述原則所決定的。類似於這段文字所敘的危險，法顯在天竺可以說是家常便飯了。所以，在幾次最危險的時刻，法顯都寫了自己的感慨。如果將此段文字所敘的內容加進去，法顯下文所表達的情感就更容易理解了。❸首楞嚴　即《佛說首楞嚴三昧經》二卷或三卷，主要宣講大乘禪觀。鳩摩羅什譯為漢語，收於《大正藏》第十五卷。首楞嚴，為梵文Śūraṅgama的音譯，意譯為「健相」、「健行」、「一切事竟」，為諸佛所得的禪定。《大涅槃經》卷二七說：「首楞嚴者，名一切事竟。『嚴』者，名『堅』。一切畢竟而得堅固，名『首楞嚴』。以是故言，首楞嚴定，名為佛性。」

❹還向新城　此語意指不明。一種可能是指「二舊比丘」，另一種可能是指法顯。一般注釋者均理解為法顯又回到王舍新城，但下文法顯又繼續敘述舊城周圍的聖跡，所以，筆者以為應解釋為：二位天竺王舍新城的比丘在靈鷲山停留了一夜，第二日又回到了新城。法顯則仍然在舊城巡遊。這裡，應該特別對《出三藏記集》以及《高僧傳》的記載作些辨析。如前注所引，兩位天竺僧人送法顯到山中之後，一聽法顯要在山中留宿，就捨棄法顯而去了。我以為，這種說法可能是傳記編者的合理想像，或者是當時傳播過程中不可避免的加工所致。而這段不見於《佛國記》的內容是傳記的編寫者採擇傳聞而來的。我以為，將傳記所記與法顯本人的這段文字相對照，事實真相應該是「二舊比丘」與法顯、道整一起留在山中一夜。第二日，「二舊比丘」下山回到王舍新城。

【語　譯】法顯曾經在王舍新城買了香、花、油、燈，並且請了新城中兩位熟悉的比丘送法顯攀登靈鷲山。我們用花、香供養佛陀，點燃油燈使其一直燃到天亮。法顯感慨良多，禁不住淚流滿面。良久，法顯收住眼淚說出心中的感慨：「佛陀昔日曾經在此地居住，並且向大眾宣說《首楞嚴三昧經》。法顯生不逢時，沒有機會遇見諸佛，只能見到佛陀當初活動的遺跡而已！」於是，法顯等在石窟前誦《首楞嚴三昧經》。陪送法顯上靈鷲山的王舍新城的二位比丘在山上停留了一夜，便返回了王舍新城。

出舊城北行三百餘步，道西，迦蘭陀竹園精舍❶，今現在。眾僧掃灑。精舍北二三里有尸摩賒那❷。尸摩賒那者，漢言棄死人墓田。

【章　旨】法顯重回王舍舊城，然後北行瞻禮迦蘭陀竹園精舍等佛教聖跡。

【注　釋】❶迦蘭陀竹園精舍　迦蘭陀，為梵文Kalandaka的音譯，是王舍城中的大長者。開始，迦蘭陀信仰耆那教，並且將大竹園布施給了耆那教。後來，拜見佛陀而受佛教化，於是將竹園收回並且在竹園中修建精舍，奉獻給佛教僧團。這一精舍就叫「迦蘭陀竹園精舍」(Kalandaka-veṇuvana)。據《大智度論》卷三說，王舍舊城「五山中有五精舍，竹園在平地。」這就是說，迦蘭陀竹園精舍位於王舍舊城北門外不遠處，與法顯所說正相一致。❷尸摩賒那　為梵文Śmaśānam的音譯，即無主墓地。

【語　譯】出了王舍舊城向北行走三百多步遠，在大道西側，有迦蘭陀竹園精舍，至今仍然存在，有許多僧人居住灑掃。在精舍以北二、三里的地方有一處尸摩賒那。尸摩賒那，漢語的意思就是丟棄死人屍體的地方。

南山石室

搏南山❶西行三百步有一石室，名賓波羅窟❷。佛食後常於此坐禪。又西行五六里，山北陰中有一石室，名車帝❸。佛泥洹後，五百阿羅漢結集經❹處。出經時，鋪三空座❺，莊嚴校飾，舍利弗在左，目連在右。五百數中少一阿羅漢。大迦葉為上座。時阿難在門外不得入❻，其處起塔❼，今亦在。

搏山亦有諸羅漢坐禪石窟甚多。

【章 旨】法顯至薩多般那求訶山即南山瞻禮了賓波羅窟和七葉窟。前者是佛陀食後坐禪的地方，後者是佛陀涅槃之後，其弟子舉行第一次結集的地方。

【注 釋】❶南山 為梵文Dakṣinagiri的意譯，指王舍城南邊的薩多般那求訶(Saptaparnaguhā)山，也即舉行第一次結集的七葉窟山，現今的索那山(Sonagiri)。《大唐西域記》卷九也提到「南山」，不過，玄奘是以竹林園為參照記述其方位的。玄奘說：「竹林園西南行五、六里，南山之陰大竹林中有大石室，是尊者摩訶迦葉波在此與九百九十九大阿羅漢，以如來涅槃後，結集三藏。」而竹園精舍位於王舍舊城北門外，從竹園精舍西南行五、六里，應該是到達了王舍城南邊的薩多般那求訶山。❷賓波羅窟 「賓波羅」為樹名，又稱「畢缽羅樹」、「卑缽羅樹」，樹木高大而生命力久長，類似榕樹而無支根，佛典中稱其為菩提樹。此石窟大概是因窟前多生菩提樹而得名。至於此窟的位置，數位注家並未將其說清楚。玄奘在《大唐西域記》卷九中較為明確地說，此窟在王舍舊城西北的「毗布羅山」(Vaibhāravaṇa)，即現今的鞞婆羅(Vaibhāragiri)山上。但法顯在此處明確將其記載於「南山」中。二人所說明顯不同，不知孰是？難於定奪，姑且存疑。關於佛教史上的第一次結集，法顯以及多數資料都說在「車帝石窟」，而《根本說一切有部毗奈耶雜事》卷三九卻說，結集是在「畢缽羅岩下」進行的。章巽先生又以「車帝石室與賓波羅窟地本相連故」去圓滿其說，更添混亂。❸車帝　梵文Chati的音譯，即「七葉樹」，學名 Alstonia sholars。七葉樹是一種高二、三丈的常綠喬木。此石窟因窟前多生這種樹而又名「七葉窟」(Saptaparṇaguhā)。❹結集經　這是佛教史上的第一次結集，也稱為「五百人結集」。只是《大唐西域記》卷九稱為「千人結集」，應該以五百人為是。❺鋪三空座　因為舍利弗、目連皆為釋迦牟尼佛的大弟子，並且先於釋迦牟尼佛涅槃，所以，在第一次結集中，大迦葉鋪設三個空座。釋迦牟尼佛之座居中央，舍利弗之座居左，目連之座居右。❻阿難在門外不得入　在第一次結集中，大迦葉因為阿難諸漏未盡，尚在有學地，並未完全解脫煩惱，因此拒絕讓其參加結集。阿難從七葉窟中退出，未及伏枕，竟然就達到漏盡之地，證成阿羅漢果。阿難又至石室前，扣門請求進入結集現場。大迦葉說：「既然你已經證成阿羅漢果位，就應該能夠運用神通，無須從門而入。」阿難於是從門鎖縫隙進入結集之所。這樣，方纔成全五百整數。❼其處起塔　在此應該指在阿難被剔除在外而悟道的地方修建大塔，吳玉貴先生將其理解為在「結集地點建造了佛塔」(《〈佛國記〉釋譯》，頁一九四)，是不妥當的。因為玄奘在其《大唐西域記》卷九的相關部分未曾提到在結集處建塔，而只說「前有故基，未生怨王為集法藏諸大羅漢建此堂宇。」相反，玄奘卻明確說：「大迦葉波結集西北有窣堵波，是阿難受呵責，不預結集，至此宴坐，證羅漢果。證果之後，方乃預焉。」

【語　譯】 沿著南山朝西的山路行走三百步，有一處石室，名叫賓波羅窟。佛陀當初常常在飯後到這個地方坐禪。

再從賓波羅石窟西行五、六里的路程，在南山的北坡有一處石窟，名叫車帝。這是佛陀涅槃之後，五百阿羅漢舉行第一次結集的地方。在編集佛經之前，大迦葉鋪設了三個空座位，裝飾整齊莊重，佛陀之座位於中央，舍利弗之座位於左邊，目連之座位於右邊。剛開始的時候，五百人數中少一名阿羅漢。大迦葉為上座僧。當時，阿難在石窟門外，不能進入結集場所。阿難被排除在外而突然證得阿羅漢果位的地方，後來修建有大塔，現在仍然存在。

在南山之上，諸位羅漢曾經坐過禪的石窟很多。

王舍舊城北

出舊城北，東下三里，有調達石窟❶。

離此五十步，有大方黑石，昔有比丘在上經行，思惟是身無常、苦、空❷，得不淨觀❸，厭患是身，即捉刀欲自殺。復念世尊制戒，不得自殺。又念：雖爾，我今但欲殺三毒賊❹，便以刀自刎。始傷肉，得須沱洹；既半，得阿那含❺；斷已，成阿羅漢果，般泥洹。

【章旨】王舍舊城外東北三里處有兩處遺址：一是調達石窟，二是一比丘自殺得羅漢果處。

【注釋】❶調達石窟　即提婆達多石窟。玄奘在《大唐西域記》卷九中說，王舍舊城「北門左南崖陰，東行

二、三里至大石室。昔提婆達多於此入定。」從法顯、玄奘所說看，調達石窟位於王舍舊城外東北三里處。❷空　其概念的梵文原字為Śūnya或Suñña，字面含義是「空的」、「空無」或「虛無」。「空」的概念有小乘「空」義和大乘「空」義的區分。小乘「空」被稱為「析法空」，是從「緣起」而言的。眾生都是由色、受、想、行、識「五蘊」合和而成的。如果五蘊和匯，「我」即存在；五蘊離散，「我」即不再存在。這就是小乘佛教的「我空」思想。將緣起理論貫徹於對事物的分析，就可以相應得出「法空」觀念。大乘佛教發展了小乘佛教的「空」觀念，提出了「當體空」和「中道」觀念。所謂「當體空」是說事物之所以「空」並不是因「分析」而「空」，事物的本性就是「空」。為了能夠使人們正確地認識事物，既不妄執事物為「實有」即真實的存在，也不妄執事物本身就沒有存在過，大乘佛教又提出了「中道」(Madhyamápratipad)的認識方法。從「中道」方法去認識，事物包括人本身，從本質而言是「空」的，是虛假不實的存在；但卻不能因此而否定其作為暫時的存在，也具有一定的價值和意義。用佛教的術語講，就是「有」和「無」的統一。法顯敘述的這位僧人的觀法具有明顯的小乘「析法空」的特徵。❸不淨觀　佛教小乘禪法五停心觀之一。在禪定中觀想人的身體從生到死時都處於汙穢不淨的狀態，由此去除各種欲念。❹三毒賊　佛教稱貪、瞋、癡為「三毒」，又稱「三火」、「三垢」。「貪」指貪欲，「瞋」指憤恨，「癡」即無明。這三種煩惱是產生其他煩惱的根源，所以又稱「三不善根」。❺阿那含　梵文Anāgāmin的音譯，意譯為「不還」。指斷盡欲界諸惑，不再還生欲界。

【語　譯】出王舍舊城北門，再朝東行走三里，有一處石窟，調達曾經在此坐過禪。

距離調達石窟五十步遠，有一方巨大的黑石。曾經有一位比丘在這塊石頭上經行，思考著我的這個身體本身就是無常、苦、空，於是就進入了不淨觀。這時，他討厭自己身體的汙穢，隨即拿起刀想自殺。轉眼一想，世尊制定戒律，不能自殺。但接著他又想：雖然戒律不允許自殺，但我今日只想殺掉三毒賊。於是，這位比丘便用刀自刎。起初，剛剛傷及脖頸時，他就得到了須陀洹果位；割進脖頸的一半時，他就得到了阿那含果位；脖頸被割斷後，他就得到了阿羅漢果位，此位比丘涅槃了。

伽耶城

從此西行四由延，到伽耶城❶，城內亦空荒。

復南行二十里，到菩薩本苦行六年❷處，處有林木。從此西行三里，到佛入水洗浴、天按樹枝得攀出池處。又北行二里，得彌家女❸奉佛乳糜❹處。從此北行二里，佛於一大樹下石上，東向坐食糜，樹、石今悉在。石可廣、長六尺，高二尺許。

中國寒暑均調，樹木或數千歲，乃至萬歲❺。

【章　旨】法顯離開王舍舊城，到達摩竭提國的伽耶城。佛陀出家後，正是在這個城市以及周邊地區修習苦行、悟道、成道的。釋迦修苦行之地位於距離伽耶城南二十里的地方，而釋迦放棄苦行而洗浴、食糜的地方也在此地附近。

【注 釋】❶伽耶城 梵文Gayā的音譯，今譯加雅，位於現在印度的比哈爾邦。現在印度的加雅又稱梵天加雅(Brahma Gayā)，以便與佛陀成道處的菩提加雅(Bodh Gayā)或佛陀加雅(Buddha Gayā)相區別。伽耶城起源相當古老。據《風往世書》記載，此城是由伽耶(Gayā)仙人曾經在此地修行而得名。法顯在此處所說的伽耶城是指梵天伽耶。❷菩薩本苦行六年 此處的「菩薩」指釋迦太子。釋迦太子出家後，先是至各地拜師修習，後來來到伽耶城外的森林之中修習苦行，特別是絕食修煉。但六年的苦行修行，並未使釋迦太子解脫，於是他放棄了苦行。至尼連禪河中洗了澡。上岸接受了牧牛女奉獻的乳糜，然後在一塊大石上進入禪定狀態。❸彌家女 彌家，又作「彌迦」，大概為梵文Grāmika音譯的略稱，意思為「村長」。彌家女，即村長的女兒。章巽所論（《法顯傳校注》，頁一二五）可以接受。❹乳糜 據慧琳《一切經音義》卷一〇〇解釋：「即以牛乳煮粥也；稠如糕糜，俗號乳糜。」慧琳並且說，這是俗人的方便說法，非正規名稱。❺中國寒暑均調三句 這三句較為突兀。從上下文揣摩，法顯在此似乎在暗示佛陀坐食乳糜的大樹樹齡很久長。但也有可能是法顯在藉此情境總結自己所見中天竺的古樹生長情形。

【語 譯】從王舍舊城向西行走四由延的路程，法顯等到達了伽耶城。這個城市與王舍新城一樣，呈現空曠荒涼的景象。

從伽耶城再向南行走二十里路程，就到達了釋迦牟尼佛當年還是菩薩的時候，長達六年修習苦行的地方。這裡仍然林木茂密。從這裡再向西走三里，就到達了釋迦牟尼佛當年決定放棄苦行，入河洗浴的地方。當年釋迦牟尼佛洗浴完畢，從河中上岸時，天神按下樹枝，佛陀方纔得以從河中爬上岸。從佛陀洗浴上岸的地方再向北行走二里路程，就到達了牧牛的村長女兒為佛陀奉獻乳糜的地方。從這個地方再朝北行走二里路程，就看見一棵大樹和樹下的巨石。當年釋迦牟尼佛就是在這棵大樹下的這塊巨石之上，朝東坐著食用了牧牛女向他奉獻的乳糜。樹以及巨石現在仍然存在。這塊石頭長、寬各六尺，高二尺多。

中天竺諸國冷熱均勻，樹木有的可達幾千歲，甚至上萬歲。

佛成道處

從此東北行半由延，到一石窟❶，菩薩入中西向結跏趺坐❷，心念：「若我成道，當有神驗。」石壁上即有佛影現，長三尺許，今猶明亮。時天地大動，諸天在空中白❸言：「此非過去、當來諸佛成道處。去此西南行，減❹半由延，貝多樹❺下，是過去、當來諸佛成道處。」諸天說是語已，即便在前唱導，導引而去，菩薩起行。離樹三十步，天授❻吉祥草❼，菩薩受之。復行十五步，五百青雀飛來，繞菩薩三匝而去。

菩薩前到貝多樹下，敷吉祥草，東向而坐。時魔王❽遣三玉女從北來試，魔王自從南來試。菩薩以足指按地❾，魔兵退散，三女變老。

自上苦行六年處，及此諸處，後人皆於中起塔立像，今皆在。

【章　旨】在伽耶城以南數里的貝多樹下，是佛陀成道之處。法顯從伽耶城南下瞻禮佛陀成道之處所遺留的聖跡。

【注　釋】❶石窟　此即《大唐西域記》卷八所說的「佛影石窟」，印度習俗稱之為Durgāśri，即自在天難近母的祠窟。自在天難近母為婆羅門教所崇拜的神靈。這個佛影石窟位於現今的莫拉山(Mora Mountain)，距離伽耶城約三英里，在尼連禪河東岸。《大唐西域記》卷八稱此山為「缽羅笈菩提山」，梵文為Prāgbodhi，意譯為「前正覺山」。玄奘並有自注：「唐言『前正覺』。如來將證正覺，先登此山，故云前正覺也。」❷結跏趺坐　佛教的一種靜坐方法，雙足交疊，或兩足交叉分別置於左右股上，或僅一足押於對側之股上。前者叫「全結跏趺坐」，後者叫「半結跏趺坐」。❸白　說；稟告；陳述。❹減　皆；全部。❺貝多樹　即一般所說的菩提樹，與佛典所說的其葉可用來書寫的「貝多羅樹」(Pattra)與「多羅樹」(Tāla)並非同一樹種。異稱有「畢缽羅樹」、「卑缽羅樹」、「賓波羅樹」等，均是梵文Pippala或Peepal的音譯。因為佛陀在此種樹下成道，因而又稱此樹為菩提樹。❻天授　現在流傳的各種版本均作「天授」，惟慧琳《一切經音義》卷一〇〇卻說「天授」應作「天獻」。慧琳的依據是：「《鄭箋詩》：『獻，奉也；進也。』《鄭注・周禮》：『古者奉物於君及尊長曰獻。』」從諸佛與天神的尊卑關係而言，佛應該高於天神，因此，慧琳纔說用「授」不妥當。但是，從釋迦當時的現實身分而言，未必就高於天神，因為他仍然未成道，只是一位菩薩。從這個角度說，法顯用「授」是恰當的。❼吉祥草　梵文名為Kuśa，又作「香茅」、「上茅」，音譯「孤沙」、「固沙」，學名是Poa cynosuroides。王舍舊城就因多生此草而被稱為「上茅宮城」。❽魔王　據《增一阿含經》卷三八至三九以及《過去現在因果經》卷三等記載，當佛陀坐於畢缽羅樹下思維之時，欲界第六天魔王波旬先後三次前來干擾佛陀。法顯在此所說為第一次，玄奘在《大唐西域記》卷八也有類似記述。❾菩薩以足指按地　佛陀在畢缽羅樹下戰勝魔王的坐姿後來被稱為「降伏坐」或「降魔坐」。具體的方法，一般說是先以右足押左股，次以左足押右股，而以右手手指指地。如《佛本行集經》卷二九說，佛陀「伸其右手。指甲紅色，猶如赤銅，兼以種種諸相莊嚴具足，無量千萬億劫諸行功德善根所生。舉手摩頭，手摩頭已，復摩腳趺。摩腳趺已，以慈愍心猶如龍王欲視舉頭。既舉頭已，善觀魔眾。觀魔眾已，以千萬種功德右手指於大地。」（《大正藏》卷二，頁七九一上）而法顯在此卻說「菩薩以足指按地」，不知何據？

【語譯】從佛陀食用乳糜的地方再向東北行走半由延的路程，法顯又到了一處石窟。當年釋迦太子進入這個石窟，面向西方結跏趺坐著，心中這樣想：「如果我能夠成道，應當有神驗出現。」果然，石壁上就立刻出現了佛陀自己的身影。佛陀的身影長約三尺多，到現在仍然明亮發光。這時，天搖地動，諸位天神在空中說道：「這不是過去、未來諸佛成道的地方。離開這個地方，向西南方向行走半由延的路程，有一棵貝多樹。貝多樹下，纔是過去、未來諸佛成道的地方。」諸位天神說完這些話，便在前面引導。天神引導著佛陀，佛陀便起身向前行走。距離貝多樹還有三十步，天神向佛陀遞上吉祥草，佛陀接受了。再朝前行走了十五步，有五百青雀飛了過來，圍繞著佛陀飛了三圈，然後纔離去。

佛陀向前走到貝多樹下，鋪設好吉祥草，面向東方結跏趺坐著。這時，魔王波旬派遣三位美女從北邊來誘惑試探佛陀的定力，魔王自己則從南邊來試探佛陀。佛陀將腳趾按在地上，魔兵隨即退散，三位美女也變老了。

上面提到的釋迦牟尼修六年苦行的地方，以及這裡所說的幾處聖地，後人都在其上修建了寶塔，也樹立了佛像。塔和佛像現在仍然存在。

佛成道已❶，七日觀樹受解脫樂處，佛於貝多樹下東西經行七日處，諸天化作七寶臺供養佛七日處，文鱗、盲龍七日繞佛❷處。佛於尼拘律樹下方石上東向坐，梵天來請佛處；四天王奉鉢❸處；五百賈客❹授麨蜜❺處。度迦葉兄弟師徒千人❻處。此諸處亦起塔。

佛得道處❼，有三僧伽藍，皆有僧住，眾僧民戶供給饒足，無所乏少。戒律嚴峻，威儀起坐、入眾之法❽，佛在世時，聖眾所行，以至於今。

【章　旨】圍繞著佛陀成道的菩提樹，形成了一座類似於小城的建築羣。在這裡有佛陀成道之後，幾次重大活動所遺留下來的聖跡。在佛陀成道處，建有三座佛寺，眾僧戒律謹嚴，供養豐厚。

【注　釋】❶佛成道已　佛陀在菩提樹下成道之後，在原地大約停留了四個七日，但關於這四個七日佛陀的活動，諸經典所記載略有差異。法顯在此所記也可算作一說。一般而言，在第一個七日，佛陀仍然在畢缽羅樹下入定享受解脫之樂；第二個七日則移至尼拘律樹下坐禪；第三個七日則有龍王前來供養佛陀並且接受佛陀的點化；第四個七日則有兩位商人路過而向佛陀奉獻炒麵，四天王向佛陀奉獻食鉢，以及梵天前來請求佛陀為眾生傳法等等事宜。至於在畢缽羅樹下經行七日，諸經典或有或無，並不統一。玄奘在《大唐西域記》卷八也說到過此事，並明確說此事發生在第二個七日。其文曰：「如來成正覺已，不起於座，七日寂定。其起也，至菩提樹北，七日經行，東西往來，行十餘步，異花隨跡，十有八文。」概觀法顯、玄奘所記，可能來源於當時他們所看到的遺跡以及聽聞的當地流行之傳說，因而在細節上與經典所說略有出入。另外，南傳以及漢傳經典還有佛陀在成道之處停留七個七日的說法，在此從略。❷文鱗盲龍七日繞佛　文鱗，又作「目支鄰陀」、「目脂鄰陀」、「目真鄰陀」、「文真鄰陀」，為梵文Mucilinda的音譯，意譯為「解脫」。據《佛本行集經》卷三一說，佛陀成道後不久，此龍王邀請佛陀至龍宮坐禪。七日中，風雨大作，突然寒冷，龍王以其巨大身軀纏繞七重保護佛身，並以七頭作大蓋覆護佛身。佛陀為龍王說法，龍王因聞佛陀說法而脫龍苦，故名「解脫」。諸經典中，並未提及「目支鄰陀」為「盲龍」。而《過去現在因果經》卷三在說到佛陀準備放棄苦行，並發誓：若未能悟道，誓不起身之時，提及一「盲龍」。其文曰：「爾時盲龍聞地動響，心大歡喜，兩目開明。曾見先佛有此瑞應。作是念已，從地踴出，禮菩薩足。」（《大正藏》卷三，頁六三九中）不過，經文並未明確說，此「盲龍」與「文鱗」為同一條。因此，我們以為應該將「文鱗盲龍」理解為二條龍。極其簡約的敘述特性，使此句容易產生歧異。因為「盲龍」並未「繞佛」七日，而是禮拜完畢之後就離去了。因此，準確細緻的敘述，應該將這兩件事分開來加以說明。❸四天王奉缽　佛陀成道之後，有商人奉獻給佛陀「麨蜜」，而佛陀並無器具盛放食物。於是，四天王「知佛心念各持一缽，來至佛所而以奉上。於是，世尊而自念言：我今若受一王缽者，餘王必當生於恨心，即便普受四王之缽，纍置掌上。按令成一，使四際現。」（《過去現在因果經》卷三，《大正藏》卷三，頁六四三中）❹五百賈客　關於佛陀成道之後，商人向佛陀奉獻食物之事，有兩種說法：一是二位商人，二是五百位商人。法顯取的是第二說，而《過去現在因果經》則有折中的說法。《過去現在因果經》卷三說：「爾時有五百商人，二人為主。一名跋陀羅斯那，二名跋陀羅梨。行過曠野。時有天神而語之言：『有如來、應供、正偏知、明行足、善逝、世間解無上士、調御丈夫、天人師、佛、世尊出，興於世。最上福田，汝今宜應最前設供。』時彼商人聞天語已，即答之曰：『善哉如告！』又問天言：『世尊今者為在何許？』天又報言：『世尊不久當來至此。』於是，如來與無量諸天前後導從，到多謂娑跋利村。時彼商人，既見如來威相莊嚴，又見諸天前後圍繞，倍生歡喜，即以蜜麨而奉上佛。」（《大正藏》卷三，頁六四三中）❺麨蜜　炒熟的米粉或麥粉和以蜜糖的食品。麨，米、麥等炒熟後磨粉製成的乾糧。這裡所言的是「麨蜜」的語言學意義，而佛典對於商人究竟奉獻給佛陀的是何種食物，說法甚多。如上引《過去現在因果經》卷三就說「即以蜜麨而奉上佛」，而《大唐西域記》卷八所說與法顯一致。考慮到這些複雜因素，「麨蜜」一語應作更寬泛理解。也就是說，「麨蜜」大概是一種蜜與炒麵合一的食品。❻度迦葉兄弟師徒千人　在波羅㮈住了一段時日後，佛陀又前往摩竭提國化度優樓頻螺迦葉波兄弟。迦葉三兄弟是信仰婆羅門教的蓬髮苦行者，出身婆羅門種姓，以崇拜火而著名。其中，大迦葉即優樓頻螺迦葉波(Uruvilvā Kāśyapa)，有弟子五百名；二迦葉即捺地迦葉波(Nadī Kāśyapa)，三迦葉即伽耶迦葉波(Gayā Kāśyapa)，各有二百五十名弟子。佛陀首先制服了迦葉兄弟事奉的火龍，然後又轉變了大迦葉的觀念，使其放棄苦行和對於「火」的崇拜，歸依佛教。二迦葉、三迦葉及其各自的弟子隨即跟隨其師歸依了佛陀。這就是法顯所說的「度迦葉兄弟師徒千人」之事，詳細記載可以參見《過去現在因果經》卷四以及《佛本行集經》卷三二等等經籍。❼佛得道處　法顯未曾提及以菩提樹為核心所形成的「菩提樹垣」，而玄奘對其敘說頗詳。玄奘在《大唐西域記》卷八說：「前正覺山西南行十四、五里，至菩提樹。周垣壘磚，崇峻險固，東西長，南北狹，周五百餘步。奇樹名花，連陰接影。細沙異草，彌漫緣被。正門東闢，對尼連禪河。南門接大花池，西阨險固，北門通大伽藍。壖垣內地，聖迹相鄰。或窣堵波，或復精舍。並贍部洲諸國君王、大臣豪族欽承遺教，建以記焉。菩提樹垣正中有金剛座……」這一「菩提樹垣」在現今仍然是伽耶城（加雅城）的重要組成部分，稱為菩提加雅(Bodh Gayā)或佛陀加雅(Buddha Gayā)或摩訶菩提(Mahābodhi)。❽入眾之法　即「入眾五法」，指佛教戒律中，出家人進入僧團應當遵守的五種規法。《五分律》卷一九曰：「佛言入眾應以五法：一下意，二慈心，三恭敬，四知次第，五不說餘事。」（《大正藏》卷二二，頁一三二）入眾，又叫「交眾」，是與眾僧共同起居的意思。

【語　譯】在佛陀悟道的菩提樹周圍，有許多聖跡。佛陀成道之後，觀想菩提樹七日而使自己享受解脫快樂的地方；佛陀在貝多樹下東西經行七日的地方；諸位天神變化出七寶臺供養佛陀七日的地方；文鱗、盲龍繞佛陀七日的地方。佛陀在榕樹下的大石之上，面向東方，結跏趺而坐，大梵天來請求佛陀轉法輪為眾生說法的地方；四天王向佛陀奉獻缽盂的地方；五百位商人向佛陀奉獻麨蜜的地方。還有佛陀度迦葉兄弟及其弟子千人的地方。以上這些聖跡所在之處，都修建了寶塔。

佛陀得道的地方有三座佛寺，並且都有僧人居住。僧人以及寺院的民戶的供給都很充足，沒有任何短缺。寺院僧人戒律謹嚴，行、住、坐、臥四種威儀以及眾僧入眾之法，都是佛陀在世時眾僧所實行的，相沿至今。

四大塔

佛泥洹已來，四大塔❶處相承不絕。四大塔者：佛生處，得道處，轉法輪處，般泥洹處。

【章　旨】法顯在此綜述佛陀涅槃之後，天竺修造供養的佛陀四大塔。

【注　釋】❶四大塔　四大塔中，佛陀出生地塔位於迦維羅衛國的「論民園」，得道處塔位於摩竭提國的伽耶城，初轉法輪處塔位於迦尸國波羅㮈城的「鹿野苑」，涅槃處塔則位於拘夷那竭城。法顯對於得道處、轉法輪處、涅槃處的塔都有記述，唯獨漏記了佛陀誕生之地「論民園」的寶塔。在《大唐西域記》卷八中，玄奘則有記述。

【語譯】自從佛陀涅槃以來，四大塔所在的地方一直相承不絕。所謂四大塔是指佛陀出生的地方、佛陀得道的地方、佛陀初轉法輪的地方以及佛陀涅槃的地方。

阿育王皈依佛教的因緣

阿育王昔作小兒時，當道戲，遇釋迦佛行乞食。小兒歡喜，即以一掬土施佛。佛持還，泥經行地。因此果報，作鐵輪王❶，王閻浮提。乘鐵輪，案行❷閻浮提，見鐵圍兩山❸間，地獄治罪人。即問羣臣：「此是何等？」答曰：「是鬼王閻羅❹治罪人。」王自念言：「鬼王尚能作地獄治罪人，我是人主，何不作地獄治罪人耶？」即問羣臣等：「誰能為我作地獄主治罪人者？」臣答曰：「唯有極惡人能作耳！」王即遣臣遍求惡人。

見池水邊有一人長壯、黑色、發黃、眼青，以腳鉤兼魚❺，口呼禽獸，禽獸來便射殺，無得脫者。得此人已，將來與王。王密敕之：「汝作四方高牆，內殖種種華、果，作好浴池，莊嚴校飾，令人渴仰。牢作門戶，有人入者，輒捉，種種治罪，莫使得出。設使我入，亦治罪莫放。今拜汝作地獄王。」

有比丘次第乞食，入其門，獄卒見之，便欲治罪。比丘惶怖求請：「須臾，聽我中食。」俄頃，復有人入，獄卒內❻置碓臼中擣之，赤沫出。比丘見已，思惟：此身無常、苦、空，如泡如沫，即得阿羅漢。既而獄卒捉內鑊湯❼中，比丘心顏欣悅，火滅湯冷，中生蓮華，比丘坐上。獄卒既往白王：「獄中奇怪，願王往看。」王言：「我前有要❽，今不敢往。」獄卒言：「此非小事，王宜疾往。」更改前要，王即隨入。比丘為說法，王得信解。即壞地獄，悔前所作眾惡。由是信重三寶，常至貝多樹下，悔過自責，受八齋❾。

王夫人問：「王常遊何處？」羣臣答曰：「恆在貝多樹下。」夫人伺王不在時，遣人伐其樹倒。王來見之，迷悶躃地，諸臣以水灑面，良久乃蘇。王即以塼壘四邊，以百甖❿牛乳灌樹根，身四布地⓫，作是誓言：「若樹不生，我終不起。」誓已，樹便即根上而生，以至於今。今高減⓬十丈。

【章　旨】綜述阿育王皈依佛教的因緣。

【注　釋】❶鐵輪王　古代印度有「轉輪聖王」的傳說，感得輪寶者可以稱雄天下。而輪寶又分為金、銀、銅、鐵四個層次，感得「金輪寶」者可以稱霸四洲，而感得「銀輪寶」者可以稱霸三洲，感得「銅輪寶」者可以稱霸二洲，感得「鐵輪寶」者則只能稱霸一洲。佛教認為，鐵輪王是統御南閻浮提一洲的帝王，其或者在增劫時人壽二萬歲時出現，或者在減劫時人壽八萬歲以上出現。❷案行　視察；巡視。❸鐵圍兩山　章巽懷疑足立喜六的考證，而以為此「鐵圍」是言「以鐵圍繞兩山間作地獄，與鐵圍山無關。」（《法顯傳校注》，頁一三〇）其實，足立喜六的說法是正確的，章先生之說十分牽強。佛教通常以「三千大千世界」來概括其宇宙構造。佛教以為，整個世界的中央是須彌山，須彌山周圍逐次朝外呈放射狀排列著七山八海。第八海即鹹海(Aral Sea)，拘盧、瞿陀尼、毗提訶、贍部等四大洲都圍繞在鹹海周圍，而於內層圍繞此鹹海的就是鐵圍山。這也就是佛教所說的「一小世界」。合一千一小世界，謂之「小千世界」，合一千小千世界，謂之「中千世界」，合一千中千世界，謂之「大千世界」。鐵圍山，又作「灼羯羅」、「斫迦羅」、「斫迦婆羅」、「爍迦羅」、「柘迦羅」等，為梵文Cakravāla

的音譯，意譯為「輪鐵圍」，簡稱為「鐵圍山」。玄應《一切經音義》卷二三說：「此云輪山，舊言鐵圍。圍即輪義，本無鐵名，譯人義立耳。」另外，佛教認為，閻羅王的本宮即大本營在鐵圍山之北地中，稱為「冥道宮」，閻羅王的五萬眷屬在此宮中居住。鐵圍山又有大、小之分。圍繞大千世界者，云「大鐵圍山」。圍繞「小世界」的，則是「小鐵圍山」。法顯此處所說「鐵圍兩山」應該是就大、小鐵圍山而言的。❹閻羅　又作「燗摩」、「閻魔」、「閻摩羅」等，為梵文Yamaraja的音譯，意譯為「縛」，即繫縛罪人之義。因為其在地獄之中，常受苦、樂二報，又稱其為「雙世」；因為兄妹二人併稱地獄之王，因而也稱其為「雙王」；又因其能夠平等治罪，所以又稱其為「平等王」。「閻羅」是地獄之總主宰。慧琳《一切經音義》卷五曰：「燗摩，梵語，鬼趣名也。義翻為平等王，此司典生死罪福之業，主守地獄八熱八寒，及以眷屬諸小獄等。役使鬼卒，於五趣中，追攝罪人，捶拷治罰，決斷善惡，更無休息。」❺腳鉤兼魚　章巽在其《法顯傳校注》，頁一三〇注74中說：「東本、開本、鐮本、麗本作『以腳鉤魚』」。但章先生正文未採納此語。從上下文看，「兼魚」實在難於索解，所以還不如採納「以腳鉤魚」為上佳抉擇。❻內　通「納」。入；進入。❼鑊湯　一種將人放入盛滿滾沸的開水的大鍋中蒸煮的酷刑。鑊，古人用來煮食物的大鍋。湯，熱水；開水。❽有要　有約定。要，約定。❾八齋　即「八關齋戒」、「八齋戒」，佛教居士應該遵守的八條戒律。內容為：一不殺生；二不偷盜；三不非梵行（不淫）；四不妄語；五不飲酒；六不塗飾香鬘，歌舞觀聽；七不眠坐高廣嚴麗床座；八不食非時食。前七條是「戒」，最後一條是「齋」而非「戒」，因此稱其為「八關齋戒」。「八關齋戒」通常是在六個齋日裡一日一夜受持，無須終身受持。在中土，六齋日一般為陰曆的每月初八、十四、十五、二十三以及月底的最後兩日。❿罌　小口大腹的盛酒器。如劉伶〈酒德頌〉：「先生於是方捧罌承糟，銜杯漱醪。」⓫四布地　高麗藏本作「身四枝佈地」，可從。枝，通「肢」。四肢，人的兩隻手和兩隻腳。⓬滅　皆；全部。

【語　譯】阿育王還是兒童時，有一次，他在道路中間戲耍，正好釋迦牟尼佛乞食從那裡路過。幼小的兒童看見佛陀，心裡十分歡喜，立即捧起一捧土施捨給佛陀。佛陀將這捧土拿回去塗泥自己經常散步的地方。阿育王因為這一舉動，獲得鐵輪王的果報，得以在閻浮提作國王。當阿育王乘著鐵輪巡視閻浮提的時候，看見在大、小鐵圍山之間有用來懲罰罪人的地獄。他隨即詢問大臣：「這是什麼地方？」大臣回答：「這是鬼王閻羅懲治罪人的地方。」阿育王自言自語地說：「鬼王尚且能夠建造地獄懲治罪人，我身為人間的統治者，為什麼不製造一個地獄來懲治罪人呢？」想到這裡，阿育王就問臣下：「誰能為我建造一座地獄，用來懲治罪人？」大臣回答說：「只有極其兇惡的人才能做這些事情。」阿育王立即派遣大臣到處去尋找這樣的惡人。

有一天，大臣們看見水池旁邊有一個身材魁梧、皮膚黝黑、頭髮焦黃、眼睛發青的人。這個人將自己的腳伸進池水中釣魚，口中還大聲喊著禽獸的名字。禽獸只要跑過來，便都被他射殺，沒有能夠逃脫的。大臣們訪得這個惡人後，將其帶回獻給阿育王。阿育王祕密地命令這個人：「你可以建造一圈四四方方的高牆，在裡面種植各種各樣的花和菓樹，再於其中建造一處浴池。你要將此院落建造裝飾得非常漂亮美麗，使人們非常嚮往。院落的門窗一定要建造得非常牢固，若有人進入裡面，立即將他捉住，用種種方法懲治其罪，不要讓他再有機會逃脫。即便是我誤入這座地獄大門，你同樣可以懲治我的罪過，不要放過。我現在任命你作這座地獄的獄王。」

後來有一位比丘，當他挨門挨戶乞食時，不小心誤入這座地獄的大門。獄卒看見了這位比丘，立即想治比丘的罪。比丘十分恐慌，向獄卒求情，要求通融一會兒，允許他吃完中午的齋飯。過了一會兒，又有人進來了，獄卒將來人置入碓臼之中，用力地擣砸，殷紅的血沫噴薄而出。比丘看見這個情景，心裡想著，這個身體確實是無常、苦、空的，它就像泡沫一樣。這樣，這位比丘立即證得了阿羅漢果位。擒殺此人之後，獄卒又將這位比丘捉起來置於盛滿開水且燃燒著大火的大鍋裡。這時，這位比丘心裡面非常歡喜，並且露出了欣慰的表情。當獄卒將這位比丘放入大鍋裡時，奇怪的事情發生了。燃燒的大火竟然熄滅了，鍋中的水也逐漸地變冷了，在鍋裡生長出了一朵蓮花，這位比丘則坐於蓮花之上。獄卒立即前往王宮向阿育王報告：「地獄中發生奇怪的事情，請求王親自去看看。」阿育王說：「我以前說過一個約定，現在不敢進去看。」獄卒說：「這不是小事，大王應該立刻前往察看。」於是，阿育王更改了以前的約定，隨即進入了這座地獄。這位比丘隨即向阿育王宣說佛法，阿育王相信並且產生了信仰，立即下令毀壞了這座地獄。阿育王很後悔以前所做的許多惡事。從這一因緣開始，阿育王信仰佛法，崇拜三寶，經常到菩提樹下懺悔以前的罪過，並且授受了八關齋戒。

阿育王的王后問大臣：「國王經常到什麼地方巡遊？」大臣回答：「經常在菩提樹下。」王后於是趁阿育王不在的時候，派人將那棵菩提樹砍倒了。阿育王回來看到被砍倒的菩提樹，神志昏迷，跌倒在地。大臣們急忙用水噴灑國王的臉面，過了很久，阿育王方纔清醒過來。阿育王隨即以磚石壘砌成圍牆將菩提樹的四周圈起來，並且用一百罐牛奶澆灌菩提樹的根部。阿育王四肢平攤於地頂禮膜拜這棵菩提樹，並發出這樣的誓言：「如果這棵樹不能再生復活，我就永遠匍匐在此，不再起來。」阿育王一發完誓言，菩提樹便從根部重新長出了枝條。這棵菩提樹從那時一直生長到現在，已經有十多丈高了。

雞足山

從此南三里，行到一山，名雞足❶，大迦葉今在此山中❷。劈山❸下入，入處不容人，下入極遠，有旁孔，迦葉全身在此中住。孔外有迦葉本洗手土，彼方人若頭痛者，以此土塗之即差。此山中即日❹故❺有諸羅漢住，彼方諸國道人，年年往供養迦葉。心濃至者❻，夜即有羅漢來，共言論，釋其疑已，忽然不現。此山榛木茂盛，又多師子、虎、狼，不可妄行。

【章旨】法顯從佛陀成道處南行，到達雞足山，瞻禮佛陀的大弟子大迦葉涅槃的地方。

【注釋】❶雞足　又稱「尊足山」、「尊足嶺」、「雞嶺」、「雞峰」等，均為梵文Kukkuṭapāda的意譯，音譯作「究究羅」、「究究吒」、「屈屈吒播陀」。因為此山山嶺向三方分開，其形狀很像雞足，因而名之為「雞足山」；又因為「其後尊者大迦葉波居中寂滅，不敢指言，故云尊足。」（玄奘《大唐西域記》卷九）關於此山的現在位置，有各種不同意見。其中，Cunningham的意見較為合理。他認為，雞足山應該是位於現在的加雅城(Gayā)東北十六英里處，庫爾基哈爾(Kurkihār)以北約一英里的三個峰頂。❷大迦葉今在此山中　此句以及下面的「迦葉全身在此中住」，都比較費解。法顯先說「大迦葉現在在此山中」，後又說「迦葉的全身在這個孔洞中住」，將這兩句聯繫起來揣摩，法顯似乎暗示迦葉的「全身」仍然存在。章巽將「大迦葉今在此山中」解釋為「即言大迦葉居中寂滅也」（《法顯傳校注》，頁一三二注❷），表面看來似乎可以成立，但仍覺意猶未盡。如果聯繫佛教有將僧人屍體保存為「全身舍利」的做法，法顯也有可能是在此山洞之中看到了大迦葉的「全身舍利」。只有這樣解釋纔可以將法顯的這兩句話作貫通的解釋。這是其一。其二，《出三藏記集》卷一五的〈法顯法師傳〉說，法顯在王舍城外的耆闍崛山中時，「忽逢一道人，年可九十。容服粗素而神明俊遠。雖覺其韻高，而不悟是神人。須臾，進前，逢一年少道人。顯問：『向逢一老道人是誰耶？』答曰：『頭陀弟子大迦葉也。』顯方惋慨良久。」從此可見，法顯作為虔誠的佛教徒，是真心相信大迦葉是仍然在此山中居住的，不過不輕易現身而已。這兩種情況正是法顯所見以及心中虔誠相信的。❸劈山　佛教史籍記載，大迦葉在佛陀寂滅之後，主持大法二十多年。後來，大迦葉自感「將入寂滅，乃往雞足山。山陰而上，屈盤取路，至西南岡。山峰險阻，崖徑槃薄，乃以錫扣，剖之如割。山徑既開，逐路而進，槃紆曲折，回互斜通，至於山頂，東北面出。既入山峰之中，捧袈裟而立，以願力故，三峰斂覆，故今此山三脊隆起。」法顯在此所說的「劈山」正是指的大迦葉以錫杖開路的傳說。其詳情正如玄奘在《大唐西域記》卷九中所說。❹即日　指大迦葉寂滅之日。也就是說，從大迦葉寂滅之日起，此山中就有羅漢常住。❺故　諸本均作「故」，唯日本所傳鎌倉時期的手抄本作「猶」。儘管鎌倉本較為晚出，難於作為校改的依據，但作為理解此句意義的一個線索是應該得到重視的。將此句與法顯下面數句聯繫起來理解，法顯實際上是說：自從大迦葉在此寂滅之日起，此山之中就一直有羅漢居住。如果有虔誠的供養者前來，此處的羅漢就會出來與來人見面。然後就神祕地消失了。❻心濃至者　指信仰虔誠、供養豐厚的人。濃，本意為「多露」，引申為厚、密。

【語　譯】從佛陀成道處向南行走三里路程，到達了一座名叫「雞足」的山。佛陀的大弟子大迦葉就是在此地涅槃的。當時，大迦葉來到此山以錫杖劈山開路登上山頂，進入岩石的縫隙之中。這個縫隙非常狹小，入口處甚至還沒有人的身體寬。從此縫隙朝下走很遠的地方，在岩壁的側面有一處孔道。大迦葉的全身舍利就置放在此。在山洞外邊，有大迦葉原來用來淨手的土。現在，此地的人士如果患上頭痛病的話，將這裡的土塗抹在頭上，頭痛就自然痊癒了。

這座山中，從大迦葉涅槃的時日起，一直就有諸位羅漢居住。天竺諸國的僧人也年年前來供養大迦葉。如果來供養的僧人很虔誠的話，夜裡就會有羅漢前來與供養者一起探討經義。一旦來者的疑惑解除之後，羅漢突然就不見了。這座山峰林木茂盛，獅子、虎、狼很多，不能隨便亂走。

曠　野

法顯還向巴連弗邑❶。順恆水西下十由延，得一精舍，名曠野❷。佛所住處，今現有僧。

【章　旨】法顯從雞足山折回到王舍城，然後又順著恆河西下，到達如來降伏「曠野」諸鬼的地方。

【注　釋】❶還向巴連弗邑　雞足山位於巴連弗邑的東南，而且加雅城以及雞足山遠離恆河，因此，法顯首先從雞足山北上到達巴連弗邑，再由巴連弗邑出發順恆水西下到達曠野精舍。❷曠野　又作「阿吒薄俱」、「阿吒薄迦」，為梵文Āṭavaka的音譯，意譯為「曠野鬼」或「大元帥」，是十六藥叉將之一。據玄奘《大唐西域記》卷七在「戰主國」下說：「昔於此處有曠野鬼，恃大威力，噉人血肉，作害生靈，肆極妖祟。如來愍諸眾生不得其死，以神通力誘化諸鬼，導以歸依之敬，齊以不殺之戒。諸鬼承教，奉以周旋，於是舉石請佛安坐，願聞正法，克念護持。」玄奘所說「戰主國」(Garjapur)大概位於今印度的迦齊浦耳(Ghāṇipur)。而佛陀降伏「曠野鬼」的故址位於摩訶娑羅邑(Mahala)以東三十餘里處，而摩訶娑羅邑則位於此國以東偏南三百餘里處，即今巴特那(Patna)以西的阿拉赫(Arrah)西約六英里處的馬莎爾村(Masār)。

【語　譯】法顯從雞足山北上重新回到巴連弗邑。然後，法顯又順著恆水西下十由延的路程，得以到達一處叫曠野的精舍。這是昔日佛陀所住過的地方，現在還有僧人居住。

迦尸國波羅㮈城

復順恆水西行十二由延，到迦尸國❶波羅㮈城❷。城東北十里許，得仙人鹿野苑精舍❸。

此苑本有辟支佛住，常有野鹿棲宿。世尊將成道，諸天於空中唱言：「白淨王子出家學道，卻後七日當成佛。」辟支佛聞已，即取泥洹，故名此處為仙人鹿野苑。世尊成道已，後人於此處起精舍。

佛欲度拘驎等五人❹，五人相謂言：「此瞿曇沙門❺本六年苦行，日食一麻一米，尚不得道，況入人間，恣身、口、意❻，何道之有？今日來者，慎勿與語。」佛到，五人皆起作禮處。復北行六十步，佛於此東向坐，始轉法輪，度拘驎等五人處；其北二十步，佛為彌勒受記❼處；其南五十步，翳羅鉢龍❽問佛：「我何時當得免此龍身？」此處皆起塔，見在。中有二僧伽藍，悉有僧住。

【章　旨】迦尸國的波羅㮈城是佛陀當初傳教的最重要地域之一。法顯、道整由「曠野」精舍出發到達此城瞻禮鹿野苑精舍以及佛陀初轉法輪的故址。

【注　釋】❶迦尸國　梵文為Kāsī，此國國名又作「婆羅痆斯國」(Vārāṇasī)。「迦尸」是古代印度的十六大國之一。西元前六世紀之前，迦尸國仍然是印度最為強大的國家之一。在佛陀活動的時代，迦尸國已經衰落。在憍薩羅國勝軍王即位之前，迦尸國已經被憍薩羅國吞併。在佛陀晚年時，摩竭提國未生怨王打敗憍薩羅國，稱霸北印度時，迦尸國也就隨之併入摩竭提國。迦尸國的首都是波羅㮈城，為當時重要的城市之一。佛教聖跡很多。❷波羅㮈城　梵文名為Vārāṇasī，是古代印度迦尸國的國都。波羅㮈城位於恆河北岸，又有Varuṇā河流經城北，Asi河流經城南。合此二河的名稱就得城市之名Vārāṇasī。波羅㮈城為古代印度重要的工商業城市，交通發達，東通恆河下游，西通拘薩羅國舍衛城。波羅㮈城也是婆羅門教及印度教的重要聖地，婆羅門教聖跡很多。

位於此城東北的鹿野苑精舍是佛陀當初初轉法輪的地方，也是當時佛教傳播的重要中心之一。波羅㮈城的今址是印度北方邦的貝拿勒斯(Benāres)，後來改名為瓦臘納西。❸仙人鹿野苑精舍　鹿野苑，梵文名是Mṛgadāva，又稱為「施鹿林」，其故址位於今瓦臘納西以北約四英里處的Sārnāth。鹿野精舍在阿育王時期已負盛名，為佛教四大聖地之一。法顯在前面記述的天竺四大塔之中就有鹿野苑佛塔。鹿野苑的得名，法顯只是說，是因為此處本有辟支佛居住以及野鹿經常出沒的緣故，但玄奘卻說與佛陀和提婆達多有關。《大唐西域記》卷七說：「其側不遠大林中有窣堵波。是如來昔與提婆達多俱為鹿王斷事之處。昔於此處大林之中有兩羣鹿，各五百餘。時此國王畋遊原澤，菩薩鹿王前請王曰：『大王校獵中原，縱燎飛矢，凡我徒屬，命盡茲晨。不日腐臭，無所充膳。願欲次差，日輸一鹿。王有割鮮之膳，我延旦夕之命。』王善其言，迴駕而返。兩羣之鹿更次輸命。提婆羣中有懷孕鹿，次當就死。白其王曰：『身雖應死，子未次也。』鹿王怒曰：『誰不寶命。』雌鹿歎曰：『吾王不仁，死無日矣！』乃告急菩薩鹿王。鹿王曰：『悲哉，慈母之心恩及未形之子！吾今代汝。』遂至王門。道路之人傳聲唱曰：『彼大鹿王今來入邑。』都人、士庶莫不馳觀。王之聞也，以為不誠。門者白王，王乃信然。曰：『鹿王何遽來耶？』鹿曰：『有雌鹿當死，胎子未產，心不能忍，敢以身代！』王聞歎曰：『我人身鹿也，爾鹿身人也。』於是悉放諸鹿，不復輸命。即以其林為諸鹿藪，因而謂之施鹿林焉。鹿野之號自此而興。」此引文中，「菩薩鹿王」是釋迦牟尼佛的前身，另外一位鹿王是指提婆達多的前身。這一傳說也見之於漢傳佛籍如《六度集經》卷三、《出耀經》卷一四以及巴利文《本生經》第十二等等文獻之中。提婆達多本來是佛陀的堂兄弟，但進入佛教僧團之後，由於與佛陀意見不和以及曾經逼迫佛陀讓出僧團的領導權，因而成為佛教的死敵。這一傳說大概與此事有關。從學術角度考察，恐怕為後起之說。因此，如果佛陀初轉法輪之時，此園就已經被稱為「鹿野苑」的話，法顯的記述是較樸素而可信的。❹拘驎等五人　又作「五俱倫」或作「五拘鄰」，指佛陀最初所度的五個比丘。「俱倫」、「拘鄰」一詞，其準確含義已經難於知曉，大略有兩種說法：其一是說此五人自過去世以來俱為同倫，故稱「俱倫」；其二是說「俱倫」乃阿若憍陳如之別譯，五比丘中以阿若憍陳如為首，故統稱之為「拘驎等五人」或「五俱倫」。據《根本說一切有部毗奈耶破僧事》卷四記載，釋迦太子逾城出家，淨飯王命父系親屬三人、母系親屬二人跟隨太子作侍從。釋迦太子修行苦行六年未取得進展而放棄，此五人於是離開釋迦而至鹿野苑繼續修練苦行。釋迦牟尼成佛之後，來到鹿野苑初轉法輪，憍陳如等五人成為釋迦牟尼佛最早的五位弟子。這五位比丘是：憍陳如、額鞞、跋提、十力迦葉、摩男俱利。阿若憍陳如(Ājñātakauṇḍinya)，又作「阿若拘鄰」、「阿若多憍陳那」。「阿若」為名，「憍陳如」為姓。「阿若」的意思為「已知」、「無知」(非無所知，即全知)、「了本際」，「憍陳如」的意思為「火器」。❺瞿曇沙門　瞿曇是梵文Gautama的音譯，也翻譯為「喬達摩」，是釋迦牟尼佛的族姓。此處的「瞿曇沙門」是指釋迦牟尼佛。❻身口意　佛教的「三業」，即眾生的三類重要的身心活動，指身、口以及思維器官三處所產生的一切活動。身體所作稱之為「身業」，口之所說稱之為「口業」，思維活動稱之為「意業」。依照佛教的判斷標準，「三業」可分為善、惡和不定三種性質。凡是有利於修行解脫的業就是「善業」，凡是妨礙修行解脫的業就是「惡業」，一時性質難定、呈現為潛在的可能性的「業」稱之為「不定業」。❼佛為彌勒受記　受記，即「授記」，為梵文Vyākaraṇa的意譯，是「預言」的意思。關於釋迦牟尼佛為彌勒菩薩授記之事，大乘經典都有記述，唯《阿含經》所記較為原始。《中阿含經》卷一三〈王相應品說本經〉記載，佛陀在波羅㮈城「仙人住處鹿野園」中對跟隨他的弟子說，阿夷哆會在「未來久遠，人壽八萬歲時」，先作轉輪王，後來則可以作佛，名「彌勒如來」。佛陀並且吩咐阿難：「阿難，汝取金縷織成衣來，我今欲與彌勒比丘。」「爾時，尊者阿難受世尊教，即取金縷織成衣來，授與世尊。於是，世尊從尊者阿難受此金縷織成衣已。告曰：『彌勒，汝從如來取此金縷織成之衣施佛、法、眾。』」(《大正藏》卷一，頁五一一中)法顯所說「佛為彌勒受記」正是指此事。《中阿含經》卷一三所記此事的發生地也在鹿野苑。彌勒授記處大塔即現存的達麥塔(Dhāmekh Stūpa)，是距今一千五百多年前印度笈多王朝的遺物。笈多王朝大致建立於西元三二〇年，現今的這座遺存應該就是法顯所看到的「彌勒授記塔」。❽翳羅缽龍　又作「伊羅缽龍」，是梵文Elāpatra的音譯。據《佛本行集經》卷三八記載，此龍的前身在過去世曾經是一位出家人，因為故意折斷「伊羅草」，並且不相信迦葉佛的預言，命終以後，遂即生為龍身而名為「伊羅缽」。遵照迦葉佛的預言，釋迦牟尼佛出世後，翳羅缽龍便禮拜佛陀，詢問自己何時方纔可以脫離龍身，何時得復人身。佛陀告訴翳羅缽龍，在彌勒佛出世後，方纔可以恢復人身。「爾時世尊為伊羅缽更復說法，令其歡喜。勸示教言：『來，汝龍王！歸依佛，歸依法，歸依僧，受持五戒。而汝當得長夜利益，大得安樂。』伊羅缽龍既從佛聞如是語已，即白佛言：『如世尊教，我今歸依佛、法、僧寶，受持五戒。』」（《大正藏》卷三，頁八二九下）

【語　譯】從「曠野」精舍，順著恆河向西繼續行走十二由延的路程，法顯和道整到達了迦尸國的波羅㮈城。從波羅㮈城向東北行走大約十里路程，就可到達仙人鹿野苑精舍。

鹿野苑原來有辟支佛居住，並且經常有野鹿在此棲息。世尊將要成道，諸位天神在空中大聲唱：「淨飯王的兒子出家學道，從現在起七日內必然成佛！」辟支佛聽見以後，隨即進入涅槃。由於辟支佛的緣故，此園被稱為仙人鹿野苑。世尊成佛後，後人在此處修建了精舍。

佛陀決定傳播佛法，想度阿若憍陳如等五人。憍陳如等五人互相議論說：「這個瞿曇沙門本來修行了六年苦行，每日只食用一粒麻、一粒米，尚且未能成道，何況後來又回到人間，放縱自己的身、口、意三業，他會成什麼道呢？現在他向我們走來，我們小心些，不要跟他說話。」但是，當佛陀走到他們跟前，五個人卻不由自主地向佛陀致禮。這五人向佛陀致禮的地方，現在也修建了大塔。佛陀從這個地方又向北行走了六十步，面向東方坐下，開始了成道之後的第一次說法。最後，這五個人皈依佛陀，成為佛教之中最早的比丘。在初轉法輪之處朝北走二十步，有當初佛陀向彌勒預言將來成佛的故址。在彌勒授記處朝南五十步，翳羅缽龍曾經在此詢問佛陀：「我什麼時候纔能免除這個龍身而恢復人身？」

上述故址都修建了大塔，現在都還能夠看到。鹿野苑之中有兩座佛寺，都有僧人居住。

拘睒彌國

自鹿野苑精舍西北行十三由延，有國，名拘睒彌❶，其精舍名瞿師羅園❷。佛昔住處，今故有眾僧，多小乘學。從是東行八由延，佛本於此處度惡鬼處，亦嘗在此住，經行、坐處皆起塔。亦有僧伽藍，可百餘僧。

【章旨】法顯從鹿野苑精舍出發到達了拘睒彌國。這個國家也有佛陀當初住過的精舍以及經行、坐過的地方，佛陀還曾經在此地度化過惡鬼。

【注釋】❶拘睒彌　又作「憍尚彌」、「拘尸彌」等，為梵文Kauśāmbī的音譯，阿育王石柱勒銘作Kosaṃbiya。拘睒彌是古代印度十六大國之一的「跋蹉國」（梵Vatsa, Vaṃsa）的首都，也是古代印度最著名的城市之一。由於法顯、玄奘關於此城的位置的敘述，矛盾之處甚多，因而對於其確切位置難於定讞。Cunningham認為，拘睒彌應該是現在印度北方邦南部阿拉哈巴德(Allahābād)西南三十里處、朱木拿河畔的科桑村(Kosam)。但此說與法顯、玄奘的記述並不十分吻合。不過，二十世紀五十年代在科桑村的考古發掘，對於Cunningham的考證十分有利。在科桑村發現了西元前七世紀的古代城垣以及阿育王石柱。柱頭雖然殘缺，但其銘文仍然可讀。這些證明，現在的科桑村就是印度古代的拘睒彌城的遺址。❷瞿師羅園　瞿師羅，又作「具史羅」、「瞿史羅」，為梵文Ghoṣila的音譯，意思為「美妙的聲音」，是佛陀時代拘睒彌城富有的長者。據《中本起經》卷下記載，此瞿師羅在過去世曾經為一隻狗，因為用其叫聲請來辟支佛至其家供食，所以來生得到好報得以生出美妙的聲音。後來，瞿師羅受佛陀點化，皈依佛教，並且將其擁有的園林捐獻出來作為佛教寺院，世人稱之為「瞿師羅園」。佛陀曾經在「瞿師羅園」居住說法多年。玄奘在《大唐西域記》卷五說，拘睒彌城「城內東南隅有故宅餘址，是具史羅長者故宅也。中有佛精舍。」二十世紀五十年代末，在現今的科桑村東門門北的荒地上發現了「瞿師羅園」的遺址。這與玄奘所說基本一致。

【語　譯】從鹿野苑精舍朝西北方向行走十三由延的路程，法顯到達了一個叫拘睒彌的國家。拘睒彌城中有一座精舍名為瞿師羅園，這是佛陀昔日居住過的地方。現在仍然有僧眾居住，都修習小乘佛法。

從這座精舍再朝東行走八由延的路程，有佛陀昔日度惡鬼的故址。佛陀昔日也曾經在此居住。在佛陀昔日散步、禪坐的地方都修建了大塔。這裡也有佛寺，大概有一百多位僧人在此寺居住修行。

達嚫國

從此南行二百由延，有國名達嚫❶，是過去伽葉佛僧伽藍❷，穿大石山作之。凡有五重❸：最下重作象形，有五百間石室；第二層作師子形，有四百間；第三層作馬形，有三百間；第四層作牛形，有二百間；第五層作鴿形，有百間。最上有泉水，循石室前繞房而流，周圍迴曲，如是乃至下重，順房流，從戶而出。諸層室中，處處穿石作窗牖通明，室中朗然，都無幽暗。其室四角頭穿石作梯磴上處，今人形小，緣梯上，正得至昔人一腳所躡處耳❹。名此寺為波羅越。波羅越者，天竺名鴿❺也。其寺中常有羅漢住。

此土坵荒，無人民居，去山極遠方有村。皆是邪見❻，不識佛法、沙門、婆羅門及諸異學❼。彼國人民常見人飛來入此寺，於時諸國道人欲來禮此寺者，彼村人則言：「汝何以不飛耶？我見此間道人皆飛。」道人方便❽答言：「翅未成耳。」

達嚫幽險，道路艱難而知處❾。欲往者，要當賚錢、貨施彼國王。王然後遣人送，展轉相付，示其逕路。法顯竟不得往。承彼土人言，故說之耳。

【章　旨】拘睒彌國的南邊有達嚫國，有過去迦葉佛的僧伽藍，很是宏偉。因路途過於難行，法顯未能親自前往，此處所敘只是傳聞。

【注　釋】❶達嚫　即《大唐西域記》卷一〇所說的「憍薩羅國」(Kosala)，《大慈恩寺三藏法師傳》卷四稱其為「南憍薩羅國」。古代印度北方有一個以王舍城為首都的「憍薩羅國」，此即法顯所說的「拘薩羅國」。「達嚫」(Dakṣiṇa)是「南方」的意思，所以此國的全名應為「南憍薩羅國」(Dakṣiṇa-Kosala)，法顯是以簡稱稱呼此國的。其古代疆域包括現今納格浦爾以南的錢達(Chandā)全部及其以東的康克爾(Kanker)一帶地區。此國雖然稱為「南憍薩羅國」，但是並不屬於南天竺，而應該算作「中天竺」。慧立、彥悰在《大慈恩寺三藏法師傳》卷四中明確說過：「自此西北行一千八百餘里至南憍薩羅國，中印度境。」季羨林先生在《大唐西域記校注》中將其列入「南印度」，是不妥當的。季先生之文見《大唐西域記校注》的「代前言」——〈玄奘與大唐西域記〉，頁七十四所列的「表」，中華書局，一九八五年二月版。❷過去伽葉佛僧伽藍　關於這一僧伽藍，法顯《佛國記》、玄奘《大唐西域記》以及慧超《往五天竺傳》都有記載，但惟獨法顯說此佛寺為「過去迦葉佛僧伽藍」，玄奘和慧超都說是當時的國王為龍樹菩薩所造。《大唐西域記》卷一〇並且說，國王因建此寺盡耗國財而憂慮，龍樹菩薩「以神妙藥滴諸大石，並變為金。」儘管法顯、玄奘以及慧超都未能親見此寺，所記均為傳聞，但基本可以肯定，將此寺當作迦葉佛僧伽藍是不對的，應該以玄奘、慧超所記為是。❸凡有五重　關於此寺的設置，法顯、玄奘所記均為「五重」，而慧超卻記為「三重」。由於三人都未親臨現場，所以誰是誰非，難於斷言，姑且從疑。❹耳　除日本滋賀縣石山寺所藏抄本以及鐮倉時期的古抄本作「耳」之外，其他諸本均作「因」。以「耳」為準，則「耳」做句尾嘆詞。以「因」為準，則「因」做句首，為表因果關係的連詞。但是，揣摩上下文，前面數句與此山以「鴿」為名沒有因果關係，所以應該從「耳」纔是。❺波羅越者二句　這二句是說，這座寺院的名字是「波羅越」，在天竺語言中是「鴿子」的意思。但是，參照玄奘所記，法顯所記也許有誤。梵文「鴿子」一詞為Pārāvata，「波羅越」為其音譯。而Pārāvata很容易與其他相近發音之詞混淆。可能的混淆有三種：其一，《大唐西域記》卷一〇稱此山為「跋邏末羅耆釐山」，其梵文為Bhrāmara-giri，giri的意思為「山」，而Bhrāmara的意思為「黑蜂」。Bhrāmara與Pārāvata讀音相近，容易混淆。其二，如法顯所說，這一佛寺修建於「大石山」上，而「山」的梵文詞Parvata的發音也與Pārāvata的讀音相近而容易混淆。其三，西藏多羅那它稱龍樹所住的山為「吉祥山」(張建木譯《印度佛教史》，頁八十五，四川民族出版社，一九八八年三月版)，而「吉祥山」的梵文詞Śriparvata的發音也有與Pārāvata發音混淆的可能。❻邪見　此語可有兩種不同的理解：一是將其當作佛教專門術語；二是將其作為一般語詞作寬泛的理解。吳玉貴在其釋譯中主張第一種解釋(《〈佛國記〉釋譯》，頁二二五)，但卻並未將其含義說明白。佛教經典有十種「根本煩惱」的說法，其中第八種就是「邪見」，但這裡的「邪見」是有所指的。從一般意義上，可以將其解釋為：不相信佛教關於因果的理論，認為因與果之間並沒有必然的聯繫。但實際上，這種「邪見」是指在佛教產生時期在印度流行的「沙門思潮」的一種——順世派的理論主張。最初的佛教典籍——如漢譯《梵網經》、《阿含經》以及巴利語《長尼迦耶》第一《梵網經》都是如此說的。《成實論》卷一一則說：「邪見謂：無施、無祠、無燒，無善、無惡、無善惡業報，無今世、無後世，無父母、無眾生、受生，世間無阿羅漢正行、正智。自明瞭證此世、後世，知我生盡，梵行已成，所作已辦，從此身已，更無餘身者。」這裡的要點被概括為「二邪見」：其一，「破世間樂邪見」，指無視因果之理而造惡，墮於惡道，不得人天之樂。其二，「破涅槃道邪見」，指雖然修善，但卻執著於現世的「我」，雖得到人、天二道之樂，而不能得到涅槃之果。不過，將法顯這裡所說的「邪見」理解為，是就順世派而言的，在學術上是一個重大問題。因為印度的順世派雖然是一個淵源流長的民間宗教派別，但留世的資料卻非常有限。如果能夠解讀出法顯這幾句話的真正含義是達嚫國國民當時大多信仰順世派，這無疑會對我們了解印度順世派的流行情況非常有益。從法顯的上下文揣摩，將「邪見」界定為順世派是完全可以的。因為只有如此，纔能夠準確理解寺院附近的村民何以「不識佛法、沙門、婆羅門及諸異學」。❼不識佛法沙門婆羅門及諸異學　既然「邪見」是專就順世派而言，所以，這句話的準確意思就是：不知道佛法、僧人、婆羅門以及其他的各種不同學說。言下之意就是只知道順世「邪見」。❽方便　也可作專門術語與一般語詞兩種解釋。作為一般術語，可以簡單理解為「隨方覓便，隨機行事」（吳玉貴《〈佛國記〉釋譯》，頁二二五）。作為佛教術語的「方便」是從兩種意義上使用的：一是與「真實」相對而言，也就是「權宜」、「應機變化」的意思，其所說與所行只具有相對的「真實性」，而與「絕對真理」不同。二是在大乘佛教中，與般若智慧相對而言的「權宜之智」，包括世間的生活、工作之中的智慧都是「方便」智慧。從法顯使用這一語詞的語境看，準確的理解應該以專門術語為是，而專門術語的第二義自然更中肯綮。前來瞻禮聖跡的僧人本不會飛，但是面對這些「外道」又無法說清楚，所以，僧人在不違反「不妄語」之戒條的前提下，只好以「方便」回答他們了。❾而知處　章巽在《法顯傳校注》，頁一四〇注㉛中說，一些版本作「而」，一些版本作「難」，而章巽從「而」。實際上，校改為「難」似乎更易於貫通，故在語譯中作「難知處」理解。「難知處」也就是難於知曉方位的意思。

【語　譯】從佛陀在拘睒彌城附近降伏惡鬼之處再朝南行走二百由延的路程，有一個名叫達嚫的國家。這裡有當時達嚫國國王為龍樹菩薩建造的寺院。這座寺院是穿鑿大石山而修建的，總共有五層。最下面的一層雕鑿為大象的形狀，分布著五百間石室。第二層雕鑿成獅子形狀，分布著四百間石室。第三層雕鑿成馬的形狀，分布著三百間石室。第四層雕鑿成牛的形狀，分布著二百間石室。第五層雕鑿成鴿子的形狀，分布著一百間石室。寺院的最高處有一股泉水流出，泉水順著石室前邊繞房而奔流。這股泉水迂曲而流，一直環繞著每一層石室，由頂層一直流到下層。泉水都是順著石室流淌，然後又從石室的門戶流出。五層各個石室都將石壁鑿穿成窗戶用來採光。這樣，石室中光線充足，一點都不會感覺到幽暗。石室的四個角落都有在石壁上鑿出的、用作向上攀登的石頭階梯。現在人身材矮小，向上攀登時，其頭頂剛好碰到原來人鑿出的踏腳的階梯而已。此地人將此寺院命名為「波羅越」。所謂「波羅越」，在天竺語言中是「鴿子」的意思。寺院中常有羅漢居住。

寺院所在的地方呈現一片荒涼景象，沒有民眾居住。距離這座山很遠處，方纔有村莊。這個村莊的人都信仰「邪見」順世派。他們不知道佛法、僧人、婆羅門以及其他的各種不同學說。這個國家的人常常看見人飛來，進入這座佛寺。當各國的僧人前來此寺瞻禮時，那些村民就會問：「你們為什麼不飛呢？我看見這裡的道人都會飛。」僧人只能以方便回答：「我的翅膀還沒有長成呢！」

達嚫國幽遠險峻，道路艱難，並且很難知道行進的方向。想前往那座佛寺的人都必須首先帶著金錢和物品奉獻給這個國的國王。然後，國王纔會派人護送。這樣展轉相送，指示前進的路線，纔能到達「波羅越寺」。由於這些原因，法顯最終沒有能夠親身前往瞻禮，承蒙天竺本地人講了那裡的情況，所以就作了這些記述。

重歸巴連弗邑

從波羅㮈國[1]東行，還到巴連弗邑。法顯本求戒律，而北天竺諸國，皆師師口傳，無本可寫。是以遠步，乃至中天竺。於此摩訶衍僧伽藍❷得一部律，是《摩訶僧祇眾律》❸，佛在世時最初大眾所行也，於祇洹精舍傳其本。自餘十八部❹各有師資，大歸不異，於小小不同，或用開塞❺。但此最是廣說備悉❻者。復得一部《律抄》❼，可七千偈❽，是薩婆多眾律❾，即此秦地眾僧所行者❿也，亦皆師師口相傳授，不書之於文字。

復於此眾中得《雜阿毗曇心》⓫，可六千偈。又得一部《綖經》⓬，二千五百偈。又得一部《方等般泥洹經》⓭，可五千偈。又得《摩訶僧祇阿毗曇》⓮。

故法顯住此三年⓯，學梵書、梵語，寫律。

【章旨】法顯西行的本意是尋求戒律文本。而其他地方並沒有戒律寫本，所以，法顯又一次回到了巴連弗邑，請得佛教數種戒律寫本以及其他經文寫本。這次，法顯在巴連弗邑停留了三年，學習梵文和抄寫經律。

【注　釋】❶波羅㮈國　指前文提到的「迦尸國波羅㮈城」。Kśśī與Vārāṇasī本來可以交替使用，玄奘《大唐西域記》卷七就稱「迦尸國」為「婆羅痆斯國」。較為嚴格的用法是以Kāśī作國名，而以Vārāzasī作首都的名稱。法顯在此沿用的是習慣性用法。值得注意的是，由上文可知，法顯離開巴連弗邑到達了迦尸國的波羅㮈城以及其他地方，然後又到了拘睒彌國瞻禮。這句只說「從波羅㮈國東行」而未提及從拘睒彌國返回波羅㮈城，顯然有所省略。這是法顯用墨如金的典型例證。❷摩訶衍僧伽藍　「摩訶衍」是「大乘」佛教的意思，「摩訶衍僧伽藍」也就是大乘佛教寺院的意思，並非寺院名稱為「摩訶衍」。法顯與佛陀跋陀羅合譯的《摩訶僧祇律》所附〈後記〉則稱「於摩竭提國巴連弗邑阿育王塔南天王精舍寫得梵本」（僧祐《出三藏記集》卷三，校本，頁一一九），正好與此相互補充。吳玉貴先生將「摩訶衍」理解為佛寺名稱，並因此而說法顯兩處所說不一致（見吳玉貴《〈佛國記〉釋譯》，頁二三八）。這是不妥當的。❸摩訶僧祇眾律　即《摩訶僧祇律》，又簡稱《僧祇律》。「摩訶僧祇」是梵文Mahāsāṅghika的音譯，是「大眾」的意思，「眾」則是「部派」的意思。「摩訶僧祇眾律」合起來講則是「大眾部律」的意思。法顯將其帶回漢地，於東晉義熙十二至十四年（西元四一六至四一八年），由佛陀跋陀羅與法顯共同合作譯出，成四十卷。此譯本流傳至今。❹十八部　即「小乘十八部」，指佛陀涅槃之後一百年陸續所出現的小乘佛教宗派的總稱。據漢傳佛教典籍記載，佛陀涅槃一百年之時，由於在戒律方面與佛教教義方面的雙重分歧，佛教僧團分裂為相互區別的兩個部派——上座部與大眾部。後來在上述兩部的基礎上又分裂為若干部派，合起來成為「十八部」或「二十部」。關於「十八部」的名數，有各種不同的說法。南傳佛教，如《島史》等記載，分別從大眾部、上座部分出十六部，加上大眾、上座部就成「十八部」。漢傳佛教最流行的說法是依據玄奘翻譯的《異部宗輪論》的說法。這裡我們依據此論將名稱列舉如下，為便於讀者閱讀，我們在每個部派的名稱前加上序號。至於法顯自己所理解的「十八部」為何，由於其未留下任何相關材料，所以難於確知。據《異部宗輪論》的說法，在「二部」分裂後的第一個百年，也就是佛寂滅後的第二個百年，由大眾部分出㈠一說部、㈡說出世部、㈢雞胤部、㈣多聞部、㈤說假部等五部，在這個百年末又從大眾部分出㈥制多山部、㈦

西山住部、(八)北山住部等三部。這樣，在一百年之內，從大眾部分出了八部，加上大眾部本家就成為「大眾」九部。上座部則在佛寂滅後的第三個百年初，分為(九)薩婆多部（說一切有部）與雪山部（此部即為原來上座部的轉稱）。在佛寂滅後第三個百年的中期，從「說一切有部」分出(十)犢子部。此後，又由犢子部分出(十一)法上、(十二)賢冑、(十三)正量、(十四)密林山等四部，從「說一切有部」再次分裂出(十五)化地部，由化地部再分出(十六)法藏部。在佛陀涅槃的第三個百年末期，由「說一切有部」分出(十七)飲光部，在佛陀寂滅的第四個百年由「說一切有部」再分出(十八)經量部。這樣，在大約二百年時間中，從「說一切有部」分裂出九部，加上「說一切有部」與上座部本部——雪山部，「上座部」共有十一部。如果不將大眾部、上座部及其從上座部轉稱而成的雪山派除外，從大眾部分出的八部加上從上座部分出的十部合成「十八部」的名數。這樣的「十八部」也稱為「末部之分派」。如果在此「十八部」之上，再加上「根本二部」，就成為「二十部」。❺開塞　即「開遮」，為佛教戒律學的專門術語。開，允許。遮，禁止。佛教有些戒條是在任何情況下都不能觸犯的，若不幸觸犯，就算犯戒。但是，也有一些戒條，在特定情況下是可以通融，作變通處理的，這就叫「開」。佛教律本，對於「開緣」的規定是很詳細的。在部派佛教時期，各個派別都有自己的律本，相互間大致相同，但也有差異。部派分裂頻仍，與義理有關，當然與戒律方面的「開」與「遮」也有重大關係。法顯在此所言正是這個意思。❻廣說備悉　《摩訶僧祇眾律》的體裁是佛教律本之中的「廣律」，因而法顯纔有這個說法。所謂「廣律」就是依照程序對每一律條都加以廣泛解釋所形成的律典。解釋程序可分為四部分：第一，制緣，即制定此律條的因緣。第二，律文，即律條的正式文字，佛教稱為「學處」。第三，犯緣，即構成犯戒的條件。第四，開緣，在特定情況下可以以方便法處理的具體規定。在法顯西行之前，中土所傳譯的律本僅有一卷本的四、五種，因而法顯纔有如此大的決心將完備的律本傳譯到中土。❼律抄　有些版本為「抄律」，應該從「律抄」。佛教除了「廣律」之外，還有一種音譯為「波羅提木叉」（梵文Pratimokśasutra）的「律抄」性質的「戒經」或「戒本」。所謂「波羅提木叉」是指佛教戒律的具體條文——學處的匯集，它是佛教戒律的核心，而「波羅提木叉」的形成要早於「廣律」。大概早在佛陀在世時，就曾經將佛陀所制定的戒條匯集成文，以供「布薩」時對照檢查。由於這個原因，這一言簡意賅的「波羅提木叉」體裁的律本往往也被看作「經」。而「廣律」最早也只能追溯到部派佛教時期。在「廣律」出現之後，僧人又喜歡將長篇大論的律本再行壓縮提煉為「波羅提木叉」形式的文本。法顯所得到的大概就是這樣一種版本的《薩婆多眾律》。傳聞為鳩摩羅什譯出的《十誦比丘波羅提木叉戒本》一卷，大概就是這種體裁的。❽偈　有廣、狹二義。廣義的「偈」，包括十二部教中的伽陀(Gāthā)與祇夜(Geya)，兩者均為偈頌體裁，但其意義卻不同。其中，偈頌前沒有散文，而直接以韻文記錄的教說，稱為「孤起偈」，也就是「伽陀」；偈前有散文，而仍然以韻文重複前述其義者，稱為「重頌偈」，也就是「祇夜」。狹義的「偈」，則單純指Gāthā，音譯「伽陀」、「伽他」、「偈陀」、「偈他」，意譯「諷誦」、「偈頌」、「造頌」、「孤起頌」、「頌」等，此文體的語句，稱之為偈語。❾薩婆多眾律　即「說一切有部」的律本。薩婆多眾，為梵文Sarvāstivāda的漢譯，意譯為「說一切有部」。因為此部主張一切法都是「實有」，即實際存在，因而稱其為「說一切有部」。如前文所說，法顯所持歸的是七千偈的《薩婆多眾律抄》。《出三藏記集》卷二說：「《薩婆多眾律抄》，猶是梵文，未得譯出。」而《薩婆多眾律》是一部篇幅巨大的律本，在法顯歸國之前，在姚秦弘始六年（西元四〇四年），鳩摩羅什與弗若多羅合作開始翻譯，但未及完成，弗若多羅就圓寂了。後來，由西域僧曇摩流支與羅什一起完成了翻譯初稿。羅什圓寂後，經曇摩流支整理成六十一卷，名為《十誦律》。❿秦地眾僧所行者　在法顯西行之前，《十誦律抄》的節譯本《十誦比丘戒本》一卷已經由曇摩持、竺佛念譯出。時間為前秦建元十五年（西元三七八年）。法顯說，《薩婆多眾律抄》也就是秦地眾僧所實行的，指的正是《十誦比丘戒本》。⓫雜阿毗曇心　又作《雜阿毗曇經》、《雜阿毗曇心論》、《雜阿毗曇毗婆沙》，簡稱為《雜心論》。阿毗曇，即「阿毗達磨」(Abhidharma)，意譯為「無比法」、「對法」、「大法」，泛指佛典之中的一切論典。阿毗曇有大乘和小乘之分。對「阿毗曇」再加以注釋的著作叫「毗婆沙」(Vibhāsa)，意思為「廣說」、「廣釋」。印度「說一切有部」有一部博大的論書叫《阿毗達磨發智論》，也稱為《說一切有部發智論》。廣釋這部《發智論》的書有《阿毗曇毗婆沙論》。而印度法救尊者將《發智論》的本論與《阿毗曇毗婆沙論》的解釋糅合起來加以簡化寫成了這部《雜阿毗曇心論》，「雜」是「雜糅」的意思，「心」是「最主要」、「最核心」的意思。法顯回國後，曾經將其翻譯成漢語，可惜流傳不廣，很快失傳了。後來至劉宋時期，僧伽跋摩將其再作翻譯成十一卷。現在流行的就是僧伽跋摩的這一譯本。⑫綖經　佛經在古代曾通稱為素呾纜(Sūtra)，意譯為「線經」、「綖經」。「綖」與「線」相通，意思為以線貫穿使法義不致散亂。法顯這裡所說，應該是一部經文的名稱。《出三藏記集》卷二在法顯名下著錄曰：「《綖經》，梵文，未譯出。」⑬方等般泥洹經　此為大乘「涅槃經」。方等，又作「大方廣」，為梵文Vaipulya的意譯，本來是佛教經籍的一種體裁，由於大乘佛教此類經籍最多，所以逐漸成為大乘經的通名。般泥洹，是「涅槃」一語的早期譯法。法顯回國後，在「義熙十三年（西元四一七年）十月一日，於謝司空石所立道場寺，出此《方等大般泥洹經》。至十四年正月一日校訂盡訖。禪師佛大跋陀手執胡本，寶雲傳譯。於時座有二百五十人。」（《出三藏記集》卷八〈六卷泥洹經記〉）這篇「出經後記」未提及法顯譯經之事，但現在的流行的經本卻只題「法顯譯」。此六卷《大般泥洹經》為《大涅槃經》的初譯，對中國佛教影響甚大。另外，《大正藏》中尚收集一種題名為「東晉法顯譯」的《大般涅槃經》三卷，是小乘涅槃經，是《長阿含經．遊行經》的異譯本。由於智昇在《開元釋教錄》卷三有「文似顯譯，故以此替之」之語，致使有人誤為法顯所譯。⑭摩訶僧祇阿毗曇　摩訶僧祇，為梵文Mahāsāṃghikanikāya的音譯，即「大眾部」的意思。摩訶僧祇阿毗曇，即大眾部所傳的阿毗曇。此部阿毗曇後來未能譯成漢語。⑮住此三年　法顯前文所記最近的一次夏坐是在西行後的第六年，即西元四〇四年在僧伽施國龍精舍的夏坐。從這個角度言之，法顯在巴連弗邑的三年應該是西行後的第七至第九年，即東晉義熙元年至義熙三年（西元四〇五～四〇七年）。

【語譯】法顯從拘睒彌國返回波羅㮈城，然後又從波羅㮈城回到巴連弗邑。法顯來天竺的本來意願是尋求戒律寫本的，但是北天竺諸國都是以師師口傳的方式傳播佛法的，並沒有形成寫本。無奈之下，法顯只好再長途跋涉到達中天竺以尋找戒律寫本。

在巴連弗邑，法顯在大乘佛教寺院裡得到一部律本。這部律名叫《摩訶僧祇眾律》。這是佛陀在世的時候，當時僧眾所實行的戒律。其文本是由祇洹精舍傳下來的。自從這部律本產生以後，其他十八個部派各自都有各自的傳承，大的宗旨沒有多大的差別，但在細節上卻有不同，特別是在開、遮等方面差別尤其明顯。不管如何，這部《摩訶僧祇眾律》本身就是「廣釋」形式，確實最為完備。法顯還得到一部抄律，有七千偈，是「說一切有部」所傳的律經，這就是中土僧眾現在所實行的。這部《薩婆多眾律抄》也是以師師口口相傳的形式傳遞的，並沒有用文字寫下來。

法顯在巴連弗邑的僧眾之中，得到了一部《雜阿毗曇心論》，有六千偈；得到一部《綖經》，二千五百偈；得到一部《方等般泥洹經》，共五千偈；還得到一部《摩訶僧祇阿毗曇》。

法顯在巴連弗邑停留了三年，學習梵語、梵文書籍，抄寫律本。

道整留居天竺

道整既到中國，見沙門法則，眾僧威儀觸事可觀，乃追嘆秦土邊地眾僧戒律殘缺，誓言：「自今已去至得佛，願不生邊地❶。」故遂停不歸。法顯本心欲令戒律流通漢地，於是獨還❷。

【章　旨】道整來到天竺以後，欣羨此地僧眾戒律的嚴整而決心留在天竺。而法顯本來的目的就是為了將天竺的戒法流通到漢地，所以，他決心返回漢地。

【注　釋】❶自今已去至得佛二句　道整是從佛教三世六道輪迴的角度發此誓言的。這裡是說，從今生開始直至擺脫六道輪迴而成佛，希望永遠不再轉世在邊遠地區。❷獨還　法顯從長安出發西行以來，先後加入西行列的十人。其中，中途返回中土的七人，圓寂的二人，加上道整又留在巴連弗邑。這樣，法顯只得獨自面對此後的行程。

【語　譯】道整來到中天竺以後，見到此地沙門戒法嚴整，眾僧的威儀莊嚴可觀，於是，對在佛法至今仍然難於普及的邊遠地區——中土所呈現的眾僧戒律之殘缺不全，異常感慨。道整發誓說：「從今生開始直至擺脫六道輪迴而成佛，我希望永遠不再轉世於邊遠地區。」就這樣，道整停止不前，留在了天竺，再也沒有返回中土。

法顯的本來意志就是想讓戒律在漢地流通，所以，決定獨自返回中土。

瞻波大國

順恆水東下十八由延，其南岸有瞻波大國❶，佛精舍、經行處及四佛❷坐處，悉起塔，現有僧住。

【章　旨】法顯在巴連弗邑停留三年之後，又順恆河東下到達瞻波大國。此國也有佛陀當年活動過的故址。

【注　釋】❶瞻波大國　《大唐西域記》卷一〇作「瞻波國」，為梵文Campā的音譯，意譯為「無勝」，是鴦伽國(Aṅga)的首都。鴦伽是孟加拉的古國，為古代印度十六大國之一。在佛陀誕生之前，鴦伽國就已十分強大，摩竭提國一度也曾向它臣服。佛陀在世時，鴦伽國國勢減弱，臣服於摩竭提國的頻毗沙羅王。《阿含經》記載有佛陀在瞻波城的活動情況。瞻波城位於瞻波河(Chāndan)和恆河岸邊。該城遺址至今尚存，在巴迦爾普爾(Bhāgalpur)附近的Campānagara與Campāpurī兩村之間。瞻波城是古代印度的六大城市之一。❷四佛　即過去四佛。見沙祇大國注❸。

【語　譯】在巴連弗邑停留三年之後，法顯又順著恆河東下十八由延的路程。在恆河的南岸，有一個瞻波大國。此國之內也有佛陀居住過的精舍以及佛陀經行的地方，此外還有過去四佛禪坐的地方。這些故址，都修建了大塔，現在都有僧人居住。

【研　析】法顯在中天竺的此段行程雖僅涉及五個國家——毗舍離國、摩竭提國、迦尸國、拘睒彌國和瞻波大國，但卻是法顯停留時間最長的地區，尤其重要的是法顯在此取得了他發願西行打算帶回的佛教經律寫本。這一部分可特別注意者如下：

一、法顯在印度活動的重心在摩竭提國。摩竭提國的巴連弗邑、王舍新城、王舍舊城、伽耶城等在佛教史上具有特殊的意義，法顯對這幾個地方的佛教聖跡記述尤其顯得詳細，史料價值自然也十分巨大。

二、五國之外，法顯還寫到了一個叫「達嚫」的國家。此國之中的大山上依山為勢修建有一座特別的僧伽藍。法顯記為過去迦葉佛之所住，而慧超、玄奘等人則記作國王為龍樹菩薩修造。儘管法顯、慧超、玄奘三人均未能親自到達此國，但學者一般都認為應該以慧超、玄奘二人所記為準。

三、孔雀王朝的阿育王是印度古代歷史上一位很有作為的國王，他幾乎統一了整個印度半島。完成統一大業的阿育王皈依佛教，對佛教在印度本土的發展以及向周邊地區傳播，作出了巨大的貢獻。法顯在此節較為集中地敘述了阿育王與佛教的因緣以及阿育王信仰佛教的遺跡。這些材料，對於研究印度佛教以及印度歷史，都有很重要的價值。

四、與法顯相伴一起到達中天竺的道整，因為有感於天竺佛教戒律的完備以及僧眾威儀的嚴整，決定留居中天竺。這樣，法顯只得獨自踏上歸途。

五、法顯重歸巴連弗邑，並且在此城停留三年，學習梵文、抄寫經律文本。法顯所得的《摩訶僧祇眾律》、《雜阿毗曇心》等後來得以翻譯出來，其中，以《方等般泥洹經》的漢譯影響最大。法顯在巴連弗邑所得的其他經律文本後來未能譯出。

六、法顯在王舍舊城之外的耆闍崛山上，又一次發出感慨。其文曰：「慨然悲傷，收淚而言：『佛昔於此住，說《首楞嚴》。法顯生不值佛，但見遺跡、處所而已。』即於石窟前誦《首楞嚴》。」

第七部分　東天竺記遊

【題解】法顯從瞻波大國東行幾百里路程，到達了印度東海岸的海口城市——多摩梨帝國的首都。這個城市是古代東印度重要的港口，為水陸交通中心，有航線赴南印度以及東南亞各地。這是法顯到過的唯一一個東天竺國家。

多摩梨帝國

從此東行近五十由延，到多摩梨帝國❶，即是海口❷。其國有二十四僧伽藍，盡有僧住，佛法亦興。法顯住此二年❸，寫經及畫像。

【章旨】法顯由瞻波大國繼續東行到達了面臨海口的多摩梨帝國。此國佛法興盛，法顯在此居住了兩年。

【注釋】❶多摩梨帝國　《大唐西域記》卷一〇作「眈摩栗底國」，均是梵文Tāmraliptī的音譯。玄奘說，此國「周千四五百里，國大都城周十餘里。」其古城遺址位於今印度西孟加拉米德那浦爾縣(Midnapur)的塔姆魯克(Tamluk)，在胡格里河(Hooghli)與魯甫納拉揚那河(Rūpnārāyaa)匯合處上游的十二英里處，古城位於魯甫納拉揚那河的西岸。❷海口　多摩梨帝國的首都是胡格里河與魯甫納拉揚那河兩條大河交匯後流入孟加拉灣的入海口，是古代東印度重要的港口，為水陸交通中心，有航線赴南印度以及東南亞各地。唐代的玄奘、義淨、大乘燈都到過此地。義淨赴印度是從此地登陸的，歸國時也是從此地登船的。❸住此二年　即義熙四至五年（西元四〇八至四〇九年）。

【語　譯】法顯從瞻波大國出發向東行走近五十由延的路程，就到達了多摩梨帝國。這個國家的首都就是海口。多摩梨帝國總共有二十四座佛教寺院，全都有僧人居住。多摩梨帝國佛法也很興盛。法顯在這個地方居住了兩年，抄寫佛經並且學習繪製佛像。

【研　析】自此，法顯在天竺的活動記述完畢。古代中土將天竺稱為「五天」，也就是將「天竺」劃分為北天竺、西天竺、中天竺、東天竺以及南天竺五個地理單元。法顯的行程未及南天竺，而其餘的北、西、中、東天竺都曾涉足，特別是在中天竺停留了六年之久，基本實現了其尋求律本的理想。

法顯於東晉安帝隆安五年，即西元四〇一年底，到達北天竺陀歷國；至東晉義熙五年，即西元四〇九年冬天，離開多摩梨帝國。法顯在天竺的巡遊與寫經活動，歷時十年之久。

第八部分　師子國記遊

【題解】法顯從東天竺的多摩梨帝國搭乘商船來到師子國。師子國也就是現在的斯里蘭卡。

佛教是西元前二世紀由印度孔雀王朝的阿育王派遣長老傳進來的。大乘佛教產生以後，受印度佛教的影響，斯里蘭卡佛教形成了以無畏山寺為核心的大乘佛教與以「大寺」為核心的上座部佛教兩個宗派。「無畏山寺派」與「大寺派」之間的勢力彼此消長，形成斯里蘭卡佛教的基本格局。據法顯的記述，西元五世紀初，無畏山寺有五千常住僧，而「大寺」則有三千常住僧。顯然，當時在斯里蘭卡，大乘佛教略佔上風。

法顯以師子國的首都「阿努拉達普拉」城為中心，記述了這個國家佛教的基本情況。國都城北有一座大塔，位於佛陀當年來島化度惡龍的足跡之上。大塔旁邊就是著名的無畏山寺，寺中供奉著一尊青玉佛像。城中又建有佛齒精舍，供奉著釋迦牟尼佛的一枚牙齒，是師子國的國寶。每年三月，師子國在國王主持下，將佛牙舍利從這座佛寺中迎出，奉送到無畏山寺舉行盛大供養法會。這種供養，一直持續九十日。城中的「跋提」精舍有二千僧人，其中有一位叫「達摩瞿諦」的高僧，甚得國人敬仰。「阿努拉達普拉」城中最重要的佛寺就是「摩訶毗訶羅」精舍，也就是通常所說的「大寺」。「大寺」的佛殿旁有一株巨大的貝多樹，它是從摩竭提國佛陀成道的貝多樹上取下的枝條上生長出來的。法顯到達師子國時，正趕上國王為「大寺」中剛剛圓寂的一位阿羅漢舉行「闍維」儀式。法顯還記述了一位師子國國王修建新的佛寺所舉行的犁耕儀式以及須發「鐵券」文書的情況。

法顯在無畏山寺大殿，看到中土商人供奉在青玉佛像前的晉地所造之白色絹扇，不禁感慨萬端。

法顯的這段文字，不僅記載了斯里蘭卡佛教的歷史和現實情況，而且記述了師子國的政治、經濟和文化風俗，具有多方面的價值。

在師子國，法顯有幸聆聽了天竺高僧誦講關於佛鉢之流傳的經文，並且得到了中土所無的《彌沙塞律藏本》、《長阿含經》、《雜阿含經》、《雜藏》等四部佛教經律文本。法顯最終將這四部經律文本帶回了中土。

法顯在師子國停留了兩年有餘，時為西元四一〇年冬至四一一年夏。在西元四一一年夏，法顯搭乘商船，離開師子國，踏上返回故土的艱難歷程。

師子國概況

於是載商人大船，泛海西南行。得冬初❶信風❷，晝夜十四日，到師子國❸。彼國人云，相去可七百由延。

其國本在洲❹上，東西五十由延，南北三十由延❺，左右小洲乃有百數，其間相去或十里、二十里，或二百里，皆統屬大洲。多出珍寶珠璣，有出摩尼珠❻地，方可十里。王使人守護，若有採者，十分取三。

其國本無人民，正❼有鬼神及龍居之。諸國商人共市易。市易時，鬼神不自現身，但出寶物，題其價直❽，商人則依價置直取物。因商人來往住故，諸國人聞其土樂，悉亦復來，於是遂成大國❾。

其國合適，無冬夏之異。草木常茂，田種隨人，無所時節。

【章　旨】法顯由多摩梨帝國海口搭乘商人的船舶，歷時十四晝夜，到達師子國。法顯在此首先介紹了師子國的地理位置、物產、立國經過以及氣候情況。

【注　釋】❶冬初　指東晉義熙五年，即西元四〇九年的冬初。❷信風　指隨著時令變化，定期定向而至的風。印度半島在冬季有一股在低空由副熱帶高氣壓帶吹向赤道地區的風，即「東北信風」。❸師子國　即《大唐西域記》卷一一的「僧伽羅國」(Siṃhala)，即現今的斯里蘭卡國。Siṃhala的意思就是獅子，因「師」、「獅」古代通用，所以意譯為「師子國」。師子國的得名來源於傳說，其詳情見於《大唐西域記》卷一一。故事梗概如下：南印度有一國王將女兒嫁往鄰國，但在出嫁的路上碰見了獅子。侍衛扈從一哄而散，此公主就被獅子王背負進入深山。後來，這位公主生下一位半獅半人的男子。此男子長大之後，力格猛獸。後來，母子相攜而回到故里。獅子王歸來，不見妻、子，獸性大發，衝出山谷闖入村鎮，傷害生靈。國王下令手下武士搏殺此獅，但卻無功而返。國王只得懸賞能夠捉拿此獅的勇士，這位男子應募而殺掉獅子王。國王知道事實真相之後說：「逆哉！父而尚害，況非親乎？畜種難馴，兇情易動，除民之害，其功大矣！斷父之命，其心逆矣！重賞以酬其功，遠放以誅其逆，則國典不虧，王言不貳。」（《大唐西域記》卷一一）於是，厚賞此男子，並將其母留在國內奉養。這位男子泛海至此，見此島物產豐富，便在此地定居。其後有商人來此島，「乃殺其商主留其子女。如是繁息，子孫眾多，遂立君臣，以位上下；建都築邑，據有疆域。以其先祖擒執師子，因舉元功而為國號。」（《大唐西域記》卷一一）這是有關「師子國」之名來由的一種流行說法。❹洲　水中的陸地；海島。❺東西五十由延二句　斯里蘭卡半島呈梨形，實測面積為六萬五千六百一十平方公里，南北長四百餘公里，東西寬二百餘公里。法顯將「東西」向的長度與南北向長度誤置了。❻摩尼珠　又作「末尼」，為梵文Mani的音譯，意譯為「珠」、「寶」、「離垢」、「如意」，是佛教對於最珍貴的「寶珠」的總稱。在佛教經籍中常常用來比喻眾生所具有的純淨無染的「本心」。如《大涅槃經》卷九所說：「摩尼珠，投之濁水，水即為清。」《法華經》說：「淨如寶珠，以求佛道。」❼正　止；僅僅。❽價直　價值。直，通「值」。❾遂成大國　法顯這裡所敘述的是另外一種「師子國」立國的傳說，其見於巴利文《本生經》中的《馬雲本生》，漢譯佛教經籍中的《六度集經》卷六、《佛本集經》卷四九、《中阿含經》卷三四等都有記載。其梗概如下：昔日有一海島上居住著五百名羅剎（鬼）女，專門劫掠過往商人，玩樂之後，逐次殺戮。時有一位叫「僧伽羅」的商人也不幸遭此大難。後來，在「天馬」的幫助下得以逃離該島。羅剎女王追趕至僧伽羅家，欺騙其父，說自己是僧伽羅的妻子，被僧伽羅拋棄。羅剎女王的這一謊言遭到後於此女歸來的僧伽羅的揭露。羅剎女王於是向國王誣告僧伽羅拋棄妻子，國王惑於羅剎女王的美色，將其收進內宮。半夜，羅剎女王將五百羅剎女招至宮內，噉人血肉。皇宮一片狼籍。羣臣悲痛之餘，推舉僧伽羅作國王。僧伽羅於是帶領兵士殺入羅剎國，摧毀羅剎城。後來，僧伽羅王招募民眾，遷居此島，「建都築邑，遂有國焉。因以王名而為國號。僧伽羅者，則釋迦如來本生之事也。」（玄奘《大唐西域記》卷一一）關於「師子國」即「僧伽羅國」立國的這兩則神話傳說，儘管各有起因，但並不能將其完全當作歷史事實看待。事實上，早在西元前六世紀之前，在此大島上就有「夜叉族」和「那伽族」人居住。而「夜叉族」即「鬼族」，「那伽族」即「龍族」。從西元前六世紀起，天竺各國開始大規模移民於此島，由此形成了師子國。

【語　譯】法顯在多摩梨帝國停留兩年之後，於義熙五年（西元四〇九年）搭乘商人的船舶，向著西南方向泛海而行。憑藉著初冬的信風，漂流十四個晝夜，到達了師子國。那個國家的人講，多摩梨帝國與師子國相距達七百由延。

師子國本來就位於大海之中的陸地上，東西延伸達五十由延，南北延伸達三十由延。在大島周圍有幾百個小島。小島與大島之間的距離有的為十里、二十里，有的竟達二百里。這些小島都受大島的統治。

師子國盛產珍寶珠璣。出產摩尼珠的地方，方圓竟達十里。國王派人守護保衛。如果有前來採集的，要收取十分之三的賦稅。

這個地方本來荒無人煙，只有鬼神和龍居住。各個國家的商人在此島共同交易。作買賣時，鬼神自己不出現，只拿出貨物，標上商品的價值。商人則依據上面標記的價值，自己拿取貨物。因為商人來往居住的原因，各國人民都聽說這塊土地是樂土，於是就有人再次光臨定居。這樣，此地便逐漸變成一個大國。

師子國氣候溫和舒適，沒有冬天和夏天的差別。草木常年茂盛，種田隨人心意，沒有節氣、氣候的限制。

佛足迹大塔

佛至其國❶，欲化惡龍，以神足力，一足躡王城❷北，一足躡山頂❸，兩跡相去十五由延。於王城北跡上起大塔❹，高四十丈，金銀莊校，眾寶合成。

【章　旨】師子國有佛陀度化惡龍的聖跡，佛陀足跡處建有宏偉的大塔。

【注　釋】❶佛至其國　關於佛陀至此島化度眾生的傳說，佛教典籍裡屢有記載。法顯西行之前，記載這些傳說的典籍仍未傳入中土。法顯顯然是從當地人口中知曉這些傳聞的。由僧伽跋陀羅於南齊武帝永明六年（西元四八八年）譯出的《善見律毗婆沙》卷三云：「於此師子洲，釋迦如來已三到往。第一往者，教化夜叉已，即便敕言：『若我涅槃後，我舍利留住於此。』第二往者，教化舅妹子生龍王。此前二到，如來獨往。第三往者，有百比丘圍遶。」」（《大正藏》卷二四，頁六九一上）而成書於西元四、五世紀的《島史》、《大史》對此事則有更詳細的記載。關於斯里蘭卡佛教的起源，現在學術界普遍接受的看法是：印度孔雀王朝的阿育王時期，佛教正式傳入斯里蘭卡，時為西元前三世紀。當時，阿育王派遣其已經出家為僧的兒子瑪亨德（Mahinda，舊譯「摩哂陀」）以及女兒僧伽密多(Sanghamittā)長老前往師子國傳播佛教。❷王城　指師子國的首都Anurādhapura，舊譯為「阿㝹羅陀補羅城」，現在一般翻譯為「阿努拉達普拉」。相傳為西元前四世紀末，天愛帝須(Devānampiyatissa)

在位時師子國的首都。❸山頂　指現今斯里蘭卡境內的Adam's Peak，古代漢譯名為「蘇摩那俱多山」，梵文名為Sumanakūṭa。❹大塔　即指Mahāthūpa，為杜多伽米尼(Dusthagāmini)王（西元前一一六至前一三七年在位）所修建。

【語　譯】當初，佛陀來到師子國打算化度此地的惡龍。佛陀施展神足之力，一隻腳踩在國都的北邊，一隻腳踩在山頂上。兩隻腳跡相距竟達十五由延。國王在城北佛陀足跡處修建了一座大塔，高四十丈，用金銀裝飾，以各種寶物合成。

無畏山寺

塔邊復起一僧伽藍，名無畏山❶，有五千僧。起一佛殿，金銀刻鏤，悉以眾寶。中有一青玉像，高二丈許，通身七寶炎光，威相嚴顯，非言所載，右掌中有一無價寶珠。

【章　旨】此章敘述師子國無畏山寺的盛景。

【注　釋】❶無畏山　為巴利文Abhayagiri的意譯，《大唐西域記》卷一一音譯為「阿跋耶祇釐」，是斯里蘭卡著名的古剎。位於「阿努拉達普拉」(Anurādhapura)城的北部。修建於西元前一世紀，當時的國王婆他伽馬尼(Vaṭṭagāmaṇi)王破壞尼乾子之園而創建，其後諸王曾經加以擴建。此寺本是婆他伽馬尼王奉獻給當時師子國另一重要寺院——大寺的長老摩訶帝須（Mahātissa，巴利文）的。後來，摩訶帝須被大寺擯出，其門徒遂與大寺分離而據此寺，號稱無畏山寺派。師子國佛教因而分裂為大寺派與無畏山寺派。大寺是斯里蘭卡小乘佛教的中心，始終扮演著維護傳統的角色；而無畏山寺則採取與印度佛教各教派交流的進步態度，並且接納大乘佛教。在西元三世紀，大乘佛教傳入師子國，無畏山寺成為師子國大乘佛教的重鎮；四世紀中葉，法顯到師子國時，無畏山寺派正當隆盛之時。

【語　譯】在大塔旁邊又修建了一座寺院，名叫「無畏山」，寺裡有五千名僧人。無畏山寺裡的佛殿，雕梁畫棟，以金銀刻鏤，各種寶物作裝飾。佛殿之中供養著一尊用青玉雕刻的佛像。佛像高達兩丈多，通身閃爍著七寶光焰，儀態莊嚴，不是語言所能夠描繪的。佛像的右手掌中握有一枚無價寶珠。

法顯去漢地積年❶，所與交接悉異域人，山川草木，舉目無舊。又同行❷分披❸，或留❹或亡❺，顧影唯己，心常懷悲。忽於此玉像邊見商人以晉地一白絹扇供養，不覺淒然，淚下滿目。

【章　旨】法顯在無畏山寺大殿供奉的青玉佛像邊看到了中土商人供養的漢地所產之白色絹扇，不禁感慨萬端，淚流滿面。

【注釋】❶積年　法顯是於後秦姚興弘始二年，即西元三九九年從長安出發西行的。如果以其離開敦煌，越過沙河的時間——弘始三年起算的話，至此——西元四〇九年冬，也已經十年了。❷同行　法顯曾經同行的有十人，從長安出發的四人，至張掖鎮加入的五人，在于闐加入的一人。❸分披　分開。披，有些版本作「析」，有些版本作「披」，其意相通。在此指中途返回中土的七人：在焉耆國返回的智嚴、慧簡、慧嵬，在于闐折返的僧紹，在弗樓沙國返回中土的是慧達、寶雲、僧景。❹或留　指留在中天竺巴連弗邑的道整。❺或亡　指在弗樓沙國佛缽寺圓寂的慧應以及在小雪山北坡圓寂的慧景。

【語譯】法顯離開漢地已經許多年頭了，平日所交往的都是異域之人，所看到的山川草木都充滿了陌生之感。再加上與法顯一同西行的數人，有的中途返回，有的留在了天竺，也有的圓寂了。現在只剩下了我一人形影相弔，不由得心中常常懷有悲切之感。在無畏山寺大殿的佛像邊，突然看到漢地商人為佛供養的故土所造的白色絲綢扇子，法顯情不自禁地淒然傷悲，熱淚奪眶而出。

貝多樹

其國前王❶遣使中國❷，取貝多樹子❸於佛殿❹旁種之。高可二十丈，其樹東南傾，王❺恐倒，故以八九圍柱❻拄樹。樹當拄處心生，遂穿柱而下，入地城根，大可四圍許。柱雖中裂，猶裹其外，人亦不去。樹下起精舍，中有坐像，道俗敬仰無倦。

【章 旨】師子國國都有天愛帝須王從中天竺移植來的菩提樹，此樹高達二十丈。此樹位於師子國著名的「大寺」之佛殿旁。

【注 釋】❶前王 指與摩竭提國孔雀王朝阿育王同時代的師子國國王天愛帝須，在位時間大約在西元前二四七至前二〇七年。師子國佛教是在其在位時期傳入的。❷遣使中國 中國，中天竺。據《大史》、《島史》記載，菩提樹是由阿育王的女兒、比丘尼僧伽密多(Sanghamittā)傳入的。法顯在此說，天愛帝須遣使取「貝多樹子」，不知其所據。❸貝多樹子 應該為「貝多樹枝」。南傳典籍《大史》、《島史》記載，僧伽密多來師子國傳教時，從佛陀成道處──「菩提伽耶」的那棵菩提樹上截取了一根樹枝，移植到師子國國都內的「大雲林園」內。❹佛殿 指位於阿努拉達普拉城南的「大寺」，並非「無畏山寺」佛殿。❺王 此王大概是後來某時期師子國的國王。❻八九圍柱 指直徑為八、九個人合抱之長度的柱子。圍，圍木；直徑達兩手合抱程度的樹木。

【語 譯】師子國的國王天愛帝須派遣使者到摩竭提國，迎取來貝多樹的枝條，並且將枝條種在佛殿旁邊。現在的貝多樹已經有二十丈高，這棵樹原來有些向東南方向傾斜。國王恐怕貝多樹會倒下，就用了一根粗八、九圍的木柱頂住貝多樹。在木柱撐住的地方，貝多樹又長出了枝條，並且穿過木柱而落地生根。這一新生枝條現在已經四圍粗了。柱子雖然從中間裂開了，但卻仍然將貝多樹的樹枝包裹在其中，人們也沒有將這根柱子拿走。樹下修建有精舍，精舍內有佛陀坐像，僧俗都敬信仰慕，毫無厭倦之心。

佛齒精舍

城中又起佛齒❶精舍，皆七寶作。

王淨修梵行，城內人信敬之情亦篤。其國立治已來，無有饑荒喪亂。眾僧庫藏多有珍寶、無價摩尼。其王入僧庫遊觀，見摩尼珠，即生貪心，欲奪取之。三日乃悟，即詣僧中，稽首❷悔前罪心。因白僧言：「願僧立制，自今以後，勿聽王入其庫看；比丘滿四十臘❸，然後得入。」

【章　旨】佛牙精舍內的珍寶受到國王的垂涎，後國王醒悟而訂立制度，禁止國王以及未滿四十僧臘的僧尼進入寺院庫藏觀看。

【注　釋】❶佛齒　佛牙舍利，即釋迦牟尼佛之牙齒。據傳，世尊荼毗後，全身悉化為細粒之舍利，唯其部分牙齒未損，稱為佛牙舍利(Dantadhātu)。據《佛牙史》載，師子國雲色王(Srimevan)在位（西元三〇一～三二八年）的第九年，印度羯陵迦國受到強敵進攻。羯陵迦國的公主和王子將佛牙舍利密藏在髮飾之中帶到了師子國。雲色王便專門修建一座寺院用來供奉佛牙舍利。此枚佛牙，一直受到師子國僧俗的崇敬，被視為其國的國寶。在歷史上，此枚佛牙屢遭盜竊威脅，所以，防範甚嚴。現在這枚佛牙珍藏於斯里蘭卡的坎底市(Kandy)的馬拉葛瓦寺(Malagata)。❷稽首　為佛教七種禮法的第一種，即以頭著地之禮，又稱「接足作禮」、「頭面禮足」、「五體投地」。《周禮》所載的「九拜」之中，稽首為最恭敬的行禮法。佛教的「稽首」姿勢為彎背曲躬，頭面著地，以兩掌伸向被禮拜者的雙足，因此又稱之為「接足禮」。這是印度的最高禮節。在佛教中，稽首與「歸命」、「和南」意義略同。只是「稽首」屬身，「和南」屬口。「歸命」屬意。《十誦律》卷三九曰：「稱和南者，是口語。若曲身者，是名心淨。」(《大正藏》卷二三，頁二八〇上)《摩訶僧祇律》卷二七云：「佛言：『從今日後，前人若坐若立住，身、口、心。身者，前人若坐若立住，頭面禮足，是名身。口者，若前人遠遙，合掌低頭，作是言和南，是名口。若以背去，應合掌作敬，是名心恭敬。若見上座來，不起迎和南恭敬者，越毘尼罪。』」(《大正藏》卷二二，頁四四六中)❸臘　法臘；僧人受具足戒持續的年限。每年解夏之後，就增加一臘。

【語　譯】師子國的國都建有佛齒精舍，整個佛齒精舍都是由七種寶物作裝飾的。

師子國的國王都信仰佛教，清淨修法，國都的臣民對佛法的信仰敬慕之心也很濃厚。這個國家自從建立政權以來，沒有饑荒喪亂，寺院倉庫裡有許多珍寶和摩尼珠。據說，曾經有一位國王到佛寺倉庫中觀看，見到摩尼珠便產生了貪心，想佔為己有。三天以後，國王覺悟了，立即到佛寺向僧眾稽首追悔以前貪心之罪。國王對僧眾說：「希望從今以後，立下規矩，不要允許國王進入倉庫中觀看。僧尼滿四十法臘之後，纔能允許進入庫房。」

法會盛況

其城中多居士、長者、薩薄商人❶，屋宇嚴麗，巷陌平整，四衢❷

道頭皆作說法堂。月八日、十四日、十五日，鋪施高座，道俗四眾❸皆集聽法。其國人云，都可六萬僧，悉有眾食。王別於城內供五、六千人眾食，須者則持本缽往取。隨器所容，皆滿而還。

【章旨】師子國國都每月八日、十四日、十五日均在街衢舉行講經法會，僧俗都前往聽法，國王、臣民也於此時以「無遮大會」的形式供養僧眾。

【注釋】❶薩薄商人　薩薄為梵文Sabaean的音譯，指古代阿拉伯半島西南部Saba地區的居民，以善於航海、經商著名。據說，至近代，這些阿拉伯商人在斯里蘭卡地區仍然佔據重要地位。❷四衢　四通八達的道路。❸四眾　即「四部眾」，有「出家四眾」與「佛弟子四眾」兩種說法。這裡指「佛弟子四眾」，即比丘、比丘尼、優婆塞、優婆夷。

【語譯】師子國的國都居住著許多居士、長者、薩薄地方的商人，房屋莊嚴漂亮，街巷道路平整，四通八達的道路盡頭都建有說法堂。每月八日、十四日、十五日，這些說法堂都鋪設高臺，僧俗四眾都前來聽僧人講經說法。據師子國的人說，這時候大約會有六萬僧人前來聽經，全都有人供養飲食。國王又另外在城內準備五、六千僧人的飲食做供養。需要食用的僧眾，就拿著缽盂去取用。任憑器具容量，隨意滿載而還。

佛齒供養

佛齒常以三月中出之。未出十日❶，王莊校大象，使一辯說人著王衣服，騎象上，擊鼓唱言：「菩薩從三阿僧祇劫❷苦行，不惜身命，以國、妻、子❸及挑眼與人❹，割肉貿鴿❺，截頭布施❻，投身餓虎❼，不悋髓腦。如是種種苦行為眾生故。成佛在世四十五年，說法教化，令不安者安，不度者度，眾生緣盡，乃般泥洹，泥洹以來一千四百九十七年❽。世間眼滅❾，眾生長悲。卻後十日，佛齒當出，至無畏山精舍。國內道俗欲殖福者，各各平治道路，嚴飾巷陌，辦眾華、香供養之具。」

如是唱已，王便夾道兩邊，作菩薩五百身❿已來種種變現⓫，或作須大拏⓬，或作睒變⓭，或作象王，或作鹿、馬，如是形象，皆彩畫莊校，狀若生人。

然後佛齒乃出，中道而行，隨路供養，到無畏精舍佛堂上。道俗雲集，燒香然燈，種種法事，晝夜不息，滿九十日乃還城內精舍。城內精舍至齋日則開門戶，禮敬如法。

【章旨】此章專門敘述師子國每年三月供養佛牙舍利的盛況。

【注釋】❶未出十日　有些版本作「未出前十日」，應以此理解為是。❷三阿僧祇劫　非常非常久遠的時間。阿僧祇，梵文Asamkhyeya的音譯，意思為「無數」。劫，佛教將不能以通常的年月日來計算的極為長遠的時間用「劫」(Kalpa)來度量，意譯為「大時」或「長時」。❸以國妻子　指釋迦牟尼佛本生為國王時，將國、妻、子布施與人之事。據《六度集經》卷一所載：昔日，釋迦曾經是一位大國王，天帝釋化身為外道請求布施此國。釋迦就將國家讓與此人，自己前往另外一個國家安身。但天帝釋仍然跟隨著他，製造麻煩。帝釋先化為外道來索要銀錢，「國王」沒有辦法拒絕，只得以妻、子為人質借出錢與人。帝釋又化身為鷹，偷去主家衣服寶物，「國王」之妻被誣偷盜而被抓進監獄。帝釋同時又前往另外一家，殺掉質家之子。「國王」之子於是也被投進監獄。母、子被誣，將要被殺。「國王」又借銀錢一千，行贖妻、子。「天、人、龍、鬼莫不稱善。地主之王即釋妻、子之罪。二王相見，尋問其原。具陳所由，國無巨細，靡不墮淚，地主之王分國而治。故國臣民尋王所在，率土奉迎。二國君民一哀一喜。」(《六度集經》卷一，《大正藏》卷三，頁二下—頁三中)布施的這位國王就是釋迦的前身，而另外一個國王就是彌勒的前身。❹挑眼與人　關於釋迦牟尼佛此則本生故事請參見「犍陀衛國」注釋❹。❺割肉貿鴿　關於釋迦牟尼佛此則本生故事，詳見「宿呵多國」注釋❸。❻截頭布施　關於釋迦牟尼佛此則本生故事請參見「竺刹尸羅國」注釋❷。❼投身餓虎　關於釋迦牟尼佛此則本生故事請參見「竺刹尸羅國」注釋❸。❽泥洹以來一千四百九十七年　法顯是於東晉義熙六年，即西元四〇九年冬天到達師子國的，此時為第二年的二月末。這樣算來。法顯所相信的佛陀涅槃之期為西元前一〇八七年，而現在學術界較為通行的說法為西元前四八六年。❾世間眼滅　指釋迦牟尼佛涅槃。釋迦佛的十大名號之中有「正徧知」、「明行足」和「世間解」三種，「世間眼」大概是這三者的綜合概括。這是說，佛陀具有知曉世間一切的無上智慧，並且能夠為眾生指示正道，開眾生之眼，使其進入正道。❿菩薩五百身　指釋迦牟尼佛眾多的本生。依照佛教的說法，釋迦在成佛之前，也有許多的前身前世。「五百身」是泛言其多。⓫種種變現　佛為度化眾生可以憑藉神通之力變化出各種形象出現於世。這裡，實際上指的是釋迦的各類本生形象。⓬須大拏　釋迦牟尼昔日曾經為國王之太子，名叫「須大拏」(Sudāna)。他因為將父王的大象布施給婆羅門，被父王逐出宮廷。出居山野後，仍然以子、女施與婆羅門。⓭睒變　睒變(Śama)為釋迦的另一個前身。他孝敬盲父母，遇到國王出獵，誤中毒箭，感動天帝，使其父母康復復明。

【語　譯】每年三月，師子國都要取出佛牙舍利舉行盛大的供養法會。在舉行佛牙供養法會之前的十日，國王令人裝扮出一頭大象，派遣一位能言善辯的人穿著國王的衣服，騎著大象，擊敲著鼓而高聲唱道：「釋迦牟尼從很久遠之前就開始修習苦行。他不吝惜身體和生命，曾經以國家、妻、子布施與人，曾經將自己的眼睛挖出布施與人，曾經割取自己身上的肉換取鴿子的生命，曾經割下自己的頭顱布施與人，曾經將自己的身體投給餓虎。他從不吝惜自己的身體和腦髓。如此種種苦行，都是為了眾生能夠早日覺悟。釋迦太子成佛之後，在世間四十五年，為眾生說法，教化眾生，使不安定的眾生安定，沒有化度的眾生使其化度。與眾生的緣分盡了之後，釋迦佛方纔進入涅槃。釋迦牟尼佛涅槃已經一千四百九十七年了。釋迦佛的涅槃，使眾生長久感到悲痛。從今日算起，十日後，佛牙舍利就會取出，供奉在無畏山精舍。各位想種植福德的僧俗，請各自整治好道路，裝飾好大街小巷，準備好花、香以及供養的器具、物品。」

辯說人唱完這些之後，國王便令人在道路的兩邊製作釋迦牟尼的五百多具變現身。有的做成須大拏的形象，有的做成睒變的形象，有的做成象王、鹿、馬的形。這些變化身的形象，都色彩豔麗，裝飾華麗，栩栩如生。

做完上述準備工作之後，纔取出佛牙舍利。供奉佛牙舍利的車從街道中間走過。沿途的信眾，在街道兩旁擺滿供養物品。供奉佛牙舍利的車一直行駛到無畏山寺，最後將佛牙舍利供養在寺院內的佛堂上。許許多多的僧俗都聚集在無畏山寺內，燒香、燃燈，晝夜不息地做各種各樣的法事活動。佛牙舍利在無畏山寺一直供養九十日，方纔重新送回城內的佛齒精舍。城內的佛齒精舍每逢齋日，就打開盛放佛牙舍利的大殿，依照儀軌供養。

跋提精舍

無畏精舍東四十里，有一山❶。山中有精舍，號跋提❷，可有二千僧。僧中有一大德❸沙門，名達摩瞿諦❹，其國人民皆共宗仰。住一石室中四十許年，常行慈心，能感蛇鼠，使同止一室❺而不相害。

【章　旨】在無畏精舍以東四十里的山上，有一座名叫「跋提」的精舍。此座佛寺中有一位影響很大的高僧達摩瞿諦。

【注　釋】❶有一山　指師子國國都阿努拉達普拉以東八里的密興多列山(Mihintale)，相傳瑪亨德到斯里蘭卡後於此山初會天愛帝須王，故佛教徒尊之為聖山。❷跋提　師子國國都阿努拉達普拉城東彌沙卡山上有著名的古寺「塔山寺」(Cetiyagirivihara)。此寺起源於師子國天愛帝須王為最初前來傳教的阿育王之子摩哂陀長老等建造的六十八座石窟。初到斯里蘭卡瑪亨德等就是在此石窟之中度過安居期的。❸大德　為梵文Bhadanta的意譯，音譯作「婆檀陀」。在印度佛教中，「大德」是對佛、菩薩的敬稱；比丘中的長老，也可以稱為「大德」。在律本中，將比丘眾稱為「大德僧」，比丘尼眾則稱為「大姊僧」。在漢傳佛教中，「大德」一詞並不用作對佛、菩薩的稱呼，而是作為對高僧的稱呼。但這種稱呼的含義並不相同。在唐宋時期，「大德」是對由朝廷任用的擔任特定職責的僧人的特稱。一般是在「大德」之前加上相應的語詞，如「證義大德」、「臨壇大德」、「供奉大德」、「講論大德」等等。法顯在此所言的「大德」，應該是指比丘之中的長老。不過，至近代以來，「大德」一詞已廣泛使用，凡對有德有行之人，不論其出家、在家，都可以以「大德」作為尊稱。實際上，「大德」一語已經不限於具足德行者，而成為佛教徒之間最一般性的客套稱呼。❹達摩瞿諦　西元五世紀初，斯里蘭卡有位名為Mahādharmakathin的高僧。此位高僧以將佛教經籍轉譯為僧伽羅文著名於世。據R. C. Majumdar在其所著《印度人民的歷史和文化》第三卷，頁二五八中說，這位高僧就是法顯在此所說的「達摩瞿諦」。Majumdar的主要理由就是，「達摩瞿諦」與Mahādharmakathin的對應發音正好相合。(*The History and Culture of the India People*, Vol. III. *The Classical Age*, Bombay, 1954.)這種說法也有一定道理，可以備為一說。但法顯所說的這位「達摩瞿諦」，住「一石室中四十許年」，似乎更像一位頭陀僧，而不像一位以譯經見長的「大德沙門」。因此，R. C. Majumdar的說法，未必能夠作為定論。❺同止一室　此處指蛇、鼠同住於一室。蛇本來以鼠為食，因被達摩瞿諦的慈悲心所感化而與其天敵和睦相處。

【語　譯】無畏精舍以東四十里處有一座山，山中有一座精舍，名叫跋提。跋提精舍中住有大約兩千名僧人，佛眾之中有一個德行很高的僧人，名叫達摩瞿諦。師子國的人都很信仰敬重他。達摩瞿諦住在一個石洞中長達四十餘年。他經常以慈悲為懷，甚至能夠感化蛇和老鼠，使牠們共同住在一個山洞中，而並不互相傷害。

摩訶毗訶羅精舍

城南七里，有一精舍，名摩訶毗訶羅❶，有三千僧住。有一高德沙門，戒行清潔，國人咸疑是羅漢。臨終之時，王❷來省視，依法集僧而問：「比丘得道耶？」其❸便以實答言：「是羅漢。」既終，王即案經律以羅漢法葬之。

於精舍東四、五里，積好大薪，縱、廣可三丈餘，高亦爾，近上著旃檀、沉水❹諸香木，四邊作階，上持淨好白氎周帀，蒙積❺上。作大轝床❻，似此間輴車❼，但無龍、魚耳。

當闍維❽時，王及國人、四眾咸集，以華、香供養，從輿至墓所❾，王自華、香供養。供養訖，轝著積上，酥油遍灌，然後燒之。火然之時，人人敬心，各脫上服❿，及羽儀⓫、傘蓋⓬，遙擲火中，以助闍維。闍維已，收檢取骨，即以起塔。

法顯至，不及其生存，唯見葬時。

【章　旨】師子國都城南有一座名為「摩訶毗訶羅」的精舍，是除無畏山寺之外的另一座重要佛寺。法顯目睹了國王為此寺一位羅漢舉行的葬禮。

【注　釋】❶摩訶毗訶羅　為梵文Mahāvihāra的音譯，意譯為「大寺」。這是斯里蘭卡最早的佛寺，從古以來就是斯里蘭卡佛教的中心寺域。位於師子國都城阿㝹羅陀補羅城(Anurādhapura)南方的大雲林（又作「大眉伽林」，Mahāmeghavana)。阿育王派遣其子摩哂陀至師子國弘法，該國國王天愛帝須將其御花園「大雲林」捐獻給摩哂陀長老。後來，天愛帝須王又在此園中修建了這座寺院。從此，「大寺」就成為斯里蘭卡最重要的弘法道場，也是整個南傳上座部佛教的中心。西元前一世紀，婆他伽馬尼王在首都城北修建無畏山寺後不久，斯里蘭卡佛教就分裂為互相對立的兩派——「大寺派」與「無畏山寺派」。大乘佛教產生之後，兩派之間的爭鬥由爭奪此國佛教領導權之爭逐漸演變為大乘佛教與小乘佛教之間的消長。四世紀初，摩訶勝軍王(Mahāsena)決心弘揚大乘佛教，大肆破壞「大寺」。後來，由於宰相眉伽槃那跋耶(Meghavaṇṇābhaya)舉兵勸諫，摩訶勝軍王的態度纔有所轉變，得以重建大寺。摩訶勝軍王之子雲色王(Srimevan)登位之後，奉行平衡兩派的政策，「大寺」纔漸次恢復繁榮。法顯至此國時，「無畏山寺」有僧五千，「大寺」住有比丘三千，前者的聲勢仍然超過後者。❷王　法顯至師子國時，師子國的國王是摩訶納摩(Mahānama)，其在位年代是西元四〇六至四二八年間。❸其　指這位高僧。吳玉貴將其理解為國王問大眾，大眾回答說：「是羅漢。」(《〈佛國記〉釋譯》，頁二五二) 這恐怕是不對的。這位高僧實際上早已得到羅漢果位，只是其堅守戒律甚為嚴格，因而不願顯露，至臨終方纔於大眾之中說出。這完全符合佛教儀軌。❹沉水　即「沉水香」、「黑沉香」、「蜜香」、「沉香」，香木的一種。梵語為Agaru，音譯有「阿伽嚧」、「阿伽樓」、「惡揭嚕」、「阿竭流」，意譯為「不動」。因為此香木木心堅實，入水即沉，故稱「沉水」。「沉水香」是採自熱帶所產瑞香科常綠喬木之天然香料。此香木學名是Aquilaria agallocha，呈現青白色，伐採時，由中心木質部分滲出黑色樹脂，即是沉香。❺積　聚集草木。❻大轝床　可載人的大車。床，座位。❼轜車　即「輀車」，載柩車，其車輪沒有輻條。❽闍維　巴利語為Jhāpiti，又作「荼毗」、「闍毘」、「耶維」、「耶旬」，意譯為「燃燒」、「燒身」、「焚燒」，相當於現今所說「火葬」之意。火葬法是印度傳統的處理屍體的方法，佛陀涅槃後，也遵從這一傳統葬法。後來，「闍維」就成為佛教在僧尼圓寂之後處理屍體的慣用方法。印度人舉行火葬時，先在野外的空地上堆滿香薪，遺骸用白布纏繞置於龕內，然後放在積薪上，淋上酥油加以焚燒。焚燒時，對著遺體念誦經文。此時親朋好友聚集，並紛紛投下物品，以助燃燒。燃燒後，撿拾白骨，盛於金瓶內，或供於塔內，或投入河中。依照身分的尊卑高下，儀式略有差別。燃燒時，恐怕烈火傷害小蟲性命，因而焚燒時必置於岩石之上，此石則被稱為涅槃臺。佛教傳播開來後，中國、日本僧界也相繼採用這一方法。中國叢林則以「送往生」稱呼之。❾墓所　這裡指「闍維」的地方。❿上服　禮服；上等服裝。⓫羽儀　儀仗中以羽毛裝飾的旌旗之類。⓬傘蓋　又稱「華蓋」、「懸蓋」。印度由於日射強烈，故使用傘蓋以遮陽，僧侶行道以及普通人出行時，均習慣使用長柄的天蓋。

【語　譯】在師子國國都城南七里的地方，有一座精舍，名叫「摩訶毗訶羅」。此精舍中有三千名僧人居住。

「大寺」中居住著一位德行很高的僧人，戒行高潔，師子國的人都認為他是羅漢。這位僧人臨終之時，國王來看望他，並且按照佛教儀軌把眾僧召集來，當眾詢問此僧：「比丘得道沒有？」這位比丘據實回答說：「是羅漢。」此比丘圓寂之後，國王便按照佛教儀軌，以羅漢的禮儀為他舉行葬禮。

在「大寺」東南方向四、五里的地方，堆積起一大堆柴薪，長、寬大約有三丈多，高也是如此。柴薪最上面部分放著檀香、沉香等各種香木。薪堆的四邊被作成臺階狀，然後再用最好的白布將柴薪堆裹起來。另外，還製作了一輛大轝床，其形狀就像中土載柩車，只是上面沒有龍、魚等圖案而已。

當預定焚屍的時日，將這位高僧的屍體置於大轝床上，國王、人民及四方而來的群眾聚集在一起，用花、香供養，由大轝床將高僧遺體運送到焚屍的地方。大轝床到達墳墓後，國王親自拿著花、香供養這位高僧。供養完以後，把車放在柴上，用酥油灌澆，然後焚燒。火燃起來的時候，人人心中敬仰，各自脫去上衣，把上衣以及手中拿的儀仗、傘蓋等物紛紛從遠處擲到火中，用來幫助焚燒。焚燒完以後，便把骨頭撿起來，造塔供養。

法顯到這裡時，沒趕上他活著時，只是見識了為他舉行的葬禮。

王作新精舍

王❶篤信佛法，欲為眾僧作新精舍❷。先設大會，飯食僧。供養已，乃選好上牛一雙，金銀寶物莊校角上，作好金犁。王自耕頃四邊，然後割給民戶、田宅，書以鐵券❸。自是已後，代代相承，無敢廢易。

【章　旨】此章的真正意旨在於講一位師子國國王新建一座佛寺的經過，至於國王的名氏，法顯卻未能明言。

【注　釋】❶王　此「王」的所指不明。從法顯下文所說「自是已後，代代相承，無敢廢易」數語看，此位國王並非法顯至師子國時的摩訶納摩王。另外一種可能是指「大寺」的創立者天愛帝須王，但法顯說，國王「欲為眾僧作新精舍」，此一「新」透露出這一懸測也有其薄弱之處，因為「大寺」是師子國的第一座佛寺。可見，此段文字並非是對「大寺」的修建因緣的說明。從此段文字的語境考慮，最大的可能就是天愛帝須王與摩訶納摩王之外的另外一位國王。❷新精舍　章巽以及吳玉貴均將此段文字置於「摩訶毗訶羅精舍」的標題之下，顯然未能注意到國王「欲為眾僧作新精舍」數語。也就是說，此段文字與「摩訶毗訶羅精舍」沒有一點關係，應該是對另外一座佛寺修建因緣的說明。❸鐵券　本指帝王頒發給功臣，授予其世世代代享受某種特權的鐵契。在此是指師子國國王頒發給寺院的，保證其所布施的土地、民戶等世代供佛寺使用的文書。

【語譯】有一位國王篤信佛法，想替眾僧建造一座新的寺院。國王舉行無遮大會，為僧眾提供齋食。供養大會完畢之後，便選擇兩頭上等的牛，在牛角上裝飾各種金銀寶物，並且製作出一頂金犁。國王以裝飾一新的牛拖著金犁，親自耕犁田地四周，然後將民戶、田宅布施給寺院。國王並且將這些布施事項書寫在鐵券文書上。如此以來，寺產便一代一代向下傳承，沒有人敢於廢棄。

天竺道人誦經

法顯在此國，聞天竺道人於高座上誦經。云：「佛鉢本在毗舍離，今在揵陁衛國。竟若干百年，（法顯聞誦之時，有定歲數，但今忘耳！）當復至西月氏國❶。若干百年，當至于闐國。住若干百年，當至屈茨國❷。若干百年，當復來到漢地。住若干百年，當復至師子國。若干百年，當還中天竺。到中天竺已，當上兜術天❸上。」

「彌勒菩薩見而嘆曰：『釋迦文佛鉢至！』即共諸天華、香供養七日。七日已，還閻浮提，海龍王持入龍宮。至彌勒將成道時，鉢還分為四，復本頻那山❹上。彌勒成道已，四天王當復應念佛，如先佛法。賢劫千佛，共用此鉢。鉢去已，佛法漸滅。

「佛法滅後，人壽轉短，乃至五歲。五歲之時，粳米、酥油皆悉化滅。人民極惡，捉木則變成刀、杖，共相傷割殺。其中有福者，逃避入山。惡人相殺盡已，還復來出，共相謂言：『昔人壽極長，但為惡甚，作諸非法故，我等壽命遂爾短促，乃至五歲。我今共行諸善，起慈悲心，修行仁義。』

「如是各行信儀❺，展轉壽倍，乃至八萬歲。彌勒出世，初轉法輪時，先度釋迦遺法弟子❻、出家人及受三歸❼、五戒❽、齋法❾、供養三寶者；第二、第三次，度有緣者。」

法顯爾時欲寫此經，其人云：「此無經本，我止口誦耳。」

【章　旨】法顯在師子國聽天竺僧人講誦有關佛缽流傳的經文。

【注　釋】❶西月氏國　「月氏」為一古民族，其族起先游牧於敦煌、祁連山之間。西元前一七二至前一六一年，「月氏族」遭匈奴攻擊，西遷塞種故地（今新疆西部伊犁河流域及其迤西一帶），後來建立了若干國家。此處的「西月氏國」不詳其所指。❷屈茨國　又作「龜茲」、「鳩茲」、「屈支」，西域諸國之一。位於天山南麓。古龜茲國國都在延城。居民主要務農，兼營畜牧，冶鑄、釀酒等也較發達。信奉佛教，有文字，擅長音樂。❸兜術天　即「兜率天」，為欲界六天的第四天。詳見「陀歷國」注釋❹。❹頻那山　指環繞須彌山的八座山的第七座，又作「毘那多迦」、「毘那耶迦」、「毘泥怛迦那」，為梵文Vinataka的音譯，意譯為「障礙」、「犍與」、「象鼻」。須彌山四周的八山、七海、四大洲都由四大天王及其部屬護衛。佛陀初成道，四天王各自為佛奉獻食缽，佛陀將四缽合為一體。❺信儀　高麗藏本作「信義」，應從。❻釋迦遺法弟子　指直接跟隨釋迦牟尼佛出家的弟子。佛之遺教，稱為「遺法」。❼三歸　即「三皈依」、「三歸依」、「三皈」、「三自歸」、「三歸戒」、「趣三歸依」。三歸依即歸依佛、歸依法、歸依僧，意思是歸投、依靠三寶，並請求救護，以永遠解脫一切苦。這是成為佛教徒所必經的儀式。三歸依又可分為「翻邪三歸」和「受戒三歸」兩種。前者是指翻邪道而入正道時，所受之三歸。後者則指授受戒法之前必須信受的三歸儀式，有五戒三歸、八戒三歸、十戒三歸、具足戒三歸等四種。❽五戒　指在家佛教徒所受持的五種制戒。具體而言是：不殺生，不偷盜（不與取），不邪婬（非梵行），不妄語（虛誑語），不飲酒。前三戒防身，第四戒防口，第五戒通防身、口，護前四戒。❾齋法　即「齋戒之法」。從廣義而言，指清淨身心，而慎防身心之懈怠。狹義則有二義：「齋法」本指「八關齋戒之法」，但由於「八關齋戒之法」中以過午不食為核心，所以「齋法」也就常常指過午不食之法。中土佛教在逐漸改變了「過午不食」的規定之後，轉而以喫食素食作為齋法的核心。實際上，與作為「戒律」內涵下的「齋法」並無直接關係。

【語　譯】法顯在師子國時，曾經聆聽了天竺僧人坐於高座之上誦出經文。

那位僧人誦出的經文是這樣的：「佛缽本來在毗舍離國，現在在揵陁衛國境內。滿若干百年（法顯聆聽其誦經時，聽到過具體年數。不過，現在卻忘記了。）之後，必會到西月氏國。再滿若干百年之後，佛缽又要流傳到于闐國去。在于闐國住若干百年之後，佛缽必到屈茨國。在屈茨國若干百年之後，佛缽就要流傳到漢地。在漢地住若干百年之後，佛缽又要到師子國。在師子國住若干百年之後，佛缽就要回到中天竺。佛缽到了中天竺以後，就要上到兜率天上去。」

「彌勒菩薩見到佛缽後感嘆著說：『釋迦牟尼佛的食缽來了！』便與諸天神用花、香供奉七天。七日以後，佛缽又回到世間，海龍王就將佛缽拿入龍宮。到了彌勒將要成道的時候，佛缽又分成四塊，回到頻那山上。彌勒成道以後，四大天王就會如同當初念想、供奉釋迦牟尼佛一樣念想、供奉彌勒佛。賢劫的一千個佛，都要使用這個佛缽。佛缽消失以後，佛法也就漸漸消滅了。」

「佛法消滅後，人的壽命逐漸變短，甚至降到五歲。當人壽僅僅五歲的時候，就連粳米、酥油都消失了。那時，人們變得極其兇惡，拿起草木就變成殺人的刀仗，互相殺戮。其中有福德的人，便逃避進入深山。等惡人互相殘殺殆盡之後，有福德之人纔從深山出來。這些有福德之人一起商議道：『過去人壽很長，但由於人們作惡多端，做了各種不合乎禮法的事情，使得我們的壽命變得十分短促，以至於只有五歲。現在讓我們共同修行各種善行，樹立慈悲之心，修行仁義吧！』」

「這樣，這些幸存的有福德之人便各自講究信義，施行仁義。人們的壽命逐漸地成倍增加，一直增長到八萬歲。這時，彌勒便會出世。當彌勒佛初轉法輪，首先化度在釋迦佛之世皈依過釋迦牟尼佛的釋迦遺法弟子、出家人以及受過三皈依戒、五戒、齋法、供養過三寶的人。彌勒佛第二次、第三次轉法輪，則化度有緣分受到彌勒化度的人。」

法顯那時想將這部經抄寫下來，但那位僧人說：「這部經沒有經本，我只是口誦而已。」

求得經律文本

法顯住此國二年❶，更求得《彌沙塞律藏本》❷，得《長阿含》❸、《雜阿含》❹，復得一部《雜藏》❺，此悉漢土所無者。

【章　旨】法顯在師子國居住兩年，抄寫了四部經律文本。

【注　釋】❶住此國二年　當為義熙六至七年，即西元四一〇至四一一年。法顯在此著中一般是以夏坐之解夏作紀年標準的，而法顯在師子國停留的時間是從西元四〇九年冬天至四一一年夏天，以夏坐計算，正為兩年。❷彌沙塞律藏本　全稱為《彌沙塞部和醯五分律》，略稱《彌沙塞部律》，是佛入滅後第三個百年時，從上座部系統分化出的化地部（彌沙塞部）所傳之戒律。法顯從師子國攜回的本書梵本，至劉宋時由佛陀什、竺道生等共同譯出。因為此律由五部分組成，故簡稱《五分律》，現在的傳本為三十卷。其中規定比丘戒二百五十一條，比丘尼戒三百七十條。據近人研究，此律與南傳巴利文律藏在內容上極為接近。❸長阿含　又作《長阿鋡經》，為原始佛教的基本經典，係第一次結集的產物。法顯所帶回來的經本，自己未來得及翻譯，而現存的《長阿含經》是後秦弘始十五年（西元四一三年）由佛陀耶舍與竺佛念共同譯出的，因為譯出之地在長安，所以並不能確定是否為法顯所帶回者。關於《長阿含經》名稱之由來，據《四分律》卷五四、《五分律》卷三〇等載，因係長篇經文的總集，所以就稱為《長阿含經》。現存的漢譯《長阿含經》為二十二卷。❹雜阿含　此經是原始佛教的基本經典，是第一次結集的產物。法顯所帶回的經本，自己未來得及翻譯，後來由劉宋求那跋陀羅在建康瓦官寺譯出，《歷代三寶記》卷一〇明確說：「《雜阿含經》，五十卷，於瓦官寺譯，法顯賫來。」至於此經名稱的由來，據《五分律》卷三〇、《四分律》卷五四等所說，此經乃佛陀為比丘、比丘尼、優婆塞、優婆夷、天子、天女等講說四聖諦、八聖道、十二因緣之教說，今集為一部，故稱《雜阿含》。此外，尚有其他說法，不再一一具列。❺雜藏　此即現今《大正藏》卷一七所收一卷本《佛說雜藏經》，這是法顯回國之後所親譯，其內容是目連為地獄諸鬼敘說報應因緣。此經有四種譯本。

【語　譯】法顯在師子國居住了兩年，又得到了《彌沙塞律藏本》，得到了《長阿含》、《雜阿含》等經本，又得到一部《雜藏》。這些都是漢地所沒有的。

【研　析】法顯在師子國停留的時間是西元四〇九年的冬天至西元四一一年的八月中旬，以夏坐時間記，正好為兩年。在法顯的這一部分記述中，可以格外注意的有下述幾點：

一、法顯對師子國佛教基本情況的載記。這部分內容成為現代學人了解、研究斯里蘭卡佛教史，特別是西元五世紀初期，師子國佛教發展狀況的基本材料。其史料價值，不可估量。

二、法顯在師子國寫得的《彌沙塞律藏本》後來由佛陀什、竺道生等共同譯出，《長阿含經》雖由佛陀耶舍與竺佛念共同譯出的，但不能確定是否為法顯所帶回，而由劉宋求那跋陀羅譯出的《雜阿含經》，可以確定是由法顯從師子國帶回的。

三、法顯在師子國無畏山寺的大殿看到漢地商人奉獻給青玉佛像的一把白絹扇，感慨萬千。此段文字，深刻地表達了法顯這次西行的心理感受，茲轉錄於此，請讀者再仔細體味：「法顯去漢地積年，所與交接悉異域人，山川草木，舉目無舊。又同行分披，或留或亡，顧影唯己，心常懷悲。忽於此玉像邊見商人以晉地一白絹扇供養，不覺淒然，淚下滿目。」

第九部分　海路歸國

【題解】法顯帶著從師子國以及中天竺所求得的總共九種經律寫本，搭乘商人的船舶，踏上了驚心動魄的歸國歷程。時為東晉義熙七年七月，即西元四一一年八月。

商船東下兩日，便遇到了暴風雨。風大雨狂，更兼船漏，法顯等人在大海之中漂流十三個日夜，方纔靠上一個小島，修補了漏船。隨後，商船繼續前進，在海中隨波逐流九十餘日，到達一個名叫「耶婆提」的島國。法顯在此國停留五個月，纔得以找到另外一艘前往漢地的商船。

從耶婆提國出發的商船向西北方向航行，目的地就是廣州。其時為東晉義熙八年四月十六日，即西元四一二年五月。在大海上航行一個月之後，商船又遭遇暴風雨。同船的信奉外道的商人將航行不順歸結為法顯之罪，密謀將法顯丟棄於荒島之上。幸賴法顯的老施主據理力爭，法顯方纔幸免於難。接著，在大海之中又航行了七十餘日，商船貯存的淡水和糧食幾乎消耗殆盡。海師自感迷失方位，於是決定向西北方向航行，尋找靠岸之地。

向西北方向航行十三日之後，商船終於找到了可以靠岸的陸地。經過打聽，此地就是東晉的屬地長廣郡。至此，法顯終於踏上了故國的土地。時為東晉義熙八年七月十四日，即西元四一二年八月。

法顯在長廣郡略事休息，又南下彭城度過一冬一夏。在度過義熙九年的夏坐之後，法顯南下到達建康，從事其嚮往已久的經律的傳譯。

搭船東歸

得此梵本已，即載商人大船❶，上可有二百餘人。後繫一小船，海行艱嶮，以備大船毀壞。

【章　旨】法顯帶著從師子國取得的四種經律寫本以及在中天竺得到的五種經文，搭乘商人的船舶，踏上了驚心動魄的歸國歷程。

【注　釋】❶即載商人大船　從下文所敘述的時間計算，法顯帶著所得經卷搭乘商船歸國的時間至遲在東晉義熙七年七月中旬，即西元四一一年八月中旬。

【語　譯】得到這些梵文經律寫本之後，法顯便決定回國。法顯將經卷和行李裝載到商人的大船上。這艘大船上大約載有二百多人，船尾拖著一隻小船。航海非常艱難危險，裝備小船是為了防備大船毀壞，以備不時之需。

得好信風❶，東下二日，便值大風，船漏水入。商人欲趣小船，小船上人恐人來多，即斫緪斷。

商人大怖，命在須臾，恐船水漏❷，即取粗財貨擲著水中。法顯亦以君墀❸及澡罐❹並餘物棄擲海中，但恐商人擲去經、像。唯一心念觀世音及歸命❺漢地眾僧：「我遠行求法，願威神❻歸流❼，得到所止！」如是大風晝夜十三日，到一島邊，潮退之後，見船漏處，即補塞之。於是復前。

【章　旨】法顯搭乘的商船東下兩日後，風大更兼船漏。危機之時，小船上的人砍斷連接大船與小船的纜繩。這艘漏水的大船在海上隨風漂行十三晝夜，方纔到達一個海島上，得以修好漏處。

【注　釋】❶得好信風　法顯搭船歸國之期在西元八月，此時恰是印度洋西南季風的末期，已經屬於季風的轉換期。此時，常常有旋風來襲，風期不定，對航行非常不利。法顯歸國一路所遇很大的風險，大概與此也有一些關係。❷恐船水漏　流傳於今的有些版本作「恐船水滿」，有些版本作「恐船水漏」。章巽校注本從「恐船水漏」，但前句已言「船漏水入」，因而此處以「恐船水滿」纔更合情理。❸君墀　又作「君遲」、「君持」、「軍持」，為梵文Kuṇḍika的音譯，意譯為「瓶」、「水瓶」，是比丘十八物之一。義淨在《南海寄歸內法傳》卷一中說：「凡水分淨、觸。淨者咸用瓦、瓷，觸者任兼銅、鐵。淨擬非時飲用，觸乃便利所用。淨則手方持，必須安著淨處；觸乃觸手隨執，可於觸處置之。唯斯淨瓶，及新淨器所盛之水，非時合飲。餘器盛者，名為時水，中前受飲即是無愆，若於午後飲便有過。」這是說，僧人出行所持的水瓶有兩種，一種叫「淨瓶」，一種叫「觸瓶」。「淨瓶」所盛之水可供僧人隨時飲用，而「觸瓶」所貯之水是供僧人洗手使用的，並非飲用水。另外，義淨還說，惟有「淨瓶」所貯藏之水可以隨時飲用，而其他器具所盛放之水，只能在中午前飲用，若「過午」飲用就是不合律制的。Kuṇḍika本來包含二義，如義淨所撰《受用三水要行法》說：「舊律《十誦》五十九云：『有淨瓶罐、廁澡罐。』四十一云：『有淨水瓶，常水瓶。』」（《大正藏》卷四五，頁九〇三中）但法顯下文又直接言及「澡罐」，因此，此處所言的「君墀」只能以「淨瓶」解釋了。❹澡罐　僧人所帶用來淨手的水罐。❺歸命　即「皈命頂禮」、「歸命禮」。「歸命」也就是將身心歸投佛、法、僧三寶，是屬於意業之禮；「頂禮」也就是以頭觸地接承對方之足的禮節，是屬於身業之禮拜。大乘佛教之中的「歸命」有「獻身」的意義，所謂禮佛、禮僧是對他人表示獻身的一種禮儀。法顯在此所作正是如此。❻威神　尊嚴的神靈。❼歸流　本義為「流入海的河流」，這裡指：使海上之風暴停息，海水流向其本應所向。

【語　譯】等到有利於航行的信風出現之後，法顯所搭乘的商船便向東開始了航行。商船航行了兩天，便遇上暴風。更不幸的是船體漏水，海水湧入船內。商人都想登上小船，但小船上的人卻惟恐上來的人太多會將小船壓沉，於是將連接大船與小船的纜繩砍斷了。

商人們十分害怕，大家的生命危在旦夕。商人害怕海水灌滿大船，便把船中的粗笨貨物都投擲到水中。法顯也把隨身攜帶的淨瓶和澡罐以及其他雜物扔入大海。這個時候，法顯心中惟恐商人們將佛經、佛像也擲入海中，只是一心一意口念觀世音以及誠心歸命於漢地眾僧：「我遠道而來求取佛法，願尊貴的威神使大海恢復平靜，讓我們能夠平安到達目的地！」

像這樣的大風一直刮了十三個晝夜，商船也終於到達一個島邊。海潮減退之後，經過檢查，發現了船的漏洞，隨即將其補塞結實。後來，商船又繼續前進了。

海中多有抄賊❶，遇輒無全。大海瀰漫無邊，不識東西，唯望日、月、星宿而進。若陰雨時，為逐風去，亦無准。當夜闇時，但見大浪相搏，晃然火色，黿、鼉❷水性怪異之屬。商人荒遽❸，不知那向❹。海深無底，又無下石住處❺。至天晴已，乃知東西，還復往正而進。若值伏石❻，則無活路。

【章　旨】法顯在歸國的路途中，既面臨海盜的威脅，也面臨迷失航向的危險。在陰雨以及夜晚時節，只能隨波逐流，聽天由命了。

【注　釋】❶抄賊　西元五世紀之時，在現今馬六甲海峽的亞齊頭（Acheen Head，位於蘇門答臘島西北角）一帶有海盜專門劫掠過往船隻。船舶只得繞至蘇門答臘的南邊而東行，通過今巽他海峽北上。至十九世紀，這一區域仍舊有海盜活動。有關情況可以參見Samuel Beal: *Travels of Fah-hian and Sung-yun, Buddhist Pilgrims, from China to India (400 A.D. and 518 A.D.)*, p. 169, 1869, London. ❷黿鼉　均為巨鱉的俗稱。鼉，又指「豬婆龍」，今名「揚子鱷」。❸荒遽　惶遽；慌遽；慌亂；驚慌。❹那向　大多版本作「那向」，日本所傳的「鐮倉本」作「所向」，意思相同，即不知航行之方向。❺下石住處　下石錨之處。❻伏石　暗礁。

【語譯】 大海中有很多強盜，如果遇到了他們，便很少有人能夠幸免。大海茫茫，沒有邊際，分不清東西南北，只有依靠觀察日月星辰勉強辨別前進的方向。

如果遇到暴風陰雨天氣，船舶往往會被大風吹推著前進，自然也就難於有確定的方向。當夜幕降臨之時，只見巨浪滔滔，相互撞擊，並且往往會出現明晃晃的、如同火色的一片亮光，那是黿鼉之類水怪在大海中浮游。在沉沉暗夜中，商人顯得很慌亂，不知應該向哪個方向行駛。海水深邃無底，又沒有投下錨石停船的可能。只有天晴之後，纔能知道方向，纔有可能重新撥正航向前進。在大海中航行，如果碰到暗礁，也就沒有活路了。

耶婆提國

如是九十日許❶，乃到一國❷，名耶婆提❸。其國外道、婆羅門興盛，佛法不足言。停此國五月日。

【章　旨】在大海中漂流九十餘日之後，法顯等到達一個叫「耶婆提」的國家。法顯在此國停留五月有餘。

【注　釋】❶九十日許　由於慧皎《高僧傳》卷三〈釋法顯傳〉作「經十餘日，達耶婆提國」，所以，歷來有學者懷疑此應為「十日許」。其實，僧祐《出三藏記集》卷一三〈法顯法師傳〉作「行九十日，達耶婆提國」。慧皎所撰〈釋法顯傳〉之材料很少有超出《出三藏記集·法顯法師傳》範圍的。因此，正如湯用彤所說：「查《僧傳·法顯傳》全抄《錄》之文，而間加以改竄，但其改竄之處往往甚誤。」（湯用彤《漢魏兩晉南北朝佛教史》（上冊），頁二七四，（北京）中華書局，一九八三年三月版）正如法顯在前文所說，由於不辨方向，在暴風雨以及夜裡，商船實際上是在隨波逐流地行進，至天晴方可矯正方向，所以發生反覆與偏差在所難免，耗時九十日，也在情理之中。❷乃到一國　從後面法顯所說的時間推算，法顯到達此國的時日大致在東晉義熙七年十一月十六日前後，即西元四一一年十二月某日。❸耶婆提　關於此國的所在，是解釋法顯歸國行程的關鍵。通行的解釋或是將其考訂為爪哇，或是蘇門答臘島。近年也有人別出心裁將其解釋為北美洲的某地，詳見連雲山所著《誰先到達美洲？》，中國社會科學出版社，一九九三年版。

【語　譯】法顯等在大海之中這樣漂流了九十多天，纔到達一個國家，名叫耶婆提。這個國家崇信外道，婆羅門教很興盛，佛法微不足道。法顯在耶婆提國停留了五個月時間。

搭乘商船趣廣州

復隨他商人大船，上亦二百許人。賫五十日糧，以四月十六日❶發，法顯於船上安居❷。東北行，趣廣州❸。

【章旨】法顯在耶婆提國停留五個月後，又搭乘商船向東北方向航行，直趣廣州。

【注釋】❶四月十六日　即東晉義熙八年四月十六日，西元大致為四一二年五月。將法顯上文所寫登船離開師子國所用時間相加，至少共計二百五十至二百六十日。分而言之，則為：起先漂流十五日，在一島修船數日，又在海上漂流九十日，在耶婆提國停留五個月。這樣，可以大致推定，法顯是於東晉義熙七年七月中旬，西元四一一年八月中旬離開師子國的。❷安居　此指義熙八年，即西元四一二年的夏坐。此時，距法顯離開長安已經十四年矣！❸廣州　指今日的廣州地區。秦時屬於南海郡，至三國時東吳分交州設置廣州，東晉又稱廣州南海郡。

【語譯】法顯在耶婆提國停留了五個月之後，纔得以搭乘其他商人的大船。這條商船上面也有二百人左右，大船攜帶了可供全船人食用五十天的糧食。航船於四月十六日起航，法顯在船上度過安居。商船向東北方向航行，目的地是廣州。

一月餘日❶，夜鼓❷二時，遇黑風暴雨❸，商人、賈客皆悉惶怖。法顯爾時亦一心念觀世音及漢地眾僧。蒙威神佑，得到天曉。曉已，諸婆羅門議言：「坐❹載此沙門，使我不利，遭此大苦！當下比丘，置海島邊，不可為一人令我等危嶮！」

法顯本檀越❺言：「若下此比丘，一併下我！不爾，便當殺我！汝其下此沙門，吾到漢地，當向國王言汝也。漢地王亦敬信佛法，重比丘僧。」諸商人躊躇，不敢便下。

【章　旨】在航行之中，在今日西沙羣島附近，商船遭遇暴風雨，同船信仰外道的商人提出將法顯逐出此船，幸賴同船的施主據理力爭，法顯纔得以免禍。

【注　釋】❶一月餘日　指從耶婆提國出發之後，在海上航行所用的時間。從此推算，法顯所記此事大概發生在東晉義熙八年五月內，即西元四一二年六月。❷夜鼓　鼓，古代計時單位。因古代常常擊鼓報時，故這樣言之。古人將夜晚分為五個時段，或稱「五更」，或稱「五鼓」。如北齊顏之推《顏氏家訓．書證》說：「漢魏以來，謂為甲夜、乙夜、丙夜、丁夜、戊夜；又云鼓，一鼓、二鼓、三鼓、四鼓、五鼓；亦云一更、二更、三更、四更、五更，皆以五為節。」❸遇黑風暴雨　據考證，法顯等於此時遇到風暴之地位於今西沙羣島附近。具體理由，可參見許雲樵〈據風向考訂法顯航程之商榷〉一文，《南洋學報》卷六，第二期，一九五〇年十二月出版。❹坐　因為；由於。❺本檀越　指允諾答應法顯搭乘商船歸國的施主。

【語　譯】在大海中航行一個多月後，在一天夜裡二更時分，商船遇上了黑風暴雨，商人們都十分恐慌。法顯這時只是一心口念觀世音和漢地眾僧。承蒙威嚴的神靈保佑，總算挨到了天亮。

天亮以後，各位信奉外道的商人聚集在一起商議說：「就是因為船上載著這個和尚，使我們大家這麼晦氣，遭受這麼大的苦難！應當把這個和尚趕下船去，留在海島邊上！毋須為了他一個人而使我們都遭受危險。」

法顯原來的施主說：「如果你們想把這個和尚趕下去，那把我也一起趕下去好了！如果不這樣做，你們就把我殺了吧！你們如果把這個和尚趕下去，我如果到達了漢地，就必定向國王稟告你們所做的事情。漢地國王也是敬信佛法的，十分敬重和尚。」這樣一來，各位信奉外道的商人感到害怕，因而猶豫不決，不敢輕易趕法顯下船。

於時天多連陰，海師❶相望僻誤❷，遂經七十餘日，糧食、水漿❸欲盡，取海鹹水作食。分好水，人可得二升，遂❹便欲盡。商人議言：「常行時，正可五十日便到廣州。爾今已過期多日，將無僻耶？」即便西北行求岸。

【章旨】由於連日陰天，海師迷失方向，使得商船耗時七十日仍然未能抵達目的地廣州。後決定向西北方向航行，尋找陸地靠岸。

【注釋】❶海師　熟悉海上航道、駕駛海船的人。❷僻誤　偏差；差錯。❸水漿　指飲料或流質食物。❹遂全部；完全；盡。

【語　譯】當時，多連陰天氣，海師看錯了方向，因而耽誤了七十多天的時間。糧食和飲水將要用完了，只得取海中鹹水做飯。每人分得淡水大約兩升，用完之後就徹底沒有淡水了。

商人們商議說：「在正常情況下，只需要五十天便能到達廣州。現在超過這一正常情況已經好多天了，難道是我們偏離了方向嗎？」於是，立即向西北航行尋找海岸。

抵達長廣郡

晝夜行十二日，到長廣郡❶界牢山❷南岸，便得好水、菜。但經涉險難，憂懼積日，忽得至此岸，見藜藿菜❸依然，知是漢地。然不見人民及行迹，未知是何許。或言未至廣州，或言已過，莫知所定。即乘小船，入浦❹覓人，欲問其處。得兩獵人，即將歸，令法顯譯語問之。

法顯先安慰之，徐問：「汝是何人？」答曰：「我是佛弟子。」又問：「汝入山何所求？」其便詭言❺：「明當七月十五日，欲取桃臘佛❻。」

又問：「此是何國？」答言：「此青州❼長廣郡界，統屬晉家❽。」聞言已，商人歡喜。即乞其財物❾，遣人往長廣。

【章　旨】經過堅苦卓絕、命懸一絲的航行，法顯一行總算到達了漢地。經過詢問，知曉所抵達的口岸為青州長廣郡。

【注　釋】❶長廣郡　東晉長廣郡屬於北青州統轄，領四縣，治所在不其，故址在今山東省嶗山縣北。❷牢山　即嶗山，位於今山東省嶗山縣東，南臨黃海，東對嶗山灣。❸藜藿菜　泛指野菜。藜，灰藋；灰菜。一年生草本植物，嫩葉可食，老莖可為杖。藿，豆葉，嫩時可食。❹浦　指河流入海處。❺詭言　假稱；謊稱。法顯已經看出此二人為獵人，而其卻因法顯的僧人身分而謊稱「取桃臘佛」。另外一種可能，獵人所說「詭言」也包括「明當七月十五日」一語在內。筆者以為，前一句明顯為謊言，而後一句，即「明當七月十五日」，則可信其真。也就是說，法顯借獵人之口，交代了其到達中土的準確時間，即東晉八年七月十四日，西元四一二年八月某日。❻取桃臘佛　此指「盂蘭盆會」。古人常以「盂蘭」為梵文音譯，而以「盆」為意譯之詞。據今人研究，這是錯誤的。「盂蘭盆」為梵名Ullambana之音譯，意譯作「倒懸」。漢語系佛教地區，根據《盂蘭盆經》而於每年農曆七月十五日舉行超度歷代宗親的儀式。據《盂蘭盆經》所載，佛弟子目連以天眼通見其母墮在餓鬼道，皮骨相連，日夜苦悶相續。目連為拯救其母脫離此苦，乃向佛陀請示解救之法。佛陀遂指示目連於七月十五日僧自恣日，以百味飲食置於盂蘭盆中以供養三寶，能蒙無量功德，得救七世父母。在盂蘭盆會中所設之齋食供養，稱盂蘭盆齋；供佛、僧之百味飲食、百種器具，稱盂蘭盆供；後世多以瓜、菓、麵、餅、茶、飯等，供養餓鬼。盂蘭盆會的供養對象是佛、法、僧「三寶」以及餓鬼，所以，兩位獵人纔說「以桃臘佛」。法顯此處所說極其重要，可惜未曾引起學人注意。周叔迦先生據《佛祖統紀》卷三七所記梁武帝於大同四年（西元五三八年）至同泰寺設盂蘭盆齋，宣稱「至於依據《盂蘭盆經》而舉行儀式，創始於梁武帝蕭衍。」（中國佛教協會編《中國佛教》（二），頁三九四，（上海）知識出版社，一九八二年八月版）後來，如《佛光大辭典》等等又加以沿襲。實際上，以梁武帝所為作「盂蘭盆會」之始，純粹是以訛傳訛。從法顯無意中所提供的這一條信息，可以推斷出「盂蘭盆會」至此時已經具有了相當影響。否則，兩位獵人就不會隨口「詭言」了。❼青州　漢代置青州，魏及晉初因之，南北朝仍置州，治所屢遷，轄領不一。❽統屬晉家　多數版本作「統屬劉家」，只有少數版本作「統屬晉家」。按：法顯歸國之時，劉裕儘管已經專權，但仍未代晉。《佛國記》成書時，仍屬於晉代。所以，作「統屬劉家」的版本為傳抄致誤。❾乞其財物　給予兩位獵人以禮品，使其帶人至長廣郡報信。乞，給予。

【語譯】商船朝西北方向又晝夜航行了十二天，到達了長廣郡地界的牢山南岸，找到了淡水和蔬菜。不過，經歷了這麼多的危險艱難，憂愁恐懼了這麼多時日，忽然登上海岸之上，真有些難以置信。但是看到岸邊的野菜依舊，纔確實知道我們是真的到達了漢地。

由於看不到居民和人的行跡，我們仍然不知道這是什麼地方。有人說還未到廣州，有的人說已經過了廣州，一時難於確定。商船上的人隨即乘坐小船進入河灣，希望能夠找到人，詢問清楚我們究竟是到了什麼地方。上岸的人遇到兩個獵人，立即將其帶回大船，讓法顯作漢語翻譯向他們詢問。

法顯先問候安慰兩個獵人，慢慢問道：「你們是什麼人？」回答說：「我們是佛家弟子。」又問道：「你們進山幹什麼呀？」他們便故意說道：「明日是七月十五日，我們想摘些桃子供奉給佛。」法顯又問道：「這是什麼國家？」回答說：「這是青州長廣郡地界，統屬晉家。」

外國商人一聽見這些話，非常高興。奉送給這兩位獵人一些禮物，讓他們前去長廣郡報信。

太守李嶷❶敬信佛法，聞有沙門持經、像乘船泛海而至，即將人從至海邊，迎接經、像，歸至郡治❷。商人於是還向楊州❸。劉沇青州❹請法顯一冬一夏。

【章　旨】法顯先受太守李嶷的供養，後由長廣郡至彭城夏坐。外國商人則又開船至建康。法顯在彭城度過夏坐後，決定南下至建康翻譯經律。

【注　釋】❶太守李嶷　湯用彤以為此李嶷為李安民的祖父，可作參考。❷郡治　指長廣郡郡治不其，故地在今山東省嶗山縣北。❸楊州　東晉楊州治所在建康（今江蘇省南京市），大體領有今江蘇、安徽兩省長江以南部分地區以及浙江全省之地。❹劉沇青州　沇，諸本作「法」，足立喜六認為「法」為「沇」之誤，頗為有理。沇，同「兗」。即兗州。「沇青州」則指兗、青州刺史劉道憐（《法顯傳考證》，頁二九二）。而湯用彤則進一步指出，劉道憐此時尚在彭城，其在義熙八年九月十三日方纔奉命為兗、青州刺史。法顯此書撰於義熙十年，所以稱劉道憐為「劉沇青州」，也是可以的（《湯用彤學術論文集》，頁三十八—三十九，（北京）中華書局，一九八三年五月版）。湯先生此見甚為可信。可以補糾足立喜六之不足。

【語　譯】長廣郡太守李嶷是一位崇敬信奉佛法的人。聽到有人稟告有一位沙門奉持經、像乘船渡海歸來，太守李嶷立即就帶人來到海邊，迎接佛經、佛像回到長廣郡的治所。

外國商人從這裡南下楊州。法顯應兗、青州刺史劉道憐的邀請，到彭城居住了一冬一夏。

南下向都

夏坐❶訖，法顯遠離諸師久，欲趣長安。但所營事重，遂便南下向都❷，就禪師❸出經律。

【章　旨】法顯在徐州度過一冬一夏之後，決定南下到建康，從事經律翻譯。

【注　釋】❶夏坐　此即義熙九年（西元四一三年）的夏坐，是法顯從長安出發西行後的第十五次夏坐。❷都　指東晉國都建康，即今江蘇省南京市。❸禪師　據《出三藏記集》卷一五〈法顯法師傳〉載，此禪師為佛陀跋陀羅（覺賢）。

【語　譯】夏坐結束後，法顯感到遠離各位法師已經很久了，想回歸長安。但是，因為所要做的事情很重要，所以便南下到達都城建康，同佛陀跋陀羅禪師一起翻譯佛教經律。

總結西行歷程

法顯發長安，六年到中國❶，停六年❷，還三年❸達青州。凡所遊歷，減三十國。沙河以西，訖於天竺，眾僧威儀法化之美，不可詳說。竊惟諸師來❹得備聞，是以不顧微命，浮海而還，艱難具更❺。幸蒙三尊❻威靈，威而得濟，故竹帛❼疏所經歷，欲令賢者同其聞見。

是歲甲寅❽。

【章　旨】此章為全文的結語。法顯西行共十五年，遊歷近三十個國家，終於完成了平生的志向。特將所見寫出，欲使賢者共享見聞。

【注　釋】❶六年到中國　法顯於西元三九九年從長安出發，至西元四〇四年到達中天竺的摩頭羅國，恰為六個年頭。❷停六年　法顯由西元四〇四年抵達中天竺摩頭羅國，直到西元四〇九年離開瞻波大國，恰為六個年頭。❸還三年　法顯由西元四〇九年離開東天竺多摩梨帝國，中間在師子國停留兩年，海上航行（包括在耶婆提國停留五個月）一年，直到西元四一二年方到達青州，恰為三年。從法顯的敘述看，他只將中天竺當作目的地，而將中天竺之前的歷程當作去路，而將東天竺、師子國等當作歸途。這是當時對於佛教的發源地中天竺的崇敬所帶給法顯的地域觀念所決定的。❹來　有些版本作「來」，有些版本作「未」。以「未」更佳。❺更　經歷；經過。❻三尊　即佛、法、僧「三寶」。❼竹帛　本意為「竹簡」和「白絹」。古代初無紙，用竹帛書寫文字。後來則引申為「書籍」、「史乘」之義。❽是歲甲寅　指法顯完成此書的東晉義熙十年，即西元四一四年。

【語　譯】法顯從長安出發，經過六年的跋涉到達中天竺，在中天竺停留六年，歸途三年而到達青州，所遊歷將近三十個國家。自沙河以西，一直到天竺，佛教僧眾威儀戒律嚴整之美，無法詳細說出。我私下以為漢地諸僧對於這些沒有比較詳細的了解，所以纔毫不顧惜自己的生命，浮海而歸，各種艱難困苦都經歷過。幸蒙佛、法、僧三寶之威靈的護佑，雖然屢遇危難而能夠安然度過。法顯之所以書寫記述所經歷之事，是想讓賢能的人也能與我一同分享所見所聞。

這一年是甲寅年。

【研　析】這一部分，可注意以下兩個問題：

一是法顯的歸國歷程。法顯於東晉義熙七年七月，即西元四一一年八月，乘商船離開師子國，踏上了艱難的海路歸國歷程，直至東晉義熙八年七月十四日，即西元四一二年八月某日到達長廣郡界，歷時一年整。當時的航海，雖然可以借助於乘坐二百人及裝載若干貨物的大船，但是，由於航行仍然只能依靠天然季風，以及導航技術之欠發達，因而航海仍然是一項非常冒險的活動。法顯搭乘商船歸國，其間的數次歷險，可謂驚心動魄！法顯的歸來可謂九死一生！法顯能夠平安歸來，確實是中土佛、法、僧「三寶」之福！

二是法顯歸途中停留長達五月之久的「耶婆提國」的方位問題。這個問題可以說是法顯西行研究的一個難題。傳統上均遵從西方學者的推定，將「耶婆提國」解釋為爪哇島或蘇門答臘島。西元一九九二年，大陸學者連雲山經過多年研究認為，法顯所抵達的並非爪哇，也不是蘇門答臘島。連先生總結出傳統說法的四大問題（連雲山所著《誰先到達美洲？》，頁二十八—三十二，中國社會科學出版社，一九九二年七月版）。這些疑問使得連先生推翻了傳統的說法而主張法顯所抵達的「耶婆提國」就是美洲。連先生的四大懷疑之中，有一個證據是最值得重視的。這就是西元五世紀初，爪哇及蘇門答臘島佛教的流行情況。法顯所到達的「耶婆提國」「外道、婆羅門興盛，佛法不足言」。而連先生引用了一些材料說明，佛教此時在爪哇及蘇門答臘島還是較為興盛的。從總體上說，連雲山所著《誰先到達美洲？》一書來看，「法顯最先到達美洲」之說，也有一些道理，可備參考。但由於法顯《佛國記》本文所述過於簡略，連先生在指出傳統說法之懸猜性的同時，自己的證明方式卻無可避免地又陷入了懸猜的泥沼。所以，欲使學術界普遍接受這一結論，還是有相當難度的。

第十部分 跋

【題解】這是此書原本就有的跋語，其作者不詳。從文中所言考察，此跋語的作者與法顯交往深厚，並且在京師建康有一定的地位。義熙十二年，法顯在道場寺與佛陀跋陀羅譯經，所以，此跋語的撰寫者肯定是道場寺內相當重要的僧人。這位僧人曾仔細閱讀過法顯在義熙十年（西元四一四年）所撰寫的西行事略。在此僧的勸說之下，法顯重新修改補充了自己所寫就的文字。這大概就是現在我們所看到的《佛國記》之全貌了。

此跋語的撰寫者，對法顯的人格以及西行的業績是充滿敬意的。保存在此跋語中的法顯的幾句話語，流貫於質樸的語句中的是法顯西行歸來的真實感受，彌足珍貴！法顯無愧於跋語中的讚譽！

晉義熙十二年，歲在壽星❶，夏安居末，慧遠迎法顯道人❷。既至，留共冬齋❸。因講集之際，重問遊歷。其人恭順，言輒依實，由是先所略者❹勸令詳載。

【章　旨】跋語之作者勸說法顯重新修訂先前所寫出的遊記。

【注　釋】❶晉義熙十二年二句　「壽星」是十二星次之一，在十二支中為「辰」。義熙十二年為丙午歲，故云「歲在壽星」，此年為西元四一六年。❷慧遠迎法顯道人　如章巽校本所云，「慧遠」二字只有日本所傳鐮倉本纔有。但章巽先生卻以為「所保留此二字甚可貴」（《法顯傳校注》，頁一八〇注❸），殊難理解。慧遠遠居廬山，「親迎」已不可能。而章先生曲為之解，說「非親迎，特促成其事耳。」我以為，法顯從天竺歸來，並且帶來梵文經律，在當時特別渴望得到天竺傳來經律的江南，京城建康僧俗想必不會充耳不聞，至少已經引起一些反響。所以，法顯決定南下建康翻譯經律，未必需要有如慧遠這樣的僧團領袖介紹，方纔可以從事翻譯。況且，法顯早在義熙九年就來到了建康，所以，可以肯定，此處所言「迎法顯道人」與慧遠無關，而是另有所指。❸冬齋　從魏晉之際，朝廷在每年的冬至日起開始舉行各類盛大之儀式，以慶賀即將來臨之新歲。其後，佛教寺院也開始在該日舉行盛大法會。在住持說法之時，寺內營齋以供養大眾，稱為冬齋。❹先所略者　先前雖然寫出，但卻較為簡略的部分。

【語　譯】晉義熙十二年，也就是歲星居於壽星方位的丙辰年。夏安居後，迎來了法顯道人。法顯到來以後，留下來一起度過冬齋。在講經的空隙，我重新向法顯詢問遊歷的情況。法顯為人謙恭和順，所說的所有事情都實實在在。於是，我就勸他將原來寫得簡略的部分再詳細地寫出來。

顯復具敘始末，自云：「顧尋❶所經，不覺心動汗流。所以乘危履嶮，不惜此形者，蓋是志有所存。專其愚直，故投命於不必全之地，以達萬一之冀。」

【章旨】法顯自敘其西行感受。

【注釋】❶顧尋　反省；回顧。顧，回首；回視。尋，考索；探求。

【語譯】法顯又從頭至尾敘述了一遍。他說：「回顧所經過的歷程，現在仍然不覺心驚汗流。我之所以能夠乘危履險，從不顧惜這個身體，是因為心中存著一個志向。我這個人生性鈍直，志向專一，所以纔置身家性命於不顧，以求達到萬分之一希望的實現。」

於是感嘆斯人，以為古今罕有。自大教東流❶，未有忘身求法如顯之比。然後知誠之所感，無窮否❷而不通；志之所獎❸，無功業而不成。成夫功業者，豈不由忘失❹所重，重夫所忘者哉?!

【章旨】跋語的作者高度評價法顯的不朽功業。

【注釋】❶大教東流　佛教東漸，傳入中土。❷窮否　困厄；不亨通。否，閉塞；阻隔不通。❸獎　勸勉；

鼓勵。❹忘失　應該校改為「忘夫」，以與下句對應。

【語　譯】於是，我對這個人的行為感嘆不已，如此之人自古以來是少有的。自從佛教向東傳播以來，從來沒有過如法顯這樣捨身求法的人。由此可知，真誠之心所感化的威力，是沒有什麼困厄可以阻擋的；有崇高的志向對於人的激勵作用，是沒有什麼功業不能成就的。成就功業的人，難道不是由於他們忘卻、拋棄了普通人所重的東西，而看重於普通人所忘卻、拋棄的事業嗎?!

附錄一：法顯法師傳

釋法顯，本姓龔，平陽武陽人也。顯有三兄並齠齒而亡。其父懼禍及之。三歲便度為沙彌。居家數年，病篤欲死，因送還寺，信宿便差。不復肯歸。母欲見之不能得，為立小屋於門外以擬去來。十歲遭父憂，叔父以其母寡獨不立，逼使還俗。顯曰：「本不以有父而出家也。正欲遠塵離俗，故入道耳。」叔父善其言，乃止。頃之，母喪。至性過人，葬事既畢，仍即還寺。常與同學數十人於田中刈稻，時有飢賊欲奪其穀。諸沙彌悉奔走，唯顯獨留。語賊曰：「若欲須穀，隨意所取。但君等昔不佈施，故此生飢貧。今復奪人，恐來世彌甚。貧道預為君憂，故相語耳。」言訖即還。賊棄穀而去。眾僧數百人莫不歎服。

二十受大戒，志行明潔，儀軌整肅。常慨經律舛闕，誓志尋心。以晉隆安三年，與同學慧景、道整、慧應、慧嵬等發自長安，西度沙河。上無飛鳥，下無走獸。四顧茫茫，莫測所之。唯視日以准東西，人骨以標行路耳。屢有熱風、惡鬼，遇之必死。顯任緣委命，直過險難。有頃，至葱嶺。嶺冬夏積雪，有惡龍吐毒，風雨沙礫。山路艱危，壁立千仞。昔有人鑿石通路，傍施梯道，凡度七百餘梯。又躡懸絚過河數十餘處。仍度小雪山，遇寒風暴起。慧景噤戰不能前，語顯云：

「吾其死矣！卿可時去。勿得俱殞。」言絕而卒。顯撫之號泣曰：「本圖不果，命也！奈何？」復自力孤行。遂過山險，凡所經歷三十餘國。

至北天竺。未至王舍城三十餘里，有一寺。逼暮仍停。明旦，顯欲詣耆闍崛山。寺僧諫曰：「路甚艱嶮，且多黑師子，亟經噉人。何由可至？」顯曰：「遠涉數萬，誓到靈鷲。寧可使積年之誠，既至而廢耶？唯有嶮難，吾不懼也。」眾莫能止，乃遣兩僧送之。顯既至山中，日將曛夕，遂欲停宿。兩僧危懼，捨之而還。顯獨留山中，燒香禮拜。翹感舊跡，如睹聖儀。至夜，有三黑師子來蹲顯前，舐脣搖尾。顯誦經不輟，一心念佛。師子乃低頭下尾，伏顯足前。顯以手摩之，咒曰：「汝若欲相害，待我誦竟。若見試者，可便退去。」師子良久乃去。明晨還反，路窮幽深。榛木荒梗，禽獸交橫，正有一逕通行而已。未至里餘，忽逢一道人，年可九十。容服粗素而神明俊遠。雖覺其韻高，而不悟是神人。須臾，進前，逢一年少道人。顯問：「向逢一老道人是誰耶？」答曰：「頭陀弟子大迦葉也。」顯方惋慨良久。既至山前，有一大石橫塞室口，遂不得入。顯乃流涕，致敬而去。

又至迦施國，精舍裡有白耳龍與眾僧約，令國內豐熟皆有信效。沙門為起龍舍，並設福食。每至夏坐訖日，龍輒化作一小蛇，兩耳悉白，眾咸識是龍。以銅盂盛酪，置於其中。從上座至下行之，徧乃化去，年輒一出。顯亦親見此龍。

後至中天竺。於摩竭提巴連弗邑阿育王塔南天王寺得《摩訶僧祇律》。又得《薩婆多律抄》、《雜阿毗曇心》、《綖經》、《方等泥洹》等經。顯留三年，學胡書胡語，躬自書寫。於是持經、像，寄附商客，到師子國。顯同侶十餘，或留或亡，顧影唯己，常懷悲慨。忽於玉像前見商人以晉地一白團扇供養，不覺悽然下淚。停二年，復得《彌沙塞律》、《長阿含》、《雜阿含》及《雜藏》本，並漢土所無。

既而附商人大舶還東，舶有二百許人。值大暴風，舶壞水入。眾人惶怖，即取雜物棄之。顯恐商人棄其經、像，唯一心念觀世音及歸命漢土眾僧。大風晝夜十三日，吹舶至島下，治舶竟前。時陰雨晦冥，不知何之，唯任風而已。若值伏石及賊，萬無一全。行九十日，達耶婆提國。停五月日，復隨他商侶東趣廣州。舉帆月餘日，中夜忽遇大風，舉船震懼。眾共議曰：「坐載此沙門，使我等狼狽。不可以一人故，令一眾俱亡。」欲推棄之。法顯檀越厲聲呵商人曰：「汝若下此沙門，亦應下我。不爾，便當見殺。漢地帝王奉佛敬僧。我至彼告王，必當罪汝。」商人相視失色，僶俛而止。既水盡糧竭，唯任風隨流。忽至岸，見藜藿菜依然，知是漢地，但未測何方。即乘小舶入浦尋村。遇獵者二人。顯問：「此何地耶？」獵人曰：「是青州長廣郡牢山南岸。」獵人還，以告太守李嶷。嶷素敬信，忽聞沙門遠至，躬自迎勞，顯持經像隨還。

頃之，欲南歸。時刺史請留過冬。顯曰：「貧道投身於不返之地，志在弘通，所期未果，不得久停。」遂南造京師，就外國禪師佛馱跋陀羅，於道場寺譯出六卷《泥洹》、《摩訶僧祇律》、《方等泥洹經》、《綖經》、《雜阿毗曇心》未及譯者，垂有百萬言。顯既出《大泥洹經》，流佈教化，咸使見聞。有一家，失其姓名，居近揚都朱雀門，世奉正化，自寫一部，讀誦供養。無別經室，與雜書共屋。後風火忽起，延及其家，資物皆盡。唯《泥洹經》儼然具存，煨燼不侵，卷色無異。

揚州共傳，咸稱神妙。後到荊州，卒於辛寺，春秋八十有二。眾咸慟惜。其所聞見風俗，別有傳記。

【參照】一、（梁）僧祐撰《出三藏記集》卷一五〈法顯法師傳〉，《大正藏》卷五五，頁一一一上－頁一一二中。二、蘇晉仁、蕭鍊子點校、（梁）僧祐撰《出三藏記集・法顯法師傳》，頁五七三－五七六，北京，中華書局，一九九五年十一月出版。標點、斷句酌有修訂。

附錄二：法顯大師年譜

【說明】以下文中凡出現月份而未特別標明者，均是指古曆而言之。

後趙建武六年，東晉咸康六年，西元三四〇年　法顯一歲

法顯大約於此年出生於平陽郡平陽縣之龔姓人家，其地即今山西省臨汾縣西南。關於本年譜暫定的法顯大師之出生年份的考證，可參見本書「導讀」。

後趙建武九年，東晉建元元年，西元三四三年　法顯三歲

法顯三位兄長都是童年喪亡，其父恐此禍殃及法顯，在法顯三歲時就將其送至寺院度為沙彌。後來，法顯曾經被接回家幾年，病篤欲死。但只要送還寺院，幾天後病便痊癒。法顯便不再願意回家，其母想見之而不能遂願，只得站立於屋外凝視法顯。

冉魏永興元年，東晉永和六年，西元三五〇年　法顯十歲

閏二月，後趙大將漢族人冉閔奪得政權建國，國號為「魏」，史稱「冉魏」。法顯所在之地山西，也在「冉魏」統治之下。

法顯十歲，其父卒。法顯的叔父以其母寡居，逼迫法顯還俗，法顯不從。法顯對其叔父說：

「我本來就不是因為有父而出家，只是想遠塵離俗，纔入道耳。」叔父以為其說有理，遂聽任其出家為沙彌。

不久，法顯之母喪亡。法顯回家辦理完喪事，仍然回到寺院。

冉魏永興二年，東晉永和七年，西元三五一年　法顯十一歲

後趙時徙居中原的氐族，乘後趙崩潰的時機，由苻健率領，西歸關中，在長安建立政權，國號曰「秦」，史稱「前秦」。

法顯此時大概仍舊在山西的某所佛寺中做沙彌，其地歸屬冉魏統轄。

冉魏永興三年，前燕元璽元年，西元三五二年　法顯十二歲

鮮卑族首領慕容儁率部從遼河流域南下，消滅了冉閔政權，建立前燕政權，定都鄴城。

法顯此時大概仍舊在山西的某所佛寺中做沙彌，其地歸屬前燕統轄。

前燕元璽四年至光壽三年，東晉永和十一年至東晉升平三年，西元三五五至三五九年　法顯十五至十九歲

法顯為沙彌時，曾經與同學數十人於田中刈稻，當時有飢賊欲奪其穀。其他沙彌都跑開了，唯法顯紋絲不動。法顯對劫賊說：「如果你們需要稻穀，就隨便拿取吧！但是我要告訴你們，正是你們昔日不做布施，因此在現世纔會陷入飢餓貧困狀態。現在你們又實施搶劫，來世恐怕要遭受更多的苦難。我是因為替你們擔憂，纔告訴你們這些的。」法顯說完這一席話，就轉身離開了。劫賊被法顯的勸告所打動，竟然放棄搶劫，空手離開了。當時在場的幾百位僧人無不佩服法顯的

氣概。

前燕建熙元年，東晉升平四年，西元三六〇年　法顯二十歲

法顯年二十，受具足大戒。

前燕建熙十一年，前秦建元六年，東晉太和五年，西元三七〇年　法顯三十歲

十一月，前秦滅掉前燕政權。此後不久，北方大部分地區被前秦統一。

法顯住錫之地不詳。

前秦建元十五年，東晉太元四年，西元三七九年　法顯三十九歲

二月，前秦攻陷襄陽，道安大師北上到達長安，被苻堅安置在長安五重寺。由於道安的特殊感召力，長安成為當時北方佛教的中心。隨侍道安的弟子竟達千人。

法顯住錫之地不詳。

前秦建元十六年，東晉太元五年，西元三八〇年　法顯四十歲

法顯到達長安的具體時日不詳，但其之所以前往長安，可能與當時長安佛教的狀況有關。因此，法顯最有可能在道安大師來到長安之後若干年抵達長安。因為這一段，恰好也是北方地區比較穩定的時期。法顯所在的山西也在前秦的統治之下，正好成行。

前秦建元十七年，東晉太元六年，西元三八一年　法顯四十一歲

西域鄯善王、車師前部王朝秦，大宛獻汗血馬，天竺獻火浣布，康居、于闐等國都入朝於秦，並請求出兵討伐不服者。第二年九月，苻堅派遣氐人呂光率兵七萬進軍西域。此後，內地與西域

的交通趨於恢復。這為法顯等人的西行提供了基本的前提。

法顯住錫於長安。

前秦建元十九年,東晉太元八年,西元三八三年　法顯四十三歲

前秦苻堅發兵九十萬,企圖消滅東晉政權,但在淝水被東晉軍隊擊潰。此後,北方又陷於混亂局面。

法顯住錫於長安。

前秦建元二十一年,東晉太元十年,西元三八五年　法顯四十五歲

二月八日,道安大師於長安圓寂,年壽七十四歲。

法顯住錫於長安。

前秦苻登太初元年,後秦建初元年,東晉太元十一年,西元三八六年　法顯四十六歲

前秦將領、羌族人姚萇攻陷長安,即皇帝位,國號「大秦」,史稱「後秦」。姚萇信奉佛教,長安佛教繼續呈現發展勢頭。

法顯住錫於長安。

後秦建初八年,東晉太元十九年,西元三九四年　法顯五十四歲

十二月,姚興即位。不久,姚興遣使至後涼,邀請鳩摩羅什來長安,未能獲得後涼統治者的同意。鳩摩羅什繼續停留於涼州。關中地區已經有僧人西行求師,僧肇就是其中之一。

法顯繼續住錫於長安。

後秦姚興皇初五年，東晉隆安二年，西元三九八年　法顯五十八歲

法顯感於當時中土佛教律藏的殘缺，遂發心西行求法。

法顯在長安聯絡西行同道。

後秦姚興弘始元年，東晉隆安三年，西元三九九年　法顯五十九歲

此年三月間，法顯與慧景、道整、慧應、慧嵬一起，從長安出發西行求取戒律文本。

四月，法顯一行翻越隴山，到達乾歸國夏坐。乾歸國是指十六國時期西秦的國都金城，其故址在今甘肅省蘭州市西。

七月底，八月初，法顯一行從乾歸國出發，繼續西行，到達耨檀國。耨檀國是指十六國時期南涼的都城，法顯到達耨檀國時，其國都為西平，即現在青海省西寧市。

在耨檀國停留不久，法顯一行翻越養樓山，到達張掖鎮。

後秦姚興弘始二年，東晉隆安四年，西元四〇〇年　法顯六十歲

因張掖一帶大亂，法顯等一直停留在張掖鎮，並且在張掖鎮度過了離開長安的第二次夏坐。

注意：法顯第一次、第二次的夏坐可能是遵從中土當時的習慣，以四月十六日入安居，七月十五日解安居。

在張掖鎮，法顯遇到智嚴、慧簡、僧紹、寶雲、僧景等同契，後結伴西行求法。西行隊伍已達十人。

七月底或八月初，法顯等由張掖前進至敦煌，停留一月有餘。後來得到敦煌太守李暠的資助，

並隨同使者一起前行度過沙河。

在沙河之中行進十七日，路程一千五百里，到達鄯善國，在此國停留一月餘日。鄯善國即古樓蘭國，其地在今新疆省若羌縣。

大約在十月初，法顯一行從鄯善國出發向西北行進十五日，到達焉夷國。焉夷國位於現今新疆維吾爾族自治區焉耆縣。法顯一行在此國停留兩個多月。

大約在此年十二月中旬，智嚴、慧簡、慧嵬返回高昌尋求川資。其餘六人與法顯一起，從焉夷國出發，向西南方向行進。

後秦姚興弘始三年，東晉隆安五年，西元四〇一年　法顯六十一歲

經過一個月零五日的長途跋涉，法顯等人於此年一月下旬到達于闐國。于闐位於今日新疆省和田縣。慧景、道整、慧達先行出發，前往竭叉國。法顯因為打算觀禮行像，便在于闐國停留了三個多月。而行像是從四月一日開始，十二日結束。注意：僧紹隨胡道人前往罽賓，與法顯分手。慧達之名在《佛國記》中首次出現，至於慧達是何時加入西行隊伍，不詳。一走一來，法顯西行的隊伍仍然為七人。

行像結束後，法顯等人出發前往子合國，路途經歷二十五日。法顯等人在子合國停留十五日。子合國位於現今新疆維吾爾族自治區葉縣。

法顯於五月中旬從子合國南行，進入葱嶺山，歷時四日，到達於麾國。於麾國故址可能就在今奇盤莊西南之庫拉瑪特山口更西南之葉爾羌河中上游一帶。法顯在此國度過他離開長安的第三

個夏坐。不過，此次夏坐是從五月十六日開始，八月十五日結束的。

大約八月下旬，法顯等人行進二十五日，到達竭叉國，與慧景等人會合。竭叉國王城故址大致位於今新疆維吾爾族自治區塔什庫爾干塔吉克自治縣。竭叉國供養有佛陀唾壺，建有佛齒塔。法顯未曾明確談及在竭叉國停留的時間，但從下文所說在烏萇國夏坐（次年六月）的情形看，中間的時間段落很長。因此，可以大致推斷，法顯在竭叉國停留的時間也是相當長的。

從竭叉國出發，歷時一月，得以翻越葱嶺，到達北天竺境內。法顯抵達的第一個天竺國家是陀歷國，其故址在今克什米爾西北部印度河北岸達爾德斯坦的達麗爾。陀歷國有天竺最著名的彌勒菩薩造像。

十二月二十日，後秦姚興迎請鳩摩羅什到長安譯經。

後秦姚興弘始四年，東晉安帝元興元年，西元四〇二年　法顯六十二歲

初，法顯等順著葱嶺向西南方向行走十五日，渡過了印度河的支流，到達了北天竺的另一個國家——烏萇國。烏萇國有佛陀遺留的足跡。此國在斯瓦特河上，包括現在的Pangkora，Bijawar，Swat和Buna四縣。國都「瞢揭釐城」為Mangalaaor西南約五英里處的Mingora。

慧景、道整、慧達三人先行出發去那竭國，法顯等人則繼續留在烏萇國度過了夏坐。

八月底，法顯由烏萇國南下，到達宿呵多國。宿呵多國有佛陀本生時「割肉貿鴿」之故址，其上並建有大塔。此國應在今印度河與斯瓦特河之間，當即今所稱斯瓦斯梯之地。章巽據此引申為，今曼格勒城西南跨斯瓦特河兩岸之地區，稱為斯瓦脫者，當即宿呵多國故地。法顯一行大概

在此停留時日不太長。

大約九月，法顯等由宿呵多國東下，經過五日跋涉，到達犍陀衛國。該國疆域迭有變更，其強盛時期為西元前一世紀左右。法顯到達之時，其國勢力已經逐漸衰落，其時此國的故地約在斯瓦特河與喀布爾河交匯處之地區。犍陀衛國有佛陀本生時「以眼施人」的遺跡，其上並建有大塔。

從犍陀衛國東下，經過七日的跋涉，法顯等到達了竺刹尸羅國。此地曾經是犍陀衛國之首都。佛陀為菩薩時，曾經在此地「以頭施人」，也曾在此地「投身餧餓虎」。此二處都建有大塔。關於此城遺址，曾有不同考證，然近代以來的考古發掘證明，此城的遺址在印度河與桀魯姆河之間，距離拉瓦品第新城西北約二十英里。

從犍陀衛國南行四日，法顯等人到達了弗樓沙國。此國有迦膩色迦王修建的、人間最宏偉壯麗的大塔，此國所供養的佛缽也深得人們敬仰。慧景在那竭國生病，道整就留在那裡照看他，慧達一人又返回弗樓沙國。慧達、寶雲、僧景於是一起返回中土，慧應在此國的佛缽寺圓寂。由於這些情況，法顯一人獨自前往供養佛頂骨的地方。弗樓沙國的故址，經學者考證，一致認為就是現今巴基斯坦喀布爾河南岸白沙瓦市西北之地。

法顯獨自由弗樓沙國西行十六由延的路程，到達那竭國。那竭國的故址在今阿富汗的賈拉拉巴德。法顯在此度過了「冬三月」。印度習慣以十月十六日至次年的正月十五日為「冬三月」。因此，可以推斷，法顯到達那竭國的時間為十月中旬，而離開那竭國的時間在第二年的正月下旬。法顯在那竭國瞻禮了佛頂骨、佛齒塔、佛錫杖精舍、佛影窟。

後秦姚興弘始五年，東晉安帝元興二年，西元四〇三年　法顯六十三歲

一月下旬，法顯、道整、慧景三人南度小雪山，慧景不幸在小雪山北麓圓寂。法顯、道整翻越小雪山到達羅夷國。法顯由此到達了西天竺。法顯在此國度過了他離開長安的第五次夏坐，時間大概為五月十六日至八月十五日。

八月下旬，法顯、道整從羅夷國南下，經十日的跋涉，到達跋那國。一般認為，此國即今巴基斯坦北部的邦努。

從跋那國東行三日，法顯、道整到達毗荼國。

從毗荼國東南行八十由延路程，法顯到達摩頭羅國。摩頭羅國位於今朱木拿河西岸的馬特那西南五里處的馬霍里，為古代印度與西方通商之路上的重要地點。由此，法顯踏入其目的地中天竺，即佛教史籍所說的「中國」。

後秦姚興弘始六年，東晉安帝元興三年，西元四〇四年　法顯六十四歲

法顯在此年由摩頭羅國繼續東南行十八由延的路程，到達僧伽施國。一般均認為，此國國都位於現今印度的北方邦法魯迦巴德縣德桑吉沙村。僧伽施國有多處佛陀昇入忉利天為其母摩耶夫人說法重歸人世間的遺跡。此國有一座龍精舍，法顯在此寺度過了他離開長安的第六次夏坐，時間大致為五月十六日至八月十五日。

大約八月下旬，法顯、道整從僧伽施國出發向東南方向行走七由延的路程，到達著名的罽饒夷城，其故址在今印度北方邦西部的卡瑙季城。此城之西六、七里的地方有佛陀當初為其弟子說

法的故址，此故址之上建有大塔。從此城渡恆河，南行三由延的路程，有一座叫「呵梨」的村莊，佛陀曾經在此散步、說法，其故址之上也建有大塔。

由呵梨村繼續東南行十由延的路程，法顯到達了沙祇大國。此國是佛陀所用過的齒木棄之又復生的遺址所在，此外還有過去四佛經行和坐處之遺址。對於此國的所在，現在學者未能取得一致意見，大多數學者認為「沙祇大」即是古代印度北部拘薩羅國的首都，位於今印度北方邦中部法扎巴德以東約六里的哥格拉河旁的阿約底。

從沙祇大國北行，法顯和道整到達了拘薩羅國的舍衛城。此城曾經是波斯匿王的治所，佛陀傳道的遺址甚多，重要的有：大愛道精舍、祇洹精舍、孫陀利殺身謗佛處、佛與外道辯論處精舍、影覆寺等。在佛陀活動的時代，拘薩羅國的國都在舍衛城。舍衛城的故址位於現今印度北方邦奧德境內的貢達與巴赫雷奇二縣交界處的沙赫特－馬赫特村。

法顯還瞻禮了舍衛城周圍過去三佛的聖跡。

從拘那含牟尼佛出生處繼續東行一由延的路程，法顯、道整到達了佛陀的故土迦維羅衛城。迦維羅衛城是佛陀出生、作太子時生活的地方，聖跡自然很多。此外，釋迦成佛後返回故土，為其故國人民講經說法，這些聖跡也都存在。法顯在迦維羅衛城對上述兩類聖跡都一一進行了瞻禮。關於此城的地理位置，現今仍未能取得完全一致，有兩種意見可以考慮：其一，迦維羅衛城位於尼泊爾南部的提勞拉柯特，此地距塔賴首府陶里伐以北兩英里。其二，迦維羅衛城位於現今印度北方邦東北部巴斯提區北部的比普拉瓦。兩種看法都有考古發掘的成果作依據。

由釋迦太子出生地「論民園」東行五由延路程，法顯、道整到達了藍莫國。此國有阿育王未曾開啟的佛舍利塔——「藍莫塔」，也有一座「炭塔」。藍莫國的故址位於今印度北方邦奧德境內巴斯提縣的拉姆浦爾·德奧里亞。

法顯、道整從藍莫國東行十二由延路程，到達拘夷那竭國。此國為佛陀涅槃焚屍的地方，現今卻很荒蕪。此城大致位於廓拉克浦爾以東三十五英里的迦西亞村。

法顯、道整從拘夷那竭城出發東南行十二由延路程，到達梨車族人追趕挽留佛陀的故址。從梨車族人挽留佛陀的故址再東南行五由延路程，法顯、道整到達了毗舍離國。此城中有阿難半身塔以及菴婆羅女為佛陀奉獻的住所。佛陀最後一次離開此城回頭觀望之處也修建了大塔。此城西北有著名的「放弓仗塔」以及「七百長老結集大塔」。毗舍離國的故址在現今印度比哈爾邦北部木扎伐浦爾地區的巴沙爾。

從結集大塔繼續東行四由延路程，法顯、道整到達五河合口，這裡有阿難於河中涅槃分身的故址。此處為五大河流的匯聚之處，位於從毗舍離城至摩竭提國巴連弗邑的恆河渡口。五大河流是：甘達克、臘普提、哥格拉、恆河、宋河。五大河流匯聚之後成為恆河下游而繼續東流。

法顯、道整渡過恆河南下一由延路程，到達了摩竭提國的巴連弗邑。此城是孔雀王朝阿育王的治所，據傳說，城中宮殿以及城內的小山都是役使鬼神所造。摩竭提國是印度古代最為強大的國家之一，在印度歷史上佔據非常突出的地位，其領域大致相當於現今印度比哈爾邦的巴特那和加雅地方。巴連弗邑曾經長期為孔雀王朝的首都，因此，有關阿育王的遺跡非常多。法顯到達時，此城為笈多王朝的國都，相當富庶繁榮。此城的故址位於現今印度比哈爾邦的巴特那西北至頂那浦爾的中途。近代以來，在此地發掘出不少文物。

從巴連弗邑東南行九由延路程，法顯、道整到達小孤石山，此山中有一座石窟，當初天帝釋就是在此石窟之中，以天樂娛佛並且向佛陀請教的。

從小孤石山西南行一由延路程，法顯、道整到達那羅聚落，此村是舍利弗出生、涅槃的地方，在其故址之上建有大塔。

從那羅聚落西行一由延路程，法顯、道整到達了佛陀時期阿闍世王所造的新國都——王舍新城，城西門外有阿闍世王建造的佛舍利塔。王舍新城位於距離舊城以北四里處。

從王舍新城南行四里路程，就可到達環繞王舍舊城的五山裡。王舍城是佛陀當初傳播佛法的重要城市，周圍五座山峰之中，佛教的聖跡非常多。法顯與道整一一瞻禮了這些聖跡。位於王舍舊城城內的聖跡有：舍利弗、目連初見頞鞞處，尼犍子作火坑、毒飯請佛處，阿闍世王酒飲黑象欲害佛處，菴婆羅園精舍。位於王舍舊城東南方向的耆闍崛山上的聖跡有：佛陀坐禪石窟，阿難坐禪石窟（即鵰鷲窟山），石室前有調達投擲石塊傷佛足指處，佛說法堂。王舍舊城外東北三里處有兩處遺址：一是調達石窟，二是一比丘自殺得羅漢果處。王舍舊城故址位於現今印度比哈爾邦巴特那以北的一個叫作「拉傑吉爾」的山村。

法顯離開王舍舊城，到達摩竭提國的伽耶城。佛陀出家後，正是在這個城市以及周邊地區修習苦行、悟道、成道的。釋迦修苦行之地位於距離伽耶城南二十里的地方，而釋迦放棄苦行而洗浴、食糜的地方也在此地附近。伽耶城位於現在印度的比哈爾邦。

從佛陀悟道處南行三里路程，法顯、道整到達了雞足山。此山為大迦葉圓寂之處。

法顯、道整瞻禮了雞足山之後，又重新北上回到巴連弗邑。

法顯、道整從巴連弗邑順恆河西下十由延路程，到達一個叫作「曠野」的精舍。佛陀曾經在此地住過。

從「曠野」出發繼續順恆河西行十二由延路程，法顯、道整到達了迦尸國的波羅㮈城。法顯、道整在此城瞻禮了鹿野苑精舍以及佛陀初轉法輪處、佛陀為彌勒授記處等聖跡。波羅㮈城的今址是印度北方邦的貝拿勒斯，後來改名為瓦臘納西。

法顯、道整又從鹿野苑精舍出發西北行十三由延，到達了拘睒彌國。這個國家也有佛陀當初住過的瞿師羅園精舍，以及經行、坐過的地方，佛陀還曾經在此地化度過惡鬼。拘睒彌應該是現在印度北方邦南部阿拉哈巴德西南三十里處、朱木拿河畔的科桑村。

法顯、道整又從拘睒彌國出發，中經波羅㮈城，重歸巴連弗邑。

鳩摩羅什在長安譯出《摩訶般若經》二十四卷、《百論》二卷，與罽賓僧人弗若多羅譯出《十誦律》五十八卷。

後秦僧人智猛與沙門十五人從長安出發，西行求法，歷經二十年跋涉，於劉宋景平二年（西元四二四年）返回涼州。

後秦姚興弘始七年，東晉安帝義熙元年，西元四〇五年　法顯六十五歲

法顯在巴連弗邑學習梵文、梵書，抄寫經律。

十二月二十七日，鳩摩羅什譯出《大智度論》一百卷。

後秦姚興弘始八年，東晉安帝義熙二年，西元四〇六年　法顯六十六歲

法顯繼續在巴連弗邑學習梵文、梵書，抄寫經律。

鳩摩羅什譯出《妙法蓮華經》七卷、《維摩詰經》三卷、《梵網經》二卷等。

後秦姚興弘始九年，東晉安帝義熙三年，西元四〇七年　法顯六十七歲

法顯在摩訶衍僧伽藍得《摩訶僧祇眾律》一部，《薩婆多眾律抄》一部，《雜阿毗曇心》一部，《綖經》一部，《方等般泥洹經》一部，《摩訶僧祇阿毗曇》一部。

道整來到天竺以後，欣羨此地僧眾戒律的嚴整而決心留在天竺。而法顯本來的目的就是為了將天竺的戒法流通到漢地，所以，他決心返回漢地。

法顯獨自順恆河東下十八由延路程，到達瞻波大國。此國也有佛陀當年活動過的故址。該城遺址在巴迦爾普爾附近的Campānagara與Campāpurī兩村之間。瞻波城是古代印度的六大城市之一。

法顯由瞻波大國繼續東行近五十由延路程，到達面臨海口的多摩梨帝國。多摩梨帝國位於東天竺。此國佛法興盛，其古城遺址位於今印度西孟加拉米德那浦爾縣的塔姆魯克，在胡格里河與魯甫納拉揚那河匯合處上游的十二英里處，古城位於魯甫納拉揚那河的西岸。

後秦姚興弘始十年，東晉安帝義熙四年，西元四〇八年　法顯六十八歲

法顯在多摩梨帝國寫經、畫像。

鳩摩羅什譯出《小品般若經》七卷、《十二門論》一卷。

罽賓僧人佛陀耶舍到長安譯出《四分律》六十卷。

後秦姚興弘始十一年，東晉安帝義熙五年，西元四〇九年　法顯六十九歲

法顯繼續在多摩梨帝國寫經、畫像。

十月，法顯由多摩梨帝國海口搭乘商人的船舶，歷時十四晝夜，到達師子國。

鳩摩羅什譯出《中論》四卷。

後秦姚興弘始十二年，東晉安帝義熙六年，西元四一〇年　法顯七十歲

法顯在師子國瞻禮了都城之北的佛足跡大塔、無畏山寺、貝多樹、佛齒精舍、跋提精舍、大寺等。

三月，法顯在師子國瞻禮佛牙，觀看佛牙供養儀式。

法顯住於師子國寫經。

天竺禪師佛陀跋陀羅在智嚴的邀請下到達長安，不久被擯出長安。

後秦姚興弘始十三年，東晉安帝義熙七年，西元四一一年　法顯七十一歲

法顯在師子國求得《彌沙塞律藏本》、《長阿含經》、《雜阿含經》以及《雜藏》一部。

七月中旬，法顯帶著所得經卷搭乘商船踏上歸國的艱難歷程。

法顯搭乘的商船東下兩日後，風大更兼船漏，危機之時，小船上的人砍斷與大船連接的纜繩。

在海上隨風漂行十三晝夜，大約在八月中旬，這艘漏水的大船方纔到達一個島上，修好了漏處之

後又繼續航行。

在大海中漂流九十餘日，大約在十一月十六日前後，法顯等到達一個叫「耶婆提」的國家，並且在此國停留。

佛陀跋陀羅南下廬山，應慧遠之請譯出《達摩多羅禪經》二卷。

後秦姚興弘始十四年，東晉安帝義熙八年，西元四一二年　法顯七十二歲

四月十六日，法顯在耶婆提國停留五個月後，又搭乘商船向東北方向航行，直趣廣州。

五月某日，在航行之中，商船遭遇暴風雨，同船信仰外道的商人提出將法顯逐出此船，幸賴同船的施主據理力爭，法顯纔得以免禍。

在海上航行七十餘日，大約在七月初，法顯等人面臨絕水危險，後經商議改變航向，轉東北行為西北行。

向西北方向航行十二日，大約在七月十四日，法顯等到達長廣郡界牢山南岸，即今山東省嶗山縣北。

外國商人從長廣郡界牢山南下揚州，法顯則應兗、青州刺史劉道憐的邀請，到彭城居住。

鳩摩羅什譯出《成實論》二十卷。

後秦姚興弘始十五年，東晉安帝義熙九年，西元四一三年　法顯七十三歲

四月十六日至七月十五日，法顯在彭城夏坐。

春天，天竺僧人佛陀跋陀羅與寶雲一起，隨劉裕從江陵到達建康，住於道場寺。

七月底或八月初，法顯南下至建康（今江蘇省南京市），在寶雲等人的協助下，開始翻譯經律。

法顯在建康開始撰寫西行記遊，即後來所稱的《佛國記》。

四月十三日，鳩摩羅什在長安大寺圓寂，終年七十歲。

佛陀耶舍與竺佛念在長安譯出《長阿含經》二十二卷，梵本可能另有來源，並非法顯所帶回者。

後秦姚興弘始十六年，東晉安帝義熙十年，西元四一四年　法顯七十四歲

法顯住於建康道場寺，完成了《佛國記》的撰寫。

曇無讖在北涼姑臧開始翻譯《大般涅槃經》。

僧肇在長安圓寂，享年三十一歲。

東晉安帝義熙十一年，西元四一五年　法顯七十五歲

法顯住於建康道場寺。

東晉安帝義熙十二年，西元四一六年　法顯七十六歲

法顯在建康道場寺某僧的勸說下，修訂補充《佛國記》，某僧為此書撰寫跋語，對法顯西行的事跡作了高度評價。這一跋，後來一直附於此書之後流通。

十一月，法顯與佛陀跋陀羅禪師等一起，在建康道場寺開始翻譯《摩訶僧祇律》。

八月六日，廬山慧遠在廬山東林寺圓寂，終年八十三歲。《佛國記》所附之跋文，日本所傳鐮倉本有「慧遠迎法顯道人」一語，章巽認為此「慧遠」即為廬山慧遠。

東晉安帝義熙十三年，西元四一七年　法顯七十七歲

繼續在道場寺翻譯《摩訶僧祇律》。

十月一日，法顯與佛陀跋陀羅等在建康道場寺開始翻譯《大般泥洹經》。於時，佛陀跋陀羅手執梵本，寶雲傳譯，在座有二百五十人。法顯參加了翻譯活動，但具體分工不詳。

東晉安帝義熙十四年，西元四一八年　法顯七十八歲

正月一日，《大般泥洹經》全部校訂完成，共六卷。現今所傳經本署名法顯譯。此經一經譯出，就在建康佛教界產生了很大影響，抄寫供奉、誦讀者很多。建康城中，居住在朱雀門近旁的一戶人家，自己抄寫一部《大般泥洹經》讀誦供養。由於沒有專門的經室，《大般泥洹經》經本與雜書盛放於一屋。後來，別處燃起大火延及其家，物品房舍都被燒盡。只有《大般泥洹經》儼然具存，煨燼不侵，卷色無異。此事傳遍了建康城，人們都稱讚《大般泥洹經》的神妙。後來，竺道生據《大般泥洹經》而孤明先發，提出「一闡提」也有佛性，也能成佛的主張，對中國佛教影響尤為深遠。

二月末，《摩訶僧祇律》四十卷校訂完成。

三月十日，佛陀跋陀羅等在建康道場寺開始翻譯《華嚴經》。

東晉恭帝元熙元年，西元四一九年　法顯七十九歲

法顯在建康道場寺譯場還參與翻譯了其從天竺帶回的《方等泥洹經》二卷、《雜阿毗曇心》十三卷（已佚失）、《雜藏經》一卷、《僧祇比丘戒本》一卷，由於未具譯出年月，所以姑且一併繫於

此年，以供觀覽。上述四部，連同《摩訶僧祇律》四十卷、《大般泥洹經》六卷，法顯共譯出經律六部七十三卷。

法顯很有可能是在此年離開建康前往江陵辛寺的。具體理由為，建康佛教當時的風尚是特別重視義理，相對而言，對於法顯最為關心的戒律問題並不是特別熱心。具體例證至少有二：其一，在《摩訶僧祇律》未曾譯成的情況下，佛陀跋陀羅等就已經開始翻譯《大般泥洹經》；其二，在京城僧眾的要求下，佛陀跋陀羅在義熙十四年三月開始翻譯大部頭的《華嚴經》，實際上已經沒有可能翻譯法顯帶回的其他律本了。在這種情況下，法顯有可能選擇離開建康，前往別處。

東晉恭帝元熙二年，劉宋永初元年，西元四二〇年　法顯八十歲

法顯住於江陵辛寺。

幽州沙門曇無竭（法勇）結集僧猛、曇朗等二十五人西行求法。翻越葱嶺到達天竺，僅剩五人。曇無竭後來從南天竺航海到達廣州。

六月十日，佛陀跋陀羅等在建康道場寺完成《華嚴經》初譯工作。

劉宋永初二年，西元四二一年　法顯八十一歲

法顯住錫於江陵辛寺。

十月二十日，北涼曇無讖譯出《大般涅槃經》四十卷。

十二月二十八日，佛陀跋陀羅等在建康道場寺完成《華嚴經》譯本的校譯工作，共成六十卷。

劉宋永初三年，西元四二二年　法顯八十二歲

法顯在江陵辛寺圓寂，終年八十二歲。

竺道生在此前於建康提出「頓悟」論，謝靈運於此年七月，撰〈辨宗論〉，會通儒佛，發揮道生的「頓悟」論。

劉宋景平元年，西元四二三年　法顯圓寂後一年

七月，罽賓律師佛大什到達建康。

十一月，瑯琊王練、釋慧嚴、竺道生請佛大什在建康龍光寺翻譯法顯從師子國帶回的《彌沙塞律》。當時，佛大什手執梵本，于闐沙門智勝任傳譯。

劉宋元嘉元年，西元四二四年　法顯圓寂後二年

十二月，法顯從師子國帶回的《彌沙塞律》譯出，共成三十六卷。現今流傳的經本署名「宋罽賓三藏佛陀什共竺道生等譯」，簡稱為《五分律》，且為三十卷。

智猛、曇纂二僧從天竺返回涼州。

附錄三：主要參考書目

《高僧法顯傳》一卷，東晉法顯撰，《大正藏》卷五一。

《歷遊天竺記傳》一卷，東晉法顯撰，金陵刻經處本。

《佛遊天竺記考釋》，岑仲勉著，商務印書館，一九三四年版。

《法顯傳考證》，日本，足立喜六著，何建民、張小柳譯，商務印書館，一九三七年版。

《法顯傳校注》，章巽撰，上海古籍出版社，一九八五年版。

《〈佛國記〉釋譯》，吳玉貴，佛光出版社，一九九六年版。

《洛陽伽藍記校釋》，楊衒之撰，周祖謨校釋，北京，中華書局，一九六三年版。

《大慈恩寺三藏法師傳》，唐慧立、彥悰著，孫毓棠、謝方點校，北京，中華書局，一九八三年版。

《大唐西域記校注》，唐玄奘述、辨機記，季羨林等校注，北京，中華書局，一九八五年版。

《大唐西域求法高僧傳校注》，義淨原著，王邦維校注，北京，中華書局，一九八八年版。

《南海寄歸內法傳校注》，義淨原著，王邦維校注，北京，中華書局，一九九五年版。

《〈往五天竺國傳〉箋釋》，唐慧超原著，張毅箋釋，北京，中華書局，一九九四年版。

《出三藏記集》，梁僧祐撰，《大正藏》卷五五；蘇晉仁、蕭鍊子點校本，北京，中華書局，一九九五年版。
《高僧傳》，梁慧皎撰，湯用彤校，北京，中華書局，一九九二年版。
《中國伊朗編》，美國，勞費爾著，林筠因譯，北京，商務印書館，一九六四年版。
《古代西域交通與法顯印度巡禮》，賀昌羣著，湖北人民出版社，一九五六年版。
《西域地名》，馮承鈞編，陸峻嶺增訂，北京，中華書局，一九八〇年版。
《章巽文集》，章巽著，北京，海洋出版社，一九八六年版。
《中西交通史》，方豪著，湖南長沙，岳麓書社，一九八七年版。
《中西文化交流史》，沈福偉著，上海人民出版社，一九八五年版。
《漢魏兩晉南北朝佛教史》（上、下冊），湯用彤著，北京，中華書局，一九八三年版。
《現代佛教學術叢刊》第十三冊、第一〇〇冊，張曼濤主編，大乘文化出版社，一九七八年初版。
《誰先到達美洲？》，連雲山著，中國社會科學出版社，一九九二年版。
《中國佛教史》第二卷、第三卷，任繼愈主編，中國社會科學出版社，一九八五年、一九八八年第一版。
《釋氏疑年錄》，陳垣撰，中華書局，一九六四年版。
《高級印度史》，印度，R. C.馬宗達、H. C.賴喬杜裡、卡裡金卡爾・達塔合著，張澍霖、夏炎德、劉繼興、范鐵城、朱萬麟等合譯，商務印書館，一九八六年版。

《一切經音義》卷一〇〇〈法顯傳音義〉，唐慧琳，《大正藏》卷五四。

《中國歷史紀年表》，方詩銘編，上海辭書出版社，一九八〇年版。

《佛學大辭典》，丁福保編，上海書店出版社，一九九一年影印本。

《佛光大辭典》，佛光出版社。

《辭源》四冊（修訂本），北京，商務印書館，一九七九年、一九八〇年、一九八一年、一九八三年第一版。

The Travels of Fa-hsien (399–414 A.D.) or Record of the Buddhistic Kingdoms, by Herbert A. Giles, Cambridge, 1923, repinted, 1956.

古籍今注新譯叢書

書種最齊全
注譯最精當

哲學類

新譯四書讀本　謝冰瑩等編譯
新譯學庸讀本　王澤應注譯
新譯孝經讀本　賴炎元等注譯
新譯論語新編解義　胡楚生編著
新譯易經讀本　郭建勳注譯
新譯周易六十四卦經傳通釋　黃慶萱注譯
新譯乾坤經傳通釋　黃慶萱注譯
新譯易經繫辭傳解義　吳　怡著
新譯禮記讀本　姜義華注譯
新譯儀禮讀本　顧寶田等注譯
新譯孔子家語　羊春秋注譯

新譯老子讀本　余培林注譯
新譯帛書老子　趙　鋒注譯
新譯老子解義　吳　怡著
新譯莊子讀本　黃錦鋐注譯
新譯莊子讀本　張松輝注譯
新譯莊子本義　水渭松注譯
新譯莊子內篇解義　吳　怡著
新譯列子讀本　莊萬壽注譯
新譯管子讀本　湯孝純注譯
新譯墨子讀本　李生龍注譯
新譯公孫龍子　丁成泉注譯
新譯晏子春秋　陶梅生注譯
新譯鄧析子　徐忠良注譯
新譯荀子讀本　王忠林注譯

新譯尹文子　徐忠良注譯
新譯尸子讀本　水渭松注譯
新譯鶡冠子　趙鵬團注譯
新譯鬼谷子　王德華等注譯
新譯韓非子　傅武光等注譯
新譯呂氏春秋　朱永嘉等注譯
新譯韓詩外傳　孫立堯注譯
新譯淮南子　熊禮匯注譯
新譯春秋繁露　朱永嘉等注譯
新譯新書讀本　饒東原注譯
新譯新語讀本　王　毅注譯
新譯潛夫論　彭丙成注譯
新譯論衡讀本　蔡鎮楚注譯
新譯申鑒讀本　林家驪等注譯

新譯人物志　吳家駒注譯
新譯張載文選　張金泉注譯
新譯近思錄　張京華注譯
新譯傳習錄　李生龍注譯
新譯呻吟語摘　鄧子勉注譯
新譯明夷待訪錄　李廣柏注譯

文學類

新譯詩經讀本　滕志賢注譯
新譯楚辭讀本　林家驪注譯
新譯楚辭讀本　傅錫壬注譯
新譯文心雕龍　羅立乾注譯
新譯六朝文絜　蔣遠橋注譯
新譯世說新語　劉正浩等注譯
新譯昭明文選　周啟成等注譯
新譯古文觀止　謝冰瑩等注譯
新譯古文辭類纂　黃鈞等注譯
新譯樂府詩選　溫洪隆注譯
新譯古詩源　馮保善注譯
新譯千家詩　邱燮友等注譯
新譯詩品讀本　成林等注譯
新譯花間集　朱恒夫注譯
新譯南唐詞　劉慶雲注譯

新譯絕妙好詞　聶安福注譯
新譯唐詩三百首　邱燮友注譯
新譯宋詩三百首　陶文鵬注譯
新譯宋詞三百首　汪中注譯
新譯宋詞三百首　劉慶雲注譯
新譯元曲三百首　賴橋本等注譯
新譯明詩三百首　趙伯陶注譯
新譯清詩三百首　王英志注譯
新譯清詞三百首　陳水雲等注譯
新譯唐人絕句選　卞孝萱等注譯
新譯唐才子傳　戴揚本注譯
新譯拾遺記　石磊注譯
新譯搜神記　黃鈞注譯
新譯唐傳奇選　束忱等注譯
新譯宋傳奇小說選　束忱注譯
新譯明傳奇小說選　陳美林等注譯
新譯容齋隨筆選　朱永嘉等注譯
新譯明散文選　周明初注譯
新譯明清小品文選　鄭婷注譯
新譯人間詞話　馬自毅注譯
新譯白香詞譜　劉慶雲注譯
新譯幽夢影　馮保善注譯
新譯菜根譚　吳家駒注譯

新譯小窗幽記　馬美信注譯
新譯圍爐夜話　馬美信注譯
新譯郁離子　吳家駒注譯
新譯歷代寓言選　黃瑞雲注譯
新譯賈長沙集　林家驪注譯
新譯揚子雲集　葉幼明注譯
新譯曹子建集　曹海東注譯
新譯建安七子詩文集　韓格平注譯
新譯阮籍詩文集　林家驪注譯
新譯嵇中散集　崔富章注譯
新譯陸機詩文集　王德華注譯
新譯陶淵明集　溫洪隆注譯
新譯江淹集　羅立乾等注譯
新譯庾信詩文選　歸青注譯
新譯初唐四傑詩集　李福標注譯
新譯駱賓王文集　黃清泉注譯
新譯王維詩文集　陳鐵民注譯
新譯孟浩然詩集　楊軍注譯
新譯李白詩全集　郁賢皓注譯
新譯李白文集　郁賢皓注譯
新譯杜甫詩選　張忠綱等注譯
新譯杜詩菁華　林繼中注譯
新譯高適岑參詩選　孫欽善等注譯

新譯昌黎先生文集　周啟成等注譯
新譯劉禹錫詩文選　閻琦注譯
新譯柳宗元文選　卞孝萱等注譯
新譯白居易詩文選　陶敏等注譯
新譯元稹詩文選　郭自虎注譯
新譯李賀詩集　彭國忠注譯
新譯杜牧詩文集　張松輝注譯
新譯李商隱詩選　朱恒夫等注譯
新譯范文正公選集　王興華等注譯
新譯蘇洵文選　羅立剛注譯
新譯蘇軾文選　滕志賢注譯
新譯蘇軾詞選　鄧子勉注譯
新譯蘇轍文選　朱剛注譯
新譯曾鞏文選　高克勤注譯
新譯王安石文選　沈松勤注譯
新譯唐宋八大家文選　鄧子勉注譯
新譯柳永詞集　侯孝瓊注譯
新譯李清照集　姜漢椿等注譯
新譯陸游詩文集　韓立平注譯
新譯辛棄疾詞選　聶安福注譯
新譯歸有光文選　鄔國平注譯
新譯唐順之詩文選　馬美信注譯
新譯徐渭詩文選　周群等注譯
新譯薑齋文集　平慧善注譯
新譯顧亭林文集　劉九洲注譯
新譯納蘭性德詞　馮乾注譯
新譯方苞文選　鄔國平等注譯
新譯鄭板橋集　朱崇才注譯
新譯袁枚詩文選　王英志注譯
新譯李慈銘詩文選　潘靜如注譯
新譯聊齋誌異選　任篤行等注譯
新譯閱微草堂筆記　嚴文儒注譯
新譯浮生六記　馬美信注譯
新譯弘一大師詩詞全編　徐正綸編著

歷史類

新譯史記　韓兆琦注譯
新譯漢書　吳榮曾等注譯
新譯後漢書　魏連科等注譯
新譯三國志　吳樹平等注譯
新譯資治通鑑　張大可等注譯
新譯史記—名篇精選　韓兆琦注譯
新譯尚書讀本　吳璵注譯
新譯尚書讀本　郭建勳注譯
新譯周禮讀本　賀友齡注譯
新譯逸周書　牛鴻恩注譯
新譯左傳讀本　郁賢皓等注譯
新譯公羊傳　雪克注譯
新譯穀梁傳　顧寶田注譯
新譯春秋穀梁傳　周何注譯
新譯戰國策　溫洪隆注譯
新譯國語讀本　易中天注譯
新譯說苑讀本　左松超注譯
新譯說苑讀本　羅少卿注譯
新譯新序讀本　葉幼明注譯
新譯吳越春秋　黃仁生注譯
新譯西京雜記　曹海東注譯
新譯列女傳　黃清泉注譯
新譯越絕書　劉建國注譯
新譯燕丹子　曹海東注譯
新譯東萊博議　李振興等注譯
新譯唐六典　朱永嘉等注譯
新譯唐摭言　姜漢椿注譯

宗教類

新譯金剛經　徐興無注譯
新譯高僧傳　朱恒夫等注譯
新譯碧巖集　吳平注譯
新譯百喻經　顧寶田注譯

新譯楞嚴經　賴永海等注譯
新譯梵網經　王建光注譯
新譯圓覺經　商海鋒注譯
新譯法句經　劉學軍注譯
新譯六祖壇經　李中華注譯
新譯禪林寶訓　李中華注譯
新譯維摩詰經　陳引馳等注譯
新譯經律異相　顏洽茂注譯
新譯阿彌陀經　蘇樹華注譯
新譯無量壽經　邱高興注譯
新譯無量壽經　蘇樹華注譯
新譯妙法蓮華經　張松輝注譯
新譯景德傳燈錄　顧宏義注譯
新譯大乘起信論　韓廷傑注譯
新譯釋禪波羅蜜　蘇樹華注譯
新譯八識規矩頌　倪梁康注譯
新譯永嘉大師證道歌　蔣九愚注譯
新譯華嚴經入法界品　楊維中注譯
新譯地藏菩薩本願經　李承貴注譯
新譯悟真篇　劉國樑等注譯
新譯无能子　張松輝注譯
新譯坐忘論　張松輝注譯
新譯列仙傳　張金嶺注譯

新譯抱朴子　李中華注譯
新譯神仙傳　周啟成注譯
新譯性命圭旨　傅鳳英注譯
新譯老子想爾注　顧寶田等注譯
新譯周易參同契　劉國樑注譯
新譯道門觀心經　王　卡注譯
新譯養性延命錄　曾召南注譯
新譯樂育堂語錄　戈國龍注譯
新譯沖虛至德真經　張松輝注譯
新譯長春真人西遊記　顧寶田等注譯
新譯黃庭經・陰符經　劉連朋等注譯

軍事類

新譯司馬法　王雲路注譯
新譯尉繚子　張金泉注譯
新譯三略讀本　傅　傑注譯
新譯六韜讀本　鄔錫非注譯
新譯吳子讀本　王雲路注譯
新譯孫子讀本　吳仁傑注譯
新譯李衛公問對　鄔錫非注譯

教育類

新譯爾雅讀本　陳建初等注譯
新譯顏氏家訓　李振興等注譯
新譯聰訓齋語　馮保善注譯
新譯曾文正公家書　湯孝純注譯
新譯三字經　黃沛榮注譯
新譯百家姓　馬自毅等注譯
新譯幼學瓊林　馬自毅注譯
新譯增廣賢文・千字文　馬自毅注譯
新譯格言聯璧　馬自毅注譯

政事類

新譯商君書　貝遠辰注譯
新譯鹽鐵論　盧烈紅注譯
新譯貞觀政要　許道勳注譯

地志類

新譯山海經　楊錫彭注譯
新譯水經注　陳橋驛等注譯
新譯佛國記　楊維中注譯
新譯大唐西域記　陳　飛等注譯
新譯洛陽伽藍記　劉九洲注譯
新譯徐霞客遊記　黃　珅注譯
新譯東京夢華錄　嚴文儒注譯

◎新譯長春真人西遊記

顧寶田等／注譯

十三世紀三十年代，道教全真派第三代掌教丘處機應元太祖成吉思汗之邀，帶領十八位弟子前往中亞雪山行宮接受諮詢。此行往返三年，行程數萬里，由弟子李志常記錄一路上的所見所聞而成《長春真人西遊記》。書中所記包含沿途人文地理之描述、丘處機悟道詩詞及其為成吉思汗講道之內容等，不僅是著名的道教典籍，也是研究中外交通史、民俗、宗教等方面的珍貴史料。